卡耐基人际沟通法则全新版本

告诉你如何在日常生活、商务活动与社会交往中突破语言障碍，学会与人打交道，并有效地操控他人

卡耐基
语言的突破与沟通的艺术

[美] 戴尔·卡耐基◎著 盛安之◎译

全球超级畅销书，入选20世纪改变美国和世界的100本书

30种说话方法，50个沟通技巧，80条攻心法则

图书在版编目（CIP）数据

卡耐基语言的突破与沟通的艺术 /（美）卡耐基著；盛安之译. —上海：立信会计出版社, 2014.6
　（去梯言）
　ISBN 978-7-5429-4228-9

Ⅰ.①卡… Ⅱ.①卡… ②盛… Ⅲ.①口才学-通俗读物 Ⅳ.①H019-49

中国版本图书馆CIP数据核字（2014）第076486号

策划编辑　蔡伟莉
责任编辑　蔡伟莉　陈　昕
封面设计　久品轩

卡耐基语言的突破与沟通的艺术

出版发行	立信会计出版社		
地　　址	上海市中山西路2230号	邮政编码	200235
电　　话	（021）64411389	传　　真	（021）64411325
网　　址	www.lixinaph.com	电子邮箱	lxaph@sh163.net
网上书店	www.shlx.net	电　　话	（021）64411071
经　　销	各地新华书店		

印　　刷	北京柯蓝博泰印务有限公司		
开　　本	720毫米×1000毫米		1/16
印　　张	20	插　　页	1
字　　数	262千字		
版　　次	2014年6月第1版		
印　　次	2018年6月第11次		
书　　号	ISBN 978-7-5429-4228-9/H		
定　　价	36.00元		

如有印订差错，请与本社联系调换

前言

著名的人际关系学大师卡耐基有句名言："人若是心灵成熟，或心智继续成长，就能与人讨论任何事情而不致引人生厌。"这句话可以说是一语道破了与人沟通的重要性。

在现代社会，不但人与人之间的交往离不开沟通，在生活和工作中也处处离不开沟通。一个人与人沟通能力的强弱，可以体现出他的做事能力、办事水平以及受人欢迎的程度。

沟通的力量是巨大的，它能够互通有无，温暖人心；可以使陌生人变成知己。生活中有时会充斥着许多不和谐的音符，人性的弱点将美好误为丑恶，把善意误为恶意，把真诚误为虚伪，把正确误为错误，把鲜花误为毒草……所有这一切的不和谐，最需要的就是沟通。

沟通让人性更加美好。当企业与员工之间有了"鸿沟"，需要用沟通赢得合作；当朋友之间有了误会,需要用沟通来求得谅解和信赖;当夫妻之间出现"裂痕",需要用沟通来增进感情,维护家庭;当父母、师长与孩子之间存在"代沟",需要用沟通来获得理解和关爱!

沟通能力是一笔无价的财富,也是一门需要学习的艺术。

首先,良好的沟通得力于语言的支持。语言是沟通的基础,好的表达能力能收获好的沟通效果。每个人的说话方式、说话习惯和风格都有所不同,这导致了沟通结果的千差万别。会说话的人只用一两句话就能解决问题、化解矛盾、破解心结、获得答案,而不会表达的人啰唆一大堆却让听者不知所云,不明其意。

其次,沟通不仅是口头上的,一些无声的语言和行动也是一种沟通。比如,肢体语言、眉目传情、心灵感应、心有灵犀,就是一种耐人寻味、言有尽而意无穷的沟通。这种无声的沟通所产生的效果在某种情境下要比语言交流的效果更胜一筹。

最后,沟通并非只是信息的传递、声音的传达和行为举止的表现,更应注重思想和情感的交流,也就是沟通要用心。缺乏思想和情感的交流不能称得上是有效沟通,而在沟通中如果用心程度不够,同样也无法实现沟通的目的。

沟通是调节精神因素、增进感情和距离的

前言

有力手段。通过和他人的沟通，可以使自己的情绪得到缓和，心情变好。通过倾听别人的心声，也有助于增进自己和他人的了解。同时，我们也通过沟通让自己与他人相处更加融洽，让亲情、友情、爱情日渐升温，让工作、事业、生活日趋顺畅。

《卡耐基语言的突破与沟通的艺术》是一本教你如何与人进行有效沟通的语言圣经，是美国励志大师卡耐基最具影响力的著作之一，也是世界上最受欢迎的学习口才的书。本书带给读者最大的帮助就是，通过及时有效的口才训练和方法指导，帮助读者增强沟通能力，提高说话水平，实现语言的突破，达到质的飞跃。无论读者是哪一领域、哪一层次的人，都能从中获得助益。

增强沟通能力并不是你所想象的那样遥不可及，只要有坚定的信心和适当的方法，每个人都可以拥有很强的沟通能力和口才水平，进而凭借良好的沟通顺利地搭乘社交的顺风船。

目 录

第一章 最受欢迎的谈话技巧

让你到处受欢迎的实用方法 / 3
如何给人好印象 / 12
这样做，你就能避免发生麻烦 / 18
如何养成优雅而获得好感的谈吐 / 24
如何使人对你感兴趣 / 32
如何使人很快的喜欢你 / 35

第二章 高效演讲应遵循的基本原则

演讲的基本技巧：勇气和自信 / 46
充分准备，培养自信心 / 61
有效说话的简单方法 / 72

第三章 演讲、演讲者和听众

如何准备演讲 / 82
让你的演讲具有生命力 / 102
与听众共同感受你的演讲 / 109

第四章 不同类别的演讲概念

以简短的演讲获得良好回应 / 122

说明情况的演讲 / 136

说服性演讲 / 146

即兴演讲 / 155

第五章 有效沟通的艺术

发表演讲的合适态度 / 162

改善你的语言表述 / 180

台风与个性 / 196

第六章 有效说话的挑战

介绍演讲者、颁奖与领奖 / 212

组织好较长的演讲 / 222

达到高潮性的结尾 / 244

善用已经学到的技巧 / 258

第七章 快乐家庭的沟通技巧

切莫喋喋不休 / 269

别用言辞改造你的爱人 / 275

不要责备 / 278

给予真诚的赞美 / 281

随时注意琐碎细微的小事 / 284

夫妻间的礼仪价值百万　/286
学会如何与你的妻子沟通和相处　/289
学会如何与你的丈夫沟通和相处　/298
不要做一个"婚姻的文盲"　/306

第一章

最受欢迎的谈话技巧

真诚地对别人发生兴趣。

因为没有给人微笑的人，更需要别人给他微笑。所以，如果你希望人们都喜欢你——微笑！

你要记住你所接触的每一个人的姓名。

做一个善于静听的人，鼓励别人多谈谈他们自己。

就别人的兴趣谈论。

使别人感觉到他的重要——必须真诚地这样做。

让你到处受欢迎的实用方法

　　为什么要通过这本书来学习如何获得朋友？为什么不向世界上最善于交友的动物学习这个技巧呢？它是谁？你明天走到街上，就可以看到它。当你走近离它10英尺左右时，它会摇动它的尾巴。如果你停住脚，轻轻拍拍它，它会高兴得跳起来，并且对你表示它是如何的喜欢你。而且你也知道，它这样亲密的表示后，并没有其他的企图、打算，不是想卖给你一块地皮，更不是打算要跟你结婚。

　　你有没有想过狗是唯一不需要为自己的生活工作的动物？母鸡要生蛋……母牛需要付出它的奶水……金丝雀要唱歌……可是一条狗不需要付出任何来维持它的生活，它所有的只是"爱"。

　　在我5岁的时候，我父亲花了5美分替我买了一条黄毛小狗。它为我带来了童年的光亮和欢乐。每天下午4：30左右，它坐在庭院前，用它那对美丽的眼睛，眼睁睁地望着前面那条小路，当它听到我的声音，或看到我转着饭盒经过矮树林时，它就像一支箭般的快速窜上小山，高兴的跳着、叫着来欢迎我，它叫迪贝。

　　迪贝做了我5年的好朋友。在一个我永远无法忘记的悲惨的晚上，迪贝在离我仅10英尺远的地方，被雷电劈死了。迪贝的死，是我童年时代的一幕悲剧！

　　迪贝，你从来没有读过心理学，你也不需要去读。由于你的神智，懂得一个人如果真诚的关心别人，在两个月的时间里所交的朋友，要比让别人对你发生兴趣，在两年的时间里所交的朋友还多。让我再说一遍，如果你时刻关心别人,对别人发生兴趣,在两个月的时间里所交的朋友,要比只想让别人关心你、对你发生兴趣,在两年的时间里所交的朋友还多。

然而,你我都知道,有人终身的错误,就是只想别人关心他,对他发生兴趣。

当然,这些都不会有结果的,人们不但对你我不发生兴趣,对任何人也不会发生兴趣,他们早晨、中午、晚上所关心的只是他自己。

纽约电话公司曾经做过一项调查研究,在电话中,最常用到的是什么字,这个答案也许你早猜对了,那就是人称代词中的"我"。在500次电话谈话中,曾用了3 990个"我"字。"我""我""我"……

当看到一张有你在内的团体相片时,你先看的是谁?

如果你以为人们都关心你,对你发生兴趣,请你回答这个问题,如果你今晚死了,会有多少人参加你的丧礼?

除非你是先关心了别人,不然别人为什么对你发生兴趣、关心你呢?

拿出你的笔把下面的话记下来:

如果我们只是想使人注意,使人对我们发生兴趣,我们永远不会有很多真诚的朋友。朋友,真正的朋友,不是那样得来的。

拿破仑曾经这样尝试过,他和约瑟芬最后一次相聚时,他说:"约瑟芬,我曾经是世界上最幸运的人,然而在这时候,你是这世界上我唯一信任的人了。"在历史学家的眼光里,拿破仑是否真正信任约瑟芬,还是个疑问呢!

维也纳著名的心理学家阿得洛写过一本书,书名叫《生活对你的意义》。在那本书上,他说:"一个不关心别人,对别人不感兴趣的人,他的生活必遭受重大的阻碍、困难,同时会替别人带来极大的损害、困扰,所有人类的失败,都是由于这些人才发生的。"

可能你已阅读过许多深奥的心理书籍,但尚未意识到有这样重要的一句话,我不喜欢再次的重复,可是阿得洛的话太富意义了,所以我再重复的写在下面:

第一章　最受欢迎的谈话技巧

一个不关心别人，对别人不感兴趣的人，他的生活必遭受重大的阻碍、困难，同时会给别人带来极大的损害、困扰，所有人类的失败，都是由于这些人才发生的。

我曾在纽约大学选修短篇小说著述法的课程，这期间，听过一位著名杂志的编辑的演讲。他说他每天可以捡起桌上数十篇小说中的任何一篇，只要看上几段后，就可觉察出作者是否喜欢别人。如果那作者不喜欢别人，那么别人也不会喜欢他的作品。

这位饱经世故的编辑，在演讲过程中，有两次稍微地停顿了一下，为他移开主题而道歉。他说："现在我要告诉你们的，如同你们听牧师讲的一样，可是，别忘记，你如果要做一个成功的小说家，你必须先对别人发生兴趣。"

如果写小说的秘诀是这样，应用在为人处世，你可以确定，更应该如此了。

塞斯顿是位成功的魔术家，他在百老汇献技时，我去他化妆室拜访过他，我们促膝谈了一个晚上。40年来，塞斯顿走遍世界各地，他惊人的魔术绝技迷倒了无数的观众，约有6 000万以上的观众看过他的表演，使他有200万美元的收入。

我请塞斯顿先生谈谈其成功的秘诀。他说了一些自己过去历史的片段，认为学校教育跟他眼前的成功完全没有关系。他幼年就离家出走，成了一个漂泊流浪者，偷乘火车，睡在草堆上过夜，挨家求乞。由车窗观看铁路两旁的广告，他因此认识了几个字。

他有高人一等的魔术知识？不！这是他自己对我说的。关于魔术的书，已出版的有数百本之多。目前在魔术方面，有像他这样造诣的，也有数十人。可是他有两件事，是别人所没有的：

他有表演的人格，懂得人情。他每一个动作姿态和说话的声调，都经过事前严格的预习，举止敏捷，反应灵活，分秒不差。

除此以外，塞斯顿对人有着纯厚的兴趣，他告诉我，许多魔术家，看着观众而对他自己说：这些傻瓜、乡巴佬，我要好好的骗他们一下。可是塞斯顿就完全不是那样，他告诉我，每次上台时，他必先对自己这样说："我要感谢这些捧场的观众，他们使我获得舒服的生活，我要付出最大的力量，做好这场表演。"

他说，每逢走向台前时，他就会对自己这样说："我爱我的观众，我爱我的观众。"可笑吗，不近情理吗？你可以随你的意思去想，我只是把这位最著名魔术家为人处世的技巧，不加评论地提供给你参考。

苏门·亨克夫人告诉我同样的事。她的一生充满了悲剧，有一次，她甚至还想抱着自己的孩子一起自杀。虽然遭遇到这样恶劣的环境，她还是把自己所喜爱的歌继续演唱下去，成为一位轰动一时的"格纳"式的歌唱家。她自己承认：她成功的秘诀，是对"人"深切地产生了兴趣。

老罗斯福总统有惊人的成就，受到人们的欢迎，连他的仆人们也都敬爱他，这也是他成功的秘诀之一。他的黑人侍从爱默士，曾写了一本关于他的书，书名是《西道尔·罗斯福心目中的英雄》，在那本书里，爱默士说了一个感人的故事。

有一次，我妻子问总统，美洲鹑鸟是什么样子？因为她从没有见过鹑鸟，而罗斯福总统不厌其详地告诉了她。过些时候，我家里的电话铃声响了（爱默士和他妻子住在罗斯福总统牡蛎湾住宅内的一所小房子里）我妻子接了电话，原来是总统亲自打来的。罗斯福总统在电话里告诉她，现在窗外正有一只鹑鸟，如果她向窗外看去，就可以看到了。

这样关心一桩小事情，正是罗斯福总统的特点之一。无论什么时候，当他经过我们屋子外面……有时并没有看到我们，我们仍可听到"嗨！爱默士！""嗨！安妮！"那亲切的叫声。

像这样一位主人，怎么不使佣人们喜爱？谁能不喜欢他呢？

有一天，罗斯福进白宫去见塔夫特总统，正值塔夫特总统和夫人外出了。老罗斯福是真诚的喜欢那些下层人，对白宫里所有的佣人，甚至做杂务的女仆，都能叫出名字问好。亚切·白德曾经有这样一段记述：

他看到厨房里的女佣人爱丽丝的时候，问她是不是还在做玉蜀黍的面包。爱丽丝告诉他，有时候做那种面包，那是为了佣人们吃的，楼上他们都不吃了。

罗斯福听了大声说："那是他们没有口福，我见到总统时，把这件事告诉他。"

爱丽丝拿了一块玉蜀黍面包给罗斯福，他边走边吃走向办公室，经过园丁、工友旁边，向他们每一位打招呼……

罗斯福和他们每一位亲切的招呼谈话，就像他做总统时一样。有个老佣人眼里含着泪水说："这是我这几年来最快乐的一天，在我们中间，就是有人拿了100美元来，我也不会换的。"

哈佛大学校长伊利亚博士，对别人的问题有深刻的关心和兴趣，所以他会被学校里每一个师生所爱戴。这是伊利亚博士待人处世的一个例子。

有一天，有个大学一年级的学生克列顿，到校长室借用"清寒学生贷款"50美元。后来那个克列顿这样说：

我拿到钱后，心里非常感激，正要走出办公室时，伊利亚校长把我叫住，说："你请坐一会儿。听说你在宿舍亲手做饭吃，如果你吃得适宜、充足，我并不以为那对你有不好的地方，我过去在大学时，也这样做过……"我听来感到很意外，他接着又说："你有没有做过肉饼，如果把它弄得又烂又熟的话，那是一道很可口的菜，过去我就喜欢吃这个菜。"他并详详细细地说出肉饼的做法。

这是由我自己的经验所发觉到的，如果我们真诚的关心别人，就能够获得美国最忙的人的注意和合作！

数年前，我曾在白洛克林兹术科学研究院，举办一种小说著述的课程，我们希望当时名作家诺里斯、赫司德、塔勃尔、许士等来我们班上，讲述他们写作的经验。于是我们写给他们每人一封信，说我们非常欣赏他们的作品，所以希望他们能抽出一些时间，来我们班上一次，讲些有关他们的写作经验和成功的秘诀。

每封信上，有150名学生的签名。在信上我们还这样说：我们知道他们一定很忙，没有演讲的时间，所以我们在每封信里，附上一张请求有所解释的问题表，请他们填下自己写作的方法等项目后，把这张表寄给我们。他们很喜欢这样的一封信。所以他们都老远从家中赶来白洛克林，帮助我们解决这个问题。

我们运用同样的办法，曾请到老罗斯福总统任上的财政部长、塔夫特总统任上的司法首长和其他很多名人来我们演讲班中演讲。

所有的人，不管他是屠夫，烤面包的，还是宝座上的国王，都喜欢尊敬他的人。德皇威廉就是这样一个例子。第一次世界大战结束后，全球的人无不指责威廉是大战的祸首，他逃亡荷兰后，连德国人也不愿理他。憎恨他的人何止千百万，甚至有人扬言要把他抓来碎尸万段。

在这股怒火燃烧的公愤中，有一位小男孩写了一封简单、充满了诚挚和钦佩的信，寄给德皇威廉。德皇看了这封信后，受到极大地感动，便请小男孩去见他。小男孩真的来了，是他母亲陪同他一起来的。德皇后来和孩子的母亲结了婚。这个小男孩不需要看如何交友和如何影响他人的书，他的天性就已经知道如何做了。

假如我们想交朋友，应该先出来替别人做些事——需要时间、精力、正义、体恤的事。当爱德华公爵是皇储的时候，他有周游南美洲的计划，在他尚未出发之前，费了一段时间去研究西班牙语言，为的是可以直接和南美各国人士谈话。所以他到了南美洲后，受到那里人们的特别欢迎。

这些年来，我认真地打听朋友的生日。这件事是如何进行的呢？我当然是不会相信"星相学"上那类的见解，可是我见了朋友，就问他们是否相信人的生日跟其性格、个性有关？然后我请他告诉我，他的出生年月日。如果他说生在11月24日，我自己就牢牢地把这日子记住。待他一转身时，我悄悄把姓名、生日记下,回家后,再写在一本"生辰本"上。

在每年的年初,我把这些生日,写在我桌上的台历上,到了有人生日那一天,我就发给他一封贺函或贺电。当那人接到贺函或贺电时,他该多高兴?除了他的亲人以外,我是世界上唯一知道他生日的朋友。

如果我们要交朋友,就要用我们最热诚的态度去欢迎他们。有人打电话给你,你也应该有和他同样的心情,而且以极欢迎的口气,加上一句:"您好!"纽约电话公司曾举办一个训练班,负责训练接线生。例如,询问者问"什么号码"时,该再加上一句"我很高兴为您服务"。以后我们接到电话时,也应该记住这个。

这种哲学运用在商业上有效吗?我可以举出很多例子来,为了节省时间,只举两个例子。

查尔斯·华特工作在纽约市一家极具声誉的银行里,他被指派调查一家公司业务的情况。华特知道有家实业公司的经理对这家公司的情形最清楚,可以提供他所需要的资料,华特就去拜访那位经理。正当华特被引进经理室时,一个年轻女子由门外探头进来,告诉经理,她那天没什么好邮票给他。

经理向女郎点点头后,向华特解释说:"我在替我那12岁的孩子收集邮票。"

华特坐下说明来意,然后提出他的问题。可经理却含糊其辞,不搭边际地应付他。很明显,他是不愿意说。华特用尽了办法,也无法使他多说些,这次谈话简短枯燥,得不到一点要领。

华特也是我讲习班里的一个学员。他说:

说实在的,我真不知该怎么办才好。后来,我突然想起他那个女秘书对他说的话,邮票、12岁的小孩,同时我又想到,我们银行的国外汇兑部常和世界各地通信,有不少平时少见的外国邮票,现在正可以派上用场。

第二天的下午,我再去拜访那位经理,同时传话进去,我有很多邮票,特地带来给他的儿子。你说,我是不是受到热烈的欢迎?那是当然的事,他紧握我的手,脸上满是喜悦的笑容。他看了看邮票,一再地说:"我的乔琪一定喜欢这一张……嗯,这一张更好,那是很少能见到的。"

我们谈了半个小时的邮票,还看他儿子的相片……随后,不需要我再开口了。他费了一个小时以上的时间,提供出各项我所需要的资料。他说完自己所知道的情形后,又把公司里的职员叫来问,接着还打了几个电话问他的朋友。最后,还指出那家公司财产状况的各项报告、函件,使我得到一个极大的收获。

还有另外一个例子。

克纳夫是费城一家煤厂里的推销员,多年来他一直想把厂里的煤卖给一家联营百货公司,可是那家公司始终不买他的煤,依旧向市郊一家煤商购买。更使他咽不下这口气的是——每次那家煤商运送煤时,正好经过他办公室的门前。克纳夫为了这件事,在讲习班上大发牢骚,痛骂联营百货公司对国家、社会是有害的。

他嘴里这样讲,可是还不甘心,为什么劝不动那家公司买他的煤?

我劝他尝试另外一种不同的方法。我是这样的,把讲习班里的学员分成两组,展开了一次辩论会,主题是——"连锁性的百货公司业务发展,对国家害多益少。"

依照我的建议,克纳夫参加了反对的那一组,他同意替那家公司辩护。然后,我要他直接去见那个不买他的煤的百货公司负责人。

克纳夫见到那负责人后,便这样对他说:"我不是来要求你买我的煤,我有一件事想请你帮个忙……"他把来意讲完后,接着说:"因为我找不到除了你以外,还有谁能提供我这项资料。我很想在辩论会中获胜,希望你能提供更多有关方面的资料。"

这是克纳夫自己叙述的有关当时的情形。

我请求那位负责人给我1分钟谈话的时间,经过这样传话后,他才答应见我。当我说明来意后,他请我坐下。结果我们谈了1小时47分钟。他打电话给另外一家连锁机构高级职员，那个人曾经写过一本有关连锁性百货公司的书。他写信给全国连锁性联营百货公司工会，替我找来不少有关这方面的辩论记录。

他觉得自己的公司，已做到服务社会的宗旨。他对自己的工作感到满意而自豪。他谈话的时候，两眼闪耀出热忱的光芒。

所以对我来讲，我必须承认开阔了眼界，使我看到我做梦都想象不到的事，使我改变了对他原有的想法。

我要离开的时候，他亲自送我到门口，一手搭在我肩膀上，预祝我辩论会上获得胜利。最后，他对我说："到春末的时候，你再来看我，我愿意订购你厂里的煤。"

这件事对我来讲是个奇迹，我没有提到，并不央求他，可是他却要买我的煤了。由于我真诚地对他，就他的问题发生了兴趣，在这不到两小时内所得到的进展，比这10年中所得到的还多。原因是我过去只关心到我自己和我的煤，现在我是关心他和他切身的问题。

克纳夫所发现的，并不是一项新的真理，远在基督降生前，一位著名的罗马诗人"西罗斯"就曾经这样说过："要别人对我们发生兴趣时，我们先要对别人发生兴趣。"

如果你想拥有一种能使人愉快的人格、个性和一项更有效的处理人际关系的技能，我希望你去买一本林克博士所著的《归向宗教》。

你别看了这书名就心生恐惧或反感，那不是一本说教的书。

这本书的作者是一位著名的心理学家，他曾经亲自会见并加以指导过3 000多个自认内心苦闷，而请他解答"人格、个性"问题的人。

林克博士告诉我，他这本书可以更名为《如何完善你的人格》，因为书中内容，就是讨论这样的问题。我相信你会发现这是一本有趣、简明、新颖的读物。

所以你要使别人喜欢你，必须遵守的第一条规则是：

真诚地对别人发生兴趣。

如何给人好印象

最近,我在纽约参加一次宴会,其中有位客人是刚获得一笔遗产的妇人。她似乎急于使人们对她留下一个愉快的印象,花了很多钱买了貂皮大衣、钻石和珍珠,可是她没有注意到自己脸上的表情。她那副神情,显得那么刻薄、自私。她不明白,男士们所赏心悦目的,是女士们表情中所表现出的那份气质、神态,而不是她那身雍容华贵的打扮。

司华伯曾经告诉过我,他的微笑,有100万美元的价值。他所暗示的,或许就是这个真理。司华伯有他今日的成就,该归功于他的人格、魅力和那种特殊的能力。在他的人格中,最可爱的因素,就是他令人倾心的微笑。

有一次,我花了一个下午的时间去拜访雪弗立,说实在的,我很失望。他沉默寡言,跟我想象中的完全不一样。直到他绽开一缕微笑的刹那间,整个气氛才完全变换过来,顿时开朗了起来。如果不是他那一缕微笑,恐怕雪弗立依旧在巴黎做他的木匠,继续他父兄所作的行业。

一个人的行动比他所说的话更有表现力,而人们脸上的微笑就有这样的表示:"我喜欢你,你使我快乐,我非常高兴见到你!"

为什么人们那么喜欢狗?我相信也是同样的原因,你看它们那么的喜欢跟我们接近,当它们看到我们时,那股出于自然的高兴,使人们喜欢了它们。

那"不诚意"的微笑,又是什么呢?微笑是从内心发出的,那种不诚意的微笑,是机械的、敷衍的,也就是人们所说的"皮笑肉不笑",那是不能欺骗谁的,也是我们所憎厌的。

纽约一家极具规模的百货公司里的一位人事经理,跟我谈到这件事。他说他愿意雇佣一个有可爱的微笑、小学还没有毕业的女孩子,而不愿意雇佣一个面孔冷若冰霜的哲学博士。

美国一家很大的橡皮公司的董事长告诉我,依他的观察,一个人的事业成功与否,完全在他对这项事业是否感兴趣,而不是苦干、钻研的去开启他成功的大门。他曾这样说:有若干人,开始一项事业的时候,怀着极大的希望和兴趣,所以能在早期获得部分的成就。当他们对这项工作感到厌烦、沉闷,失去了原有的兴趣时,他的事业也渐渐走向下坡,终至失败。

如果你希望别人用一副高兴、欢愉的神情来接待你,那么你自己先要用这样的神情去对别人。

我曾经向上千位商界人士建议,每天遇到人就展开一个轻松的微笑。这样经过一个星期后,回来讲习班说出心得、效果。你看这是纽约证券交易所一位司丁哈丹先生写来的信,他的情况绝非特例,事实上很常见的。

司丁哈丹的信上这样写着:

我结婚有18年了,这些年来,从我起床到离开家这段时间内,我太太很少看到我脸上的笑容,也很少说上几句话。

由于你要求我从微笑的经历所得的效果作一演讲,我便尝试了一个星期……第二天早晨我梳头的时候,从镜子里,看到自己那张绷得紧紧的脸孔,我就对自己说:"皮尔,你今天必须要把你那张凝结得像石膏的脸松开来,你要展出一副笑容来,就从现在开始。"坐下吃早餐的时候,我脸上有了一副轻松的笑意,我向我太太说:"亲爱的,早上好,你曾拜访过我!"

她一定会感到很惊奇,但你低估了她的反应。当时她迷惑、愣住了。我可以想象到,那是出于她意料之外的高兴。这是我太太所希望获得的一件事,是的,两个多月来,我们家庭的生活,已完全改变过来了。

现在我去办公室,会对电梯员微微一笑地说:"早上好!"我对司机也投之一笑……去柜台换钱时,对里面的伙计,我脸上也带着笑容……我在交易所里时,对那些从没有见过面的人,我的脸上也带着一缕笑容……

这样没有多久,我发现每一个人见到我时,都向我投之一笑。对那些来向我道"苦经"的人,我以关心的、和悦的态度听他们诉苦,无形中把他们所认为苦恼的事,变得容易解决了。我发现,微笑替我带来财富是很多很多的。

我和另外一个经纪人合用一间办公室。他雇佣了一名职员,是个可爱的年轻人,那年轻人渐渐地对我有了好感。我对自己所得到的成就感到得意和自傲,所以我对那年轻人自然地提到"人际关系学"这个新的哲学。那个年轻人曾这样告诉我,他初来这间办公室时,认为我是一个凌厉可憎、脾气极坏的人,而最近一段时间来,他对我的观念已彻底地改变过来了。他说:"你笑的时候很有人情味!我也改掉了原有对人的批评,把斥责人家的话,换成了赞赏和鼓励。我再也不会说我需要什么,而是尽量去接受别人的观点。眼前事实的演变,已改变了我原有的生活,现在我是一个跟过去完全不同的人了——一个比过去更快乐,更富有的人。"

请你要记住,这封信是一位饱经世故、聪明绝顶的股票经纪人所写的。他在纽约证券交易所以买卖证券谋生,如果没有更多专业知识,100个人去尝试,可能会有99个人失败。

你也许会觉得自己笑不出来?那怎么办?有一个方法,不妨试一试!即强迫自己微笑,如果你单独一人的时候,吹吹口哨,唱唱歌,尽量让自己高兴起来,就好像你真的很快乐一样,那就能使你快乐。哈佛大学一位已故的贾姆士教授,他有下面的见解:

行动像是追随着一个人自己的感受。可是事实上,行动和感受,是一起到来的。所以你需要快乐时,可以强迫自己快乐起来。

人们都想知道要如何寻求快乐,这里有一条途径,或许可以把你带去快乐的境界。那就是让自己知道,快乐是出自自己内在的心情,不需要向外界寻求。

不管你拥有些什么，你是谁，你在什么地方，或者你是做什么事的，只要你想快乐，你就能快乐。例如，有这样一个例子：有两个人，他们有同样的地位，作同样的事，他们的收入也一样，可是其中一个轻松愉快，另一个却是整天愁眉苦脸。这是什么原因？答案很简单，他们两个所怀的心情不一样。

莎士比亚曾这样说过："好与坏无从区别，那是由于每个人的想法使然。"

林肯也曾这样说过："大多数人所获得的快乐，跟他意念所想到的相差不多。"他说得不错。最近我找到了一个明确的印证。

我正走上纽约长岛车站的石阶梯时，看到有三四十个行动不便的残疾孩子走在我前面，他们用拐杖很辛苦地一级一级走上石阶梯，有些还要有人抱着上去。可是他们的快乐、欢笑，使我感到惊奇。

后来，我找到管理这些孩子们的老师，谈到这件事，他说："是的，当一个小孩子，他体会出将要终身残疾时，会感到难受而不安。可是这种难受不安过去后，也只有听天由命，继续寻求自己的快乐，他们现在比一般正常的儿童还快乐。"

我真想向那些残疾的孩子们致敬，他们给了我一个永远无法忘记的启示。

当毕克馥特准备与范朋克离婚时，我有一个下午跟她在一起。人们或许以为她那时的心境非常凌乱，可是事实上并非如此，她仍然显得安详而愉快。她如何使自己镇静、安详下来呢？她的秘诀是，事情已如此，就不替自己去找烦恼，而从自己的心底去寻找快乐。

白格过去是棒球队里的三垒手，现在是美国一位成功的保险商，他有一套成功的秘诀吗？是的，他经过多年的研究，认为微笑是永远受人欢迎的。当他进办公室前，总是在外面停留片刻，从回忆中找出一件使他高兴的事来，让自己脸上发出一缕出自心底的微笑，然后才走进办公室。

他相信虽然微笑是一件微不足道的小事情，可是使他的保险业务，有了极大的成就。

我们再看看哈巴德的神奇建议：

当你出去外面的时候，把下巴往里收，抬头挺胸，使你胸部充满了新鲜的空气。遇到朋友时，跟他握手，必须要把你心神灌注在你手掌中。别怕误会，别想不愉快的事，不要让你的仇敌侵入你的意识中，跟朋友就这样握手。

要在你心目中，确定你喜欢做的是什么，然后方向不变勇往直前地去做。当你精神集中在你喜欢做的事业上时，在往后的岁月中，你会发现你所渴望的机会，都给你掌握住了。

你要时时把自己想象成怀有才干，待人诚恳，有益于社会的一个有用的人。你有了这种想法后，会时时刻刻的改变你自己，使你的人格渐渐变成这种类型。你必须知道，一个人的思维能力，能形成一股极大的力量。

保持一种正确的心理状态——勇敢、诚实和乐观。正确的思想，能启发创造力。所以有很多的事情，都是由理想、欲望而来的。只要是你真诚的祈求，都会获得完全的应验。我们想要获得什么成就，只要把这种意念孕育在我们心里，我们就会有这样的收获！放松你凝重的脸色，抬起头，我们就是明天的主宰。

可是你别忘记，你必须真正去实行，不然，你只是"看"，那是没有用的。

古代的中国人充满着智能，他们有一句格言，你应剪下来，贴在你帽子里。这句格言是：人们如果脸上没有带着笑容，千万别开店——不笑莫开店。

刚才我们谈到开店，弗雷克·依文在为考林公司所做的广告中，有这样几句话，含有令人启示的哲理。

圣诞节一笑的价值：

它不需要耗费些什么，可是却有很多的收获。

它使获得者受益，施予者也无损失。

它发生于刹那间，可是给人的回忆却永远存在。

任何有钱的人，不会不需要它。而贫穷的人，却因它而致富。

它在家庭中能产生快乐的气氛。在生意买卖上，能制造好感。在朋友间，是善意的招呼。它使疲惫者有了休息，使失望者获得光明，使悲哀者迎向阳光，又使大自然解除了困扰。它无处可买，无处可求，无法去借，更不能去偷……当你尚未得到它前，对谁都没有用的。

如果在圣诞节，最后一分钟的忙碌中，我们的店员或许太疲倦了，以致没有给你一个微笑，能不能留下你的微笑？

因为没有给人微笑的人，更需要别人给他微笑。

所以，如果你希望人们都喜欢你，第二项规则是：

微笑！

这样做，你就能避免发生麻烦

那是在1898年，纽约洛克雷村发生的一场悲剧。那里有个小孩去世了，下葬的那天，村里的人都准备去送殡。汇阿雷也是送殡行列中的一员，他去马棚里拉出一匹马来。这时正值寒冬，地上积了一层厚厚的雪。那匹马关在马棚里已经有很多天了，它到了外面，高兴非凡，身体打转玩着，把两条腿高高地举了起来，汇阿雷一不小心，被马活活踢死。所以洛克雷村在那一个星期里，举行了两场葬礼。

汇阿雷去世后，留给他妻子和3个孩子的，仅是几百美元的保险金。

汇阿雷的长子吉姆只有10岁，为了家中的生活，就去了一家砖厂工作。他把沙土倒入模子中，压成砖瓦，再拿到太阳下晒干。吉姆没有机会受更多的教育，可是他有爱尔兰人乐观的性格，使人们自然地喜欢他，愿意跟他接近。他后来加入政界，经过多年后，逐渐养成了一种善于记忆人名的特殊才能。

吉姆没有进过中学，可46岁时，有4个大学赠予他荣誉学位。他当选过民主党全国委员会主席，担任过美国邮务总长。

我专程去拜访吉姆先生，请他告诉我他成功的秘诀。他简短地说："苦干！"我对他这个回答当然不会感到满意。我摇摇头："吉姆先生，别开玩笑。"

他问："你认为我成功的原因是什么呢？""吉姆先生，我知道你能叫出1万个人的名字来。"我说。

"不，你错了！"吉姆说，"我大约可以叫出5万个人的名字。"

别对这个感到惊奇,吉姆有这种本领,才能帮助罗斯福进了白宫。

吉姆在一家公司做推销员的那些年中,还担任了洛克雷村的书记,使他养成了一种记忆别人姓名的习惯——记忆的方法。

吉姆的这套方法并不复杂。他每逢遇到一个新朋友时,就问清楚对方的姓名,家里的人口多少,那人的职业,和对当前政治的见解。他问清楚这些后,就牢牢记在心里。下次遇到这人,即使相隔了1年多的时间,他还能拍拍那人的肩膀,问候他家里的妻子儿女,甚至于还可以谈谈那人家里后院的花草。

罗斯福开始竞选总统前几个月,吉姆一天要写数百封信,分发给美国西部、西北部各州的熟人、朋友。然后,他搭乘火车,在19天的旅途中,走遍美国的20个州,12 000公里的行程。除了火车外,他还用其他交通工具,像轻便马车、汽车、轮船等。吉姆每到一个城镇,都去找熟人吃早餐、午餐、茶点、晚餐,作一次极诚恳的谈话,接着再赶往他下一站的行程。

他回到东部时,立即给在各城镇的朋友每人写一封信,请他们把曾经谈过话的客人名单寄给他。那些不计其数的名单上的人,他们都能得到吉姆亲密而极礼貌的复函。

吉姆早就发现,一般人对自己的姓名,比把世界上所有的姓名堆在一起的总数还感到重要和关心。把一个人的姓名记住,很自然地叫出口来,你已对他含有微妙的恭维、赞赏的意味。若反过来讲,把那人的姓名忘记,或是叫错了,不但使对方难堪,对你自己也是一种很大的损害。

我在巴黎曾经组织过一个演讲术的讲习班,用复印机复制分发给居住在巴黎的美国人。我雇用的那个法国打字员英文水平很差,打印姓名时发生了错误。其中,有个讲习班的学员,是巴黎一家美国银行的经理,我接到他一封责备的信,原来我那个法国打字员把他的姓名字母拼错了。

安德鲁·卡内基如何成功的?

他被人称作"钢铁大王",可是他对钢铁懂得并不多。而上千个替他工作的人,他们对钢铁的制造要比安德鲁·卡内基都内行。

安德鲁·卡内基懂得如何管理人——这是他致富的原因。在早年,他已显出有超强的组织本领和领导天才。当他10岁的时候,已发现了人们对自己的姓名非常重视。他有了这个发现,就加以去利用。

这是他童年的一段回忆:

这个苏格兰男孩获得了一只兔子,是母的。不久,这只母兔生下一窝小兔来。可是,找不到可以喂小兔吃的东西。安德鲁·卡内基想出一个聪明的主意来。他跟邻近的那些小孩子说,如果谁去采小兔吃的东西,这只小兔就叫谁的名字。他这个计划功效神妙,使安德鲁·卡内基永志不忘。

多年后,他经营各项事业,也运用了同样的技巧,使他获得数百万美元的收入。例如:他要将钢轨售给宾夕法尼亚铁路局,汤姆生是这家铁路局的局长。安德鲁·卡内基就在匹兹堡建造了一座大钢铁厂,命名为"汤姆生钢铁厂。"

你猜猜看,宾夕法尼亚铁路局采购钢轨时,汤姆生会向哪一家购买?

有一次当卡内基和布尔姆竞争小型汽车、小客车业务的权利时,又想起了兔子的经验。

安德鲁·卡内基负责的中央运输公司和布尔姆所经营的公司,双方争取太平洋铁路的小型汽车、小客车业务,互相排挤、接连削价,几乎已侵蚀到他们可以获得的利益。卡内基和布尔姆都去纽约见太平洋铁路局的董事会。那天晚上,卡内基在"圣尼古拉大饭店"遇到了布尔姆,他这样说:"晚安,布尔姆先生,我们两个人是不是都在愚弄我们自己?"

布尔姆问:"你这是什么意思?"

于是卡内基就说出自己的见解……他用了严正磊落的言辞,希望双方的业务合并起来,由于双方并不竞争,可以获得更大、更多的利益。

布尔姆虽然注意听着,并没有完全同意,最后他问:"这家新公司,你准备取用什么名字?"卡内基马上就回答:"那当然用布尔姆皇宫小型汽车、小客车公司了。"

布尔姆那张绷得紧紧的脸，顿时松了下来，他说："卡内基先生，到我房里来，让我们详细谈谈！"就是那一次的谈话，写下了企业界一页新的历史。

安德鲁·卡内基有高超的记忆力和尊重他人姓名的做法，那该是他成为一位领袖人物的秘诀。他能叫出很多业务员的名字，这是他引以为豪的。他常得意地说，他亲自处理公司业务的时候，他的公司从没有发生过罢工的情形。

彼特华斯基也有同样的情形，为了让在专车侍候他的黑人厨师感觉到自己的重要，他永远称黑人厨师为"考伯先生"。

人们都重视自己的名字，尽量设法让自己的名字流传下去，甚至愿意付出任何的代价。巴纳姆先生虽然已是一位饱经世故的老人，由于没有儿子延续他的名字而感到遗憾，所以他情愿给他孙子"西雷"25 000美元，如果他愿意把自己称作"巴纳姆·西雷"的话。

那是200多年前的事，有钱的人常给那些作家们钱，要作家用他的名义出书。

图书馆、博物馆有丰富的收藏，那些陈列品上都有捐赠者的姓名。原因是那些人希望自己的姓名永远延续下去。

一般人大概不会比罗斯福更忙，可是他甚至会把一个技工的名字牢牢地记下。

经过情形是这样的：

克莱斯勒汽车公司为罗斯福先生制造了一辆特殊的汽车。张伯伦和一位技工将这部车子送到白宫。张伯伦给了我一封信，说出当时的情形，他说："我教罗斯福总统如何驾驶这辆有许多特别装置的汽车，而他却教了我许多处世待人的技巧。"

张伯伦先生的信上这样写着：

我到白宫的时候，总统显得非常愉快，他直呼我的名字，使我感到十分欣慰。特别使我留下深刻印象的是，当我说出有关这部车子每一个细节时，他都极注意地听着。

这部车子经过特殊设计，能完全用手驾驶。罗斯福总统在那一群围观的人面前说："这部车子本身就是一个奇迹，你只要按下开关，它就能自己开动，可以毫不费力地去驾驶这车子，它奇妙的设计，实在太好了……我不清楚其中的原理，真希望有时间拆开看看，那是如何制造成的。"

当罗斯福的朋友们和白宫的官员们赞美这部车子时，他又说："张伯伦先生，我真感谢你，你要费去很多时间、精力，才设计完成这部车子，这是一项无可批评、极其完美的工程。"他赞赏辐射器，特别是反光镜、照明灯、椅垫的式样，驾驶座的位置、衣箱里的特殊衣柜和衣柜上的标记。也就是说，罗斯福总统观赏了车子里每一个细微的设计。

他知道我在这上面已下了不少苦心，特别把这些设备指给罗斯福夫人、劳工部长和他的女秘书波金斯看。他还向旁边的黑人侍从说："乔琪，你要好好照顾这些经过特殊设计的衣箱。"

我把有关驾驶方面的情形讲过后，总统向我说："好了，张伯伦先生，我已经使中央储备董事会等了30分钟了，我应该回去工作了。"

我带了一位技工去白宫，我把他介绍给罗斯福总统。他没有同总统谈话，罗斯福总统只听到过一次他的名字。这技工是个怕羞的人，避躲在后面，当我们要离去时，总统找到这个技工，跟他握手，叫他的名字，感谢他来华盛顿。总统对这个技工的致谢并非出于表面，而是真诚用心的，这个我可以觉察得到。

我回到纽约后不久，接到总统亲笔签名的相片和一封谢函。他能抽出时间来做这件事，使我感到惊讶。

罗斯福总统知道一种最简单、最明显、而又是最重要的如何获得好感的方法，就是记住对方的姓名，使别人感到自己很重要。可是，在我们之间，又有多少人能这样做？

当别人介绍一个陌生人跟我们认识，虽有几分钟时间的谈话，可是临走时我们往往已把对方的姓名忘得干干净净。

一个政治学家的第一课，就是：记住选民的姓名。

记忆姓名的能力，在事业上、交际上和政治上是同样重要的。

法国皇帝拿破仑三世，就是伟大的拿破仑的侄儿，曾经自豪地说：虽然他国事很忙，可是他能记住他所见过的每一个人的姓名。

他有技巧吗？是的，那很简单，如果他没有听清楚，他就说："对不起，我没有听清楚。"如果是个不常见到的姓名，他就这么问："对不起，这字如何拼？"

在谈话中，他会不厌其烦地把对方姓名反复地记忆数次。同时在他脑海里，把这人的姓名和他的脸孔、神态、外形连贯起来。

如果这人对他是重要的，拿破仑三世就会花费的精力。在他独自一人的时候，他会把这人的姓名写在纸上，仔细地看着、记着，然后把纸撕了。这样一来，他眼睛看到的印象就跟他耳朵听到的一样了。

这些都很费时间，但爱默生说："良好的礼貌，是由小的牺牲造就的。"

所以，如果你要人们喜欢你，第三项规则是：

你要记住你所接触的每一个人的姓名。

卡耐基语言的突破与沟通的艺术

如何养成优雅而获得好感的谈吐

最近，我应邀参加一个打桥牌的聚会。对我来讲，我不会玩桥牌。真巧，另外有一位漂亮的小姐也不会玩桥牌！她知道我在汤姆斯从事无线电事业前，曾一度做他的私人经理。那时汤姆斯到欧洲各地去旅行，在那段旅行期间，我帮助汤姆斯记录下他沿途上的所见所闻。这位漂亮的小姐知道我是谁后，就立即说："卡耐基先生，能不能请你告诉我，你游览过哪些名胜古迹和其中离奇的景色？"

我们坐在旁边沙发椅上，她接着提到，最近她跟她丈夫去了一次非洲。"非洲！"我接着说："那多么有趣，我总想去一次非洲，可是除了在阿尔及尔停留过24小时外，就没有去过非洲其他地方。你有没有去过值得你留恋的地方……那是多么幸运，我真羡慕你，你能告诉我关于非洲的情形吗？"

那一次谈话，我们说了45分钟，她不再问我到过什么地方，看见过什么东西。她再也不谈论我的旅行，她所需要的，是一个专心的静听者，使她能扩大她的"自我"，而讲述她所到过的地方。

这是她与众不同、特殊的地方？不，许多人都像她一样的。

我最近在纽约出版商"格林伯"的一次宴会上，遇到一位著名的植物学家。我从没有接触过植物学那一类的学者，我觉得他说话极有吸引力。那时我像入了迷似的，坐在椅子上静静听他讲有关大麻、大植物学家浦邦和布置室内花园等事情，他还告诉我关于马铃薯的惊人事实。后来，谈到我自己有个小型的室内花园时，他非常热忱地告诉我，如何解决几个我需要解决的问题。

这次宴会中，还有十几位客人在座，可是我忽略了其他所有的人，与这位植物学家谈了数小时之久。

时间到了子夜，我向每个人告辞，这位植物学家在主人面前对我极度恭维，说我"极富激励性"……最后，夸我是——最风趣、最健谈，具有"优雅谈吐"的人。

优雅谈吐？我？我知道自己几乎没有说话！如果我们刚才所谈的内容，没有把它变更一下的话，即使我想谈，也无从谈起，原因是我对植物学方面所知道得太少了。

不过我自己知道，我已经这样做了……那是因为我仔细地、静静地听了。我静静地听、用心地听，我发现自己对他所讲的事情，确实发生了兴趣，同时他也有这样的感觉，所以自然地使他高兴了。那种"静听"，是我们对任何人一种尊敬的和恭维的表示。伍福特在他《异乡人之恋》一书中曾经这样说过：很少人能拒绝接受那专心注意所包含的谄媚。

我告诉那位植物学家，我受到他的款待和指导；我希望拥有他那样丰富的学识——我真希望如此。我告诉他，希望能同他一起去田野散步，同时我希望能再见到他。

因此，他认为我是一个善于谈话的人，其实，我不过是一个善于静听，并且善于鼓励他谈话的人而已。

谈一件成功的生意，秘诀是什么？我依照那位笃实的学者依烈奥脱所说过的，他说："一桩成功的生意往来，没有什么神秘的诀窍。专心静听着对你讲话的人，那是最重要的，再也没有比这个更重要的了！"

那是很明显的，是不是？这问题你不需要花4年时间，去哈佛大学研读。但我们都知道，有很多商人租用豪华的店面，降低进货成本，陈设新款漂亮的橱窗，花费巨额的广告费，可是所雇用的，却是那些不愿意倾听顾客讲话的店员。那些店员，截断顾客的话、反驳顾客、激怒顾客，似乎要把顾客赶出大门才甘心！

胡顿曾经有过这样一个经历,他在我讲习班里说出了这段故事。

他在近海的新泽西州纽华城的一家百货公司买了一套衣服。这套衣服穿起来实在使人太失望了,上衣会褪色,且把衬衫领子弄黑了。

他把这套衣服拿回那家百货公司,找到当时跟他交易的店员,告诉他经过的情形。他"告诉"店员详细经过?不,根本不是那回事。他想要把经过情形告诉那店员,可是他办不到,想要说的话,都给那个似乎有点"口才"的店员中途截断了。

那店员反驳说:"这种衣服,我们卖出去已经有几千套了,这是第一次有人来挑剔。"这是那店员所说的话,而且声音大得出奇,他话中的含意就是:"你在说谎,你以为我们是可以欺侮的吗?哼!我就给你点颜色看!"

正在争论激烈之时,另外一个店员插嘴进来,那店员说:"所有黑色的衣服,起初都会褪一点颜色的,那是无法避免的……那种价钱的衣服,都有这种情形,那是料子的关系!"

"那时,我满肚子的火都冒了起来。"胡顿先生讲述他的经过:"第一个店员,怀疑我的诚实。第二个店员,暗示我买的是次等货。我恼怒起来,正要责骂他们时,那家百货公司的负责人走了过来。"

"这位负责人似乎懂得他的职责,他使我的态度完全改变过来。他把一个恼怒的人变成了一个满意的顾客。他是如何做的?他把这情形分成三个步骤:

第一,他让我从头到尾说出我的经过,他则静静听着,没有插进一句话来。

第二,当我讲完那些话后,那两个店员又要开始与我争辩了。可是那负责人,却站在我的观点跟他们辩论。他说我衬衫领子很明显是这套衣服污染的。他坚持表示,这种不能使客人满意的东西是不应该卖出去的。

第三,他承认不知道这套衣服会这样的差劲,而且坦直地对我说:"你认为我该如何处理这套衣服,你尽管吩咐,我完全可以依照你的意思做。"

数分钟前，我还想把这套讨厌的衣服退掉，可是现在我却这样回答："我可以接受你的建议，我只是想知道，褪色的情形是否是暂时的。或者你们有什么办法，可以使这套衣服不再继续褪色。"

他建议我，把这套衣服带回去再穿一星期，看看情形如何！他这样说："如果到时仍然不满意的话，拿来换一套满意的，我们增加了你的麻烦，感到非常抱歉。"

胡顿满意地离开那家百货公司，那套衣服经过一星期后，没有出现任何毛病，他对那家百货公司的信心也就恢复过来了。

难怪那位先生是那家百货公司的负责人，至于那些店员，他们不但终身要停留在"店员"的职位上，最好把他们降级到包装部，永远别跟客人见面。

最爱挑剔的人、最激烈的批评者，往往会在一个怀有忍耐、同情的静听者面前软化下来。这位静听者，必须要有过人的沉着，他必须在寻衅者像一条大毒蛇张开嘴巴的时候静听。

有这样一个例子：

数年前，纽约电话公司碰上一个最凶狠最不讲理的顾客，该顾客用最刻薄的字眼责骂接线生。后来他又指出，电话公司制造假的账单，所以他拒绝付款。同时他要投书报社，还要向公众服务委员会提出申诉……这个客人对电话公司有数起诉讼。

最后，电话公司派出一位最富经验的"调解员"去拜访这位不讲理的客人。这位"调解员"到那里后，静静听着……尽量让这位好争论的老先生发泄他满肚子的牢骚。"调解员"所回答的，都是简短的"是！是！"，并且表示同情他的委屈。

这位电话公司"调解员"来我们讲习班上，说出了当时的情形："他继续不断地大声狂言。我静静听了差不多有3个小时——后来我又去他那里，再听他没发完的牢骚。我前后访问他四次。在第四次访问结束之前，我已成为他始创的一个组织的基本会员，他称之为'电话用户保障会'，现在我还是这组织里的会员，可是就我所知，除了这位老先生外，我是里面唯一的会员。

在这次访问中，我还是静静地听着，我用同情的态度听他所举的每一个理由。据他表示：电话公司里的人从没有这样跟他说过话，而他对我的态度也渐渐地友善起来。我对他所需求的事，在前三次中，没提一个字，在第四次，我整个结束了这个案件。他把所有的账款都付清了，并且在过去他接连找电话公司麻烦中这是他第一次撤销对'公众服务委员会'的申诉。"

无疑地，这位先生表面上看来是为社会公益而战、保障公众的权益、不受无理的剥削。可实际上他所要的是自重感，用挑剔抱怨去获得这种自重感。从电话公司代表身上获得这份自重感后，他不必再举出那些不切实际的委屈了。

若干年前的一个早晨，有一位愤怒的顾客闯进"第脱茂毛呢公司"创办人第脱茂的办公室里。

第脱茂先生对我解释说：

这个人欠我们15美元……这位顾客虽然不肯承认，可是我们知道错的是他。所以我们信用部坚持要他付款，他接到我们信用部几封信后，来到芝加哥，匆忙地走进我的办公室。他告诉我，他不但不付那笔钱，而且我们公司以后别想再做他一美分的生意。

我耐着性子，静静地听他所说的那些话，有好几次，我忍不住气，几乎要跟他反驳争论、中止他所讲的那些话，可是我知道那不是最好的办法。我尽量让他发泄。最后，他这股气焰似乎已慢慢平息下去了，我安静地说："我感激你特地来芝加哥告诉我这件事。事实上，你已替我做了一桩极有意义的事：如果我们公司信用部得罪了你，相信他们也会得罪别人，那情形就不堪设想了。请你相信我，我迫切地需要你来告诉我，你刚才所说的那种情形。"

他绝对不会想到,我会讲出那些话来,可能他会感到有点失望。他来芝加哥的目的,是来跟我交涉的,可是我却感谢他,并不跟他争论。我心平气和地告诉他,我们会取消账目中那笔15美元欠款,同时把这件事忘掉。我向他这样表示:他是个细心的人,需要处理的只是一份账目,可是我们公司职员却要处理成千上万份的账目,所以他可能不容易弄错。

我告诉他,我很了解他的处境,如果我遭遇到与他同样的问题,也会有他这样的想法。由于他不再买我们公司的货物,我十分诚恳地推荐了其他几家毛呢公司给他。

那天我请他吃饭,他勉强地答应了。午餐后我们回到办公室,他却订了比过去都要多的货物,而且怀着平静的心情回家去了。这位顾客似乎因为我对他的接待和处理,所以回去仔细地查看了他的账单,终于找出那份账单,原来他自己放错了地方。于是他把那笔15美元的欠款寄来,还附了一封道歉的信。

后来,他妻子生了个男孩子,他就用了我们公司招牌的名称替他儿子取名"第茂脱"。他一直是我们公司的忠实主顾,也是个很好的朋友,直到22年后,他去世的时候。

多年前,有个荷兰籍的小男孩,在学校下课后替一家面包店擦窗,每星期赚5毛钱。他家里非常贫苦,经常提着篮子去水沟里捡从煤车上掉下来的煤块。这孩子叫爱德华·巴克,一生没有受过6年以上的教育。后来,他却成为美国新闻界一个最成功的杂志编辑。他是如何干起来的,说来话长,但他如何开始,则可以简单的叙述。

他13岁离开学校,在一个"西联"机构里充当童工,每星期的工资是6.25美元,虽然处在极端贫困的环境中,可是无时无刻不在追求接受教育的机会。他不放弃求学的信念,而且自己开始着手教育自己。他安步当车,从不搭乘街车,把午饭的钱也省下来,买了一部美国名人传记——后来他做了一件人们闻所未闻的事。

爱德华·巴克把美国名人传记详细研读过后,便写信给传记上的每一位名人，请求他们多告诉他一点关于其童年时候的情形。从巴克这个表现可以看出，他有一种善于静听的本质——他希望那些成名人物谈谈他们自己。

他写信给当时正竞选总统的贾姆士将军，问贾姆士，是否确实做过运河上拉船的童工。贾姆士接到信后，给他一封详细的复函。巴克又写信给格雷将军，问他在那部名人传记上记述有关一次战役的情形。格雷将军在回信中，画了一张详细的地图，还邀请这名14岁的小男孩吃饭，他们谈了一个通宵。

巴克写信给爱默生，希望爱默生说些有关他自己的事……

这个在"西联"机构传信的童工，和国内那些著名的人物通信，像布罗斯、奥利弗、郎菲洛、林肯夫人、休曼将军和台维斯等。他不仅跟那些名人通信，而且利用放假的时候，去拜访他们其中数位，成为那些人家里所欢迎的客人。巴克的这种经验，使他形成了一种无价的自信心。这些男女名人，激发了他的理想和意志，改变了他往后的人生。所有的这些，让我再说一遍：都是由于实行了我们正在讨论的这个原则。

记者马可逊访问过不少风云人物，他曾经告诉我们："有些人不能给人留下好印象的原因，是由于不注意倾听别人的谈话。这些人关心自己下面所要说的是什么，可是他们从不打开耳朵……"马可逊又说："有若干成名人物，曾这样跟我说，他们所喜欢的，不是善于谈话的人，而是那些静静倾听的人。能养成善于静听能力的人，似乎要比任何好性格的人少见。"不只是大人物才喜欢善于静听的人，即是一般普通的人也如此，都喜欢人家听他讲话。

正如文章中所说的："很多人找医生，他们所要的，不过是个静听者。"

内战情况最黑暗的时候，林肯写了封信给伊里诺伊州春田镇的一位老朋友，请他来华盛顿，说是有些问题需要跟他讨论。这位老邻居来了白宫，林肯跟他说了数小时关于解放黑奴的问题。林肯把这项行动赞成和反对的理由都加以研讨，然后看了些信件和报上的文章，有的因为他不解放黑奴而谴责他，有的谴责他是为了怕他解放黑奴。这样谈了几小时后，林肯和这位邻居老朋友握手道别，送他回伊里诺伊州……

林肯并没有征求这位老朋友的意见，所有的话都是他自己说的，而他说出这番话后，心情似乎舒畅多了。这位老朋友后来这样说："林肯跟我谈过这些话后，他的神情似乎舒适、畅快了不少。"

是的，林肯不需要这位老朋友的建议，他眼前所需要的是友谊、同情，有一个静听他讲话的人，借以发泄他心里的苦闷。当我们在苦闷、困难的时候也有这样的需要！

如果你想要知道，如何使人远远躲开你，背后笑你，甚至轻视你。有个很好的办法：你永远不要仔细听人家讲话，不断的谈论你自己。如果别人正谈着一件重要事情时，你发现有你自己的见解，不等对方把话说完，马上就提出来。在你想来，他绝对不会比你聪明，为什么你花那么多时间，去听那些没用见解的话？是的，立即插嘴，就用一句话，去制止他人的高论。

你曾遇到过那种人吗？很不幸的，我碰到过。奇怪的是，有些这样的人，还是社交界的名人。

那种人是令人"憎厌"而出了名的，他们被自己的自私心和自重感所麻醉，为一般人所"憎厌"。

只谈论自己的人，永远只为自己着想，是"只为自己着想的人"。哥伦比亚大学校长白德勒博士，曾经这样说过："这种人是无药可救的，没有受过教育的！"白德勒博士还说："无论他曾接受过什么样的教育，仍然跟没有受过教育一样。"

所以，如果你要成为一个谈笑风生，受人欢迎的人，你需要静听别人的谈话。问别人所喜欢回答的问题，鼓励他谈谈他自己和他的成就。

记住：跟你说话的人，对他自己来讲，他的需要、他的问题，比你的问题要重要上百倍。他的牙痛，对他来讲，要比发生天灾死了数百万人还重要得多。他注意自己头上一个小疮疤，比注意发生一场大地震还来得多。

所以，你如果要别人喜欢你，第四项原则是：

做一个善于静听的人，鼓励别人多谈谈他们自己。

卡耐基语言的突破与沟通的艺术

如何使人对你感兴趣

每一位去牡蛎湾拜访过罗斯福的人,对他渊博的学识都会感到惊奇。勃莱福特曾经这样说过:"无论是一个牧童或骑士,政客或是外交家,罗斯福都知道应该跟他说些什么。"这又是怎么一回事呢?答案很简单,在接见来访的客人之前,罗斯福已准备好了那位客人所喜欢的话题和对方特别感兴趣的事。

罗斯福跟其他具有领袖才干的人一样,他知道这个法宝:深入人们心底的最佳途径,就是对那人讲他知道得最多的事物。

前任耶鲁大学文学院教授费尔浦司,早年就知道了这个道理,他这样说过:

在我8岁的时候,某个星期六,我去姑妈家度假。那天晚上有位中年人也去我姑妈家,他跟姑妈寒暄过后,就注意到我。那时我对帆船有极大的兴趣,而那位客人谈到这话题上时,似乎也很感兴趣,我们谈得非常投机。他走了后,我对姑妈说,这人真好,他对帆船也极感兴趣。姑妈告诉我,那客人是位律师,按说他对帆船方面是不会有兴趣的。我问:"可是他又怎么一直说帆船的事呢?"

姑妈对我说:"他是一位有修养的绅士,他让自己到处受到欢迎,所以才找着你所感兴趣的话题,陪你谈论帆船。"

费尔浦司教授又说:"我永远不会忘记姑妈所讲的那些话。"

当我在写这个章节时,我面前有一封信,是热心童子军工作的基尔夫先生寄来的。基尔夫在信上这样写着:

有一天，我需要找个人帮忙，原因是欧洲将举行一次童子军大露营，我要请美国一家大公司资助我一个童子军的旅费。

在我会见那位大老板之前，听说他曾签出过一张百万美元的支票，随后又把那张支票作废，后来他把那张支票装入镜框，作为纪念。

所以我走进他办公室的第一件事，就是请求让我观赏那张支票。我告诉他，我从没有听说，有人开过百万美元的支票，我要跟我那些童子军们讲，我的确见到过一张百万美元的支票。他很高兴地取出来给我看，我表示羡慕、赞美，同时请他告诉我，开出这张支票的经过情形。

你注意到没有？基尔夫先生开始并没有立即谈到童子军的事和他的来意，而只是谈谈对方最感兴趣的事。结果又如何呢？基尔夫信上这样说：

那位大老板随后问我："哦，你找我有什么事吗？"于是我就告诉他我的来意。

那真出乎我的意料，他不但立即答应我的要求，而且比我原来要求的还要多。我只希望他赞助一名童子军去欧洲，可是他愿意资助5名童子军去欧洲，而且连我自己也受邀在内。他签了一张美元外汇银行支付的凭证，叫我们在欧洲住7个星期。他又替我写了几封介绍信：吩咐欧洲各城市分公司的经理，妥善地照顾我们。

之后，大老板自己去欧洲，在巴黎亲自接待我们，带领我们游览全市……最后，他还为几个家境清寒的童子军介绍工作。这位大老板，现在还尽其所能，在资助、帮忙这个童子军团体。

当然，这是我所知道的，如果事前没有找出他的兴趣所在，使他高兴起来，我很可能不会这样顺利地跟他接近。

商场上，这也是一种有价值的方法吗？我现在再举一个例子：

纽约有一家面包公司经理杜凡诺先生，希望把自己公司的面包卖给一家大旅馆。4年来，他一直打这个主意，几乎每星期都去找那家旅馆的经理。杜凡诺知道那位经理去哪那一家交际场所，为希望有个接触见面的机会，他也跟着去那家交际场所。他甚至在那家旅馆租下一间房间，只为获得生意，可是他都失败了。杜凡诺先生说：

后来，我研究了人与人之间的关系后，才知道应该改变策略，想办法找出他最感兴趣的事，事先了解哪一方面会引起他的注意。

我发现，他是美国旅馆业工会的会员，由于热心的推进这个团体的业务，后来被推举为这个团体的主席。同时，他还兼任了国际旅馆业联合会的会长，不论开会地点在哪里，他都搭乘飞机，飞越高山，横渡沙漠、大海，去那里开会。所以我在第二天见他的时候，就问他关于该会的详细情形，果然得到了一个极好的反应——他跟我讲了半小时关于会里的情形。他说的时候是那么的兴高采烈，我已明显地看出，那个团体组织是他的兴趣所在，也是他生活中的一部分，在我跟他分手前，他邀我加入他们的团体。

那时我并没提到面包的事，几天后，他旅馆里的管事打了一个电话给我，要我把面包的价目和样品送过去。

我走进那家旅馆，里面那个管事招呼我，说："我不知道你在那老头儿身上下了些什么工夫。可是真的，你挠到他的痒处了。"

我回答说："你该替我想一想——我在他身上花了4年时间，就为了跟他作生意。如果不煞费苦心找出他兴趣所在，他所喜欢的是什么，那还得要费不知多少时间呢！"

所以，如果你要使别人喜欢你，那第五项规则是：

就别人的兴趣谈论。

如何使人很快的喜欢你

我在纽约的33号街第8号路的邮局里,排队等着要发一封挂号信,我发现里面那个邮务员对他的工作显得很苦恼。称信的重量,递出邮票,找给零钱,分发收据,这样单调的工作,年复一年地重复下去。

所以我对自己说:"我过去试一试要让那人喜欢我,我必须要说些有趣的事,那是关于他的,不是我的。"于是我又问自己:"他有什么地方可以值得赞赏的?"这是个很不容易找出答案的难题,尤其对方是个素昧平生的陌生人。可是很容易的,我有了一个发现,我从这邮务员身上找出一件值得称赞的事了。

当他称我的信时,我很热忱地说:"我真希望有你这样一头好头发!"

邮务员把头抬了起来,脸色神情从惊讶中换出一副笑容,很客气地说:"没有以前那样好了!"我很确切地告诉他或许没有过去的光泽,不过现在看来,依然很美观。他非常高兴,我们愉快地谈了几句,最后他对我这样说:"许多人都称赞过我的头发。"

我敢打赌,那位邮务员中午下班去吃午饭的时候,他脚步就像腾云驾雾般地轻松。晚上回到家,他会跟太太提到这事,而且还会对着镜子说:"嗯,我的头发确实不错。"

我曾在公共场所讲过这个故事,后来有人问我:"你想从那个邮务员身上得到些什么?"

我想得到些什么?我想要从那个邮务员身上得到些什么?

如果我们是那样的卑贱自私,不从别人身上得到什么,就不愿意分给别人一点快乐；假如我们的气量比一个酸苹果还小，那我们所要遇到的，也绝对是失败。

嗯，是的，我确实想要从那人身上得到些什么！我想要获得一些极贵重的东西，而我已经得到了——我使他感觉到，我替他做了一件不需要他报答的事。那件事，即使过了很久，在他的回忆中，依然闪耀着光芒。

人们的行为有一项绝对重要的定律，如果我们遵守这项定律，差不多永远不会遇到烦忧。

事实上，如果遵守这项定律，会给我们带来无数的朋友和永久的快乐。可是如果违反了这项定律，我们就会遭遇到无数的困难。这项定律是"永远使别人感觉重要。"

杜威教授曾这样说过："自重的欲望是人们天性中最急切的要求。"詹姆士博士说："人们天性的至深本质，是渴求为人所重视。"我曾经说过，人与动物相异之处，就在于自重感的有与无，而人类的文化也是由此而起的。

哲学家们对于人类关系的定律，思考了数千年。而所有的思考中，只引证出一条定律。这条定律不是新的，它跟历史一样的古老：3 000多年前，索罗斯特把这条定律教给所有拜火教徒；24个世纪前，孔子在中国宣讲；道教始祖老子把它教给他的门徒；公元前500年，释迦牟尼也把这条定律留传人间；耶稣把这条定律综合在一个思想中，这是全世界适用的一条重要的定律：

你希望别人怎样待你，你就该怎样去对待别人。

你想要跟你接触的人都赞同你，你想要别人承认你的价值，你想要在你的小世界里有一种自重感；你不希望受到没有价值、不真诚的阿谀，你渴求真诚的赞赏；你希望你的朋友，就像司华伯所说的"诚于嘉许，宽于称道"。所有的人都需要这些。

所以，让我们遵守这条金科玉律：希望别人给我的，我先去给别人。如何做、何时做、在什么地方做？答案是：所有的时间，任何地点。

有一次我去无线电城询问处打听苏文的办公室号码。那个穿着整洁制服的询问员似乎觉得自己很高贵，他很清晰地回答："亨利·苏文（顿了顿），18楼（顿了顿），1816室。"

我走向电梯，想了想，接着又走了回来，向那个询问员说："你回答问题的方法很漂亮，很清楚、恰当，你像一个艺术家，实在不简单。"

他脸上现出愉快的光芒，他告诉我，为什么在答话时中间要顿一顿，为什么每句话的几个字要那么说。他听了我那些话后，高兴地把领带略微往上拉高些。当我搭乘电梯上了18楼时，我觉得使人们快乐的总量上，我又加上了一点。

你不需要等到就任驻法大使，或是做了一个很大俱乐部主席时才去称赞别人，你几乎每天都可以应用它。

例如：我们要一份法式的煎马铃薯，而那个女服务生替你端来了煮的马铃薯。在那时候，我们就不妨这样说："对不起，要麻烦你了，我喜欢的是法式的煎马铃薯。"她会回答："一点也不麻烦"，并且乐意替你去更换，因为你先尊重了她。

平时客气的话，像"对不起，麻烦你，请你，你会介意吗……谢谢你！"这些简短的话，可以减少人与人之间的纠纷，同时也自然地表现出高贵的人格来。

让我们再举个例子：

美国著名小说家柯恩是个铁匠的儿子，他一生受不超过8年的教育，可是在他去世的时候，他是世界上一位最富有的文人。

经过情形是这样的：柯恩喜欢诗词，所以他读尽了罗赛迪的诗。甚至他还写了一篇演讲稿，歌颂罗赛迪学术上的成就，并且还送了一份给罗赛迪。罗赛迪很高兴的表示："一个年轻人，对我的才学有这样高超的见解，他一定很聪明。"

罗赛迪就请这个铁匠的儿子来伦敦当他的私人秘书。柯恩一生的转折点就在这时候。他在这个新的职位上见到了许多当代的大文豪，受到他们的指导和鼓励，顺利地开始他写作的生涯，最终享誉世界。

他的故乡在格利巴堡，现在已是旅游的圣地。他遗产有250万美元，可是，如果他没有写那篇赞赏名诗人的演讲稿，可能会默默无闻，贫困地离开这个世界。

这就是真诚，一股出自内心的赞赏的力量。

罗赛迪认为他自己重要，那并不稀奇，几乎每个人都认为自己是最重要的一个，国家也是如此。

你是否感觉到，你比日本人优越？可是事实上，日本人以为他们自己比你优越得多。例如，一个守旧的日本人，当他看到一个白种人跟一个日本女人跳舞时，他会感到非常气愤。

你以为你比印度人优越？你有权这样想，可是他们的感觉就跟你完全相反。你以为你比爱斯基摩人优越？你当然可以这样想，可是你是不是想知道，爱斯基摩人对你的看法又如何呢？在他们的社会里，如果有个好吃懒做、不务正业的人，爱斯基摩人指那种无赖汉叫"白人"，那是他们轻视人最刻薄的话。

每一个国家都觉得比别的国家优越，这样就产生了爱国主义和战争。

有一条最明显的真理：你所遇到的任何人，几乎每个人都觉得自己某方面比你优秀。可是有一个方法可以深入他的心底——就是让他觉得你承认他在自己的小天地里是高贵且重要的，要真诚地承认。

别忘记爱默生所说的："凡我所遇到的人，都有比我优越的地方，而在那些方面，我能向他们学习。"

有些人刚刚觉得自己有若干的成就，就感到自满，结果引起别人的反感和憎厌。

莎士比亚曾经说过："人，骄傲的人，借着一点短促的能力，便在上帝面前胡作妄为，使天使为之落泪。"

第一章　最受欢迎的谈话技巧

我要告诉你关于我讲习班里3位学员的故事。他们运用了这条原理，获得了惊人的效果。第一位是康乃铁克脱州的律师，他不愿意公开自己的名字，我们就用R先生来代替。

R君来我讲习班没有多久，有一天，他驾着汽车陪太太去长岛拜访亲戚，他太太留下他陪老姑妈闲谈，自己另外看别的亲戚去了。R君想把学习所得做一次实地的应用，以便将来写篇报告，于是他想从这位老姑妈身上开始。他朝屋子四周看了看，找出有哪些是值得他赞赏的。

他问老姑妈："这栋房子是1890年建造的，是吗？"

"是的，"老姑妈回答："正是那年造的。"

他又说："这使我想起，我出生的那栋房子——非常美丽，建筑也好。现在的人都不讲究这些了。"

"是的，"老姑妈点点头："现在年轻人，已不讲究住好看的房子，他们只需要一所小公寓和一台电冰箱，再有就是一辆汽车而已。"

老姑妈怀着回忆的心情轻柔地说："这是一栋理想的房子，这屋子是用爱所建造成的。我和我的丈夫在建造之前，已梦想了很多年。我们没有请建筑师，完全是我们自己设计的。"

老姑妈领着R君，去各房间参观。R君对她一生所珍爱收藏的各种珍品，像法国式床椅、一套古式的英国茶具、意大利的名画和一幅曾经挂在法国封建时代宫堡里的丝帷，都真诚地加以赞美。

R君接着又说："老姑妈带我参观房间过后，又带我去车库，里面停着一辆很新的派凯特牌的汽车。"

她轻轻说："这辆车子，是我丈夫去世前不久买的。自从他去世后，我就再也没有坐过。你爱欣赏美丽的东西，我要把这辆车子送给你！"

R君听到这话，感到很意外，婉转辞谢，说："姑妈，我感激你的好意，可是我不能接受。我自己已经有了一辆新的车子，你有很多更亲近的亲戚，相信他们会喜欢这辆车子的。"

"亲戚!"老姑妈提高了声音说:"是的,我有很多更亲近的亲戚,他们希望我赶快离开这个世界,他们就可以得到这辆车子,可是,他们永远得不到。"

R君说:"姑妈,你不愿意送给他们,可以把这辆车子卖掉。"

"卖掉!"老姑妈叫了起来:"你以为我会卖掉这部车子?你想我会忍心看着陌生人驾着这辆车子行驶在街上?这是我丈夫特地为我买的,我做梦也不会想卖,我愿意交给你,因为你懂得如何欣赏一件美丽的东西!"

R君婉转的辞谢,不愿接受她的赠予,可是他不能刺伤了老姑妈的感情。

这位老太太单独一个人,住在这栋宽敞的房子里,对着屋子里这些精致、珍贵的陈设,缅怀若干以往的回忆。她希望有一个人,跟她有同样的感受。她有过一段金色的年华,那时她美丽动人,为男士们所追求。她建造了这栋孕育着"爱"的房子,并且从欧洲各地,搜集了很多珍品来加以陈设装潢。

现在这位老姑妈风烛残年,孤零零的一个人,她渴望着能获得一点人间的温暖,一点出于真心的赞美。可是,却没有人给她。于是,当她发现她找到了的时候,就像在沙漠中发现一泓泉水,使她心底激动而感谢,甚至愿意把这辆派凯特牌的汽车相赠。

让我再举一个例子!这是纽约一位园艺设计家麦克乌霍所说的经过情形:

在我听了"如何交友和影响他人"的演讲后不久,我替一位著名的司法官设计园景。那位司法官提出他的建议,在什么地方该栽种些什么花。

我说:"法官,你有很好的业余嗜好——你那几条狗都很可爱,我听说你曾得过很多次赛狗会中的蓝丝带优等奖状。"

我这句话果然出现了效果,那位司法官说:

"是的,我对于养狗很感兴趣,你要不要参观我的狗舍?"

40

他费了差不多一个小时的时间，带我去看他的狗和他所得的许多奖状。他拿出有关那些狗的血统系谱，告诉我每条狗的血统。由于有优越的血统，所以他养的狗都活泼、可爱。

然后，他问我："你有没有小男孩？"

我告诉他有的。

他接着问我："你孩子会不会喜欢小狗？"

我说："嗯，是的，我相信他一定会喜欢的。"

司法官点头说："那太好了，我送他一条。"

他告诉我如何养狗，顿了顿他又说："我这样告诉你，你很快就会忘了，让我写下来给你。"那位司法官进到屋里，把他要送我的那条小狗的血统系谱和喂养的方法，用打字机很清楚地打了出来，然后给我一条价值上百美元的小狗，同时还浪费了他1小时15分钟宝贵的时间。那是我对他的嗜好和成就表示真挚的赞赏所获得的结果。

第三个例子是爱达森经历的：

柯达公司的伊斯曼发明了透明胶片后，活动电影的摄制才获得了真正的成功，同时也使他获得了亿万的财富，成为世界上一位著名的商人。他虽然有这样伟大的成就，可是他仍然跟你我一样，渴求着别人的赞赏。

数年前，伊斯曼在洛贾士德建造伊斯曼音乐学校和凯本剧场。这个剧场是用来纪念他母亲的。纽约优美座椅公司经理爱达森，希望能承办该剧场里的座椅工程，他打了个电话给建筑师，约他去洛贾士德见伊斯曼。

爱达森到了那里，建筑师说："我知道你想得到座椅的订货合同，不过我需要告诉你，伊斯曼工作极忙，极严肃，如果你用了他5分钟以上的时间，你就别打算再做这一笔生意了。他不但事情忙，脾气也很大，所以我告诉你，你快速地向他说明来意后，就即离开他的办公室。"

爱达森听后，便准备那样做。

他被引进一间办公室，看到伊斯曼正埋首工作，在处理桌上一堆文件。

伊斯曼见有人进来,抬起头摘下眼镜,向建筑师和爱达森说:"两位早,有何见教?"

建筑师介绍他们认识后,爱达森说:"伊斯曼先生,我很羡慕你的办公室。如果我拥有像你这样的一间办公室,我一定也很高兴在里面工作。你知道我是从事于室内木工工作的,我从没有见过像这样一间漂亮的办公室。"

伊斯曼回答:"谢谢你提醒我差点忘了的事,这间办公室很漂亮是不是?当初这间办公室布置完成后,我确实非常喜欢,可是现在,由于我工作太忙,有时甚至于接连数星期不会注意到这上面了。"

爱达森用手摸摸办公室的壁板,说:"这是不是英国橡木?它和意大利橡木的品质稍有不同"。

伊斯曼回答说:"是的,这是进口的英国橡木,是一位专门研究细木的朋友替我特别挑选的。"

接着,伊斯曼陪同他,参观自己设计的室内陈设,包括木门、油漆色彩和雕刻等。

他们在一扇窗前停了下来,伊斯曼和蔼地表示,他要捐助给洛贾士德大学和公立医院等一些钱,为社会尽一点心意。爱达森热诚地恭贺他说,这是一桩古道热肠的慈善义举。伊斯曼打开玻璃橱的锁,取出他从前买的第一架摄影机——那是向一个英国人买下的发明品。

爱达森问他,当初如何开始他商业上的挣扎和奋斗的。伊斯曼感慨地叙述他幼年时候的贫苦情景——他守寡的母亲开了一家出租小公寓,他自己则在一家保险公司做小职员,每天只赚5毛钱。他由于受饥寒所困,所以立志要刻苦奋斗,免得母亲辛劳至死。

爱达森又找了些别的话题,而他自己却静静地听着!伊斯曼谈到他实验室的一段往事上:他过去做实验的时候,在办公室里花了整天的时间,有时候整个晚上——有时候,甚至穿起工作服,三昼夜不能脱下来。

爱达森是上午10:15分进伊斯曼办公室的,建筑师曾劝告他最多只能耽搁5分钟，可是，一小时，两小时都过去了，他们仍然在谈着。

最后，伊斯曼向爱达森说："上次我去日本，买了几张椅子回来，我把它们放在阳台上了，后来阳光把椅子上的漆晒脱了，我买了些油漆回来自己漆，你要不要看看我自己漆椅子的成绩如何？对了，你来我家，我们一起吃午饭，我让你看看。"

午饭后，伊斯曼把他漆的椅子拿给爱达森看——那些椅子，每张不会超过1.5美元，而事业上盈利上亿美元的伊斯曼，却认为很自豪，只因为那是他自己漆的。

凯本剧场座椅这笔订货的总额是9万美元。你猜，是谁得到了订货合同？除了爱达森外，还会有其他人？

从那时候开始，直到伊斯曼去世，他们一直保持着极亲密的友谊。

你我该从什么地方开始，实施这种奇妙的试金石？为什么不由你自己的家庭开始呢？因为，我不知道还有任何其他地方更为需要或是更能忽略。我相信你太太一定有她的长处，至少曾经有过，不然你不会娶她做妻子的。可是，你已经有多久没有赞赏她的美丽了？有多久了？

有一次，我在纽白伦斯维克的米拉密契河钓鱼，独居在加拿大森林的一个帐篷里。那里每天只能读到镇上出版的一份报纸。或许是空闲的时间太多，我把这份报刊登的每一个字都详细地看过了。有一天，我从报上"狄克斯婚姻指导"一栏里看到她的文章写得非常好，我把它剪下保存起来。她那篇文章上这样指出，她已经听厌了人们对新娘所讲的那些，认为应把新郎拉到一边，给他这些聪明的建议。她的建议是：

不会甜言蜜语的别结婚，结婚前赞美女人，似乎已是必然的事；可是在结婚以后给她赞美，那也是一种必须具备的职事，婚姻不只是讲诚实还需要有外交的手腕。

如果你想每天过着快乐、美满的生活，千万别指责你太太治家有不妥的地方，或者拿她和你的母亲做毫无意义的比较。

反过来说，你应该赞美她治家有方。而且还要有这样的表示，认为自己很幸运，才得到了一位贤内助。如果她把饭菜做坏了，几乎使你无法入口，你也别抱怨，不妨作这样的暗示，今天的饭菜，没有过去那样可口。你太太有你这样的暗示，一定不顾辛劳，直到使你满意为止。

不要突然就开始这样做，那会使你太太起疑心的。

不妨今晚，或是明天晚上，替她买一束鲜花，或是一盒糖果。不要只是嘴上这样说："是的，我应该这样做的。"还需要你实际的去做——给她一个温柔的微笑，加上几句甜蜜的话。如果做丈夫的和做太太的都能这样做，我不相信每6对的夫妇中有一对会要闹离婚。

你想知道如何使一个女人爱上你？是的，这里就有一个秘诀，一定有效。这不是我想出来的，这是我从狄克斯女士那里借来的。

有一次，这位狄克斯女士去访问一位已成为新闻人物的"重婚者"。这人曾经获得23位女人的芳心和她们银行里的存款（这里需附带说明的是，狄克斯女士是在监狱访问他的）。当狄克斯女士问，他获得女人爱情的方法时，他说并没有什么诡计，你只要对女人谈论她自己就行了。

这技术用在男人身上，同样有效。英国最聪明的首相狄瑞理说："对一个男人谈论他自己的事，他会静静地听数小时之久。"

所以，你要使别人喜欢你，第六项规则是：

使别人感觉到他的重要——你必须真诚地这样做。

第二章

高效演讲应遵循的基本原则

卡耐基语言的突破与沟通的艺术

演讲的基本技巧：勇气和自信

我于1912年开始设班讲授如何当众说话的课程。也正是在这一年，"泰坦尼克号"游轮沉没到了北大西洋的冰海之中。自从开设训练班之后，很多人从中受益，上百万学员已从这一训练班中毕业，并使他们的生活和事业发生了极大的改变。

在训练班开始的第一讲，我们都要让学员讲述一下自己要来上课的原因，他们期望从这种训练中获得什么结果。当然，每个人的说法各不相同，但令人惊奇的是，在这些学员的发言中，绝大多数人的主要愿望和基本需求竟然如出一辙。他们都认为：

当人们要求我站起来讲话时，我就感到很不自在，心里害怕极了，脑子也乱得像一锅粥，顿时无法清晰地思考，也不能集中注意力。我记不清自己说了些什么，也不知道下一句该怎么说。我希望从这一训练中获得自信，能够在任何场合下泰然处之，能站在众人面前随心所欲地思考，能在他人面前或是谈生意的时候清楚地表达自己的意见，并有效地说服他人。

这些话听起来是否也让你觉得耳熟？你是否也有过这样的经历？你是否也感到心有余而力不足？你是否也想过要付出一番努力，以使自己能够在他人面前口若悬河，令人口服心服？我相信你一定会回答"是"，并且迫切需要实现这一点，因为你已经手捧这本书了。

如果你有机会当面和我说话，我想你一定会问：

先生，你真的认为我能够培养出一种自信，并能面对人群，自然流畅而有条理地对他们讲话吗？

在我的一生中，几乎大部分的精力都致力于帮助人们消除恐惧，增强勇气，培养信心。训练班学员身上所发生的奇迹，足以让我写出好多本书。因此，面对这样的提问，我只能如此回答：这并不在于我"认为"你能否做到这一点，关键在于你！只要你按照书中的指引和建议去不断练习，我相信你一定会做得到！

为什么当你站在众人面前时，就不能够像坐着时那样尽情地思考？为什么你一站起来对人讲话，就会吓得发抖、声音发颤？这些其中当然有一定的原因。但是，这些情况是可以弥补和避免的，只要你坚持训练，就会逐渐消除对听众的恐惧感，并带给你更大的自信。

本书不是一本普通的演讲教科书，不是着重向你介绍一些如何说话的技巧和法则，也不是仅教给你一些关于如何发声、发音的生理学知识，而是讲述我几十年训练成人有效说话所取得的经验和成果。从现在的你开始，不需要做出刻意的改变，顺其自然地让你成为自己期望的自我。但有一点你必须做到：按照本书中的建议，尽力运用在每一次说话场合中，只要你坚持不断，自然就能达到你所期望的目标。

为了让你发挥本书的最大效用，并且很快进入状态，请遵循以下四个十分有效的原则。

1. 借别人的经验鼓起勇气

世界上并不存在天生的大众演讲家。当众演讲曾经在一个特定时期里被视为一门精致的艺术，人们说话时必须谨遵修辞、讲究语法，并注重一种优雅的演讲方式。在这种情况下，要想做个天生的大众演讲家真是难上加难。现在，我们把演讲看成是一种更加广泛的交谈，人们已经厌倦了过去那种过于夸张的演讲方式。当我们与人共进晚餐、在教堂做礼拜、观看电视或听收音机时，我们都喜欢听到他人率直的真言，并且喜欢那些能够引发思考和讨论的话题，而不喜欢演讲者仅仅是一味的说教。

当众演讲是一门开放的艺术，并不像许多学校的教科书所说的那样，当众演讲只是少数人能够精通的艺术,必须经过多年的训练,使自己的声音和语调更加完美,并运用复杂的语法修辞知识才能成功。事实并非如此。我的整个教学生涯就是要向众人表明一点:当众说话其实一点也不困难,只要遵循一些简单而重要的规则就行。

1912年,我在纽约市第125街的青年基督协会开始给成人训练班的学员们授课时,我也与那些初期的学员们一样具有相同的感觉。我所采用的讲授方法,与我在密苏里州的华伦堡上大学时受教育的方式差不多。但是这样的方法很快就被证明是错误的——我竟然把商界中的成人们当成了刚入学的大学生来教。我发现韦伯斯特、柏克皮特及欧康内尔等著名演讲家的理论无法派上用场,让学员们一味遵循模仿根本无法提升他们的实战演讲能力。这些付费专门来参加训练的学员们,所要得到的是敢于让自己站起来与人说话的勇气,以便在下次的商务会议中清晰而有条理地提出报告。于是,我彻底地抛弃那些教科书,当我站上讲台,仅靠一些简单的概念,直接在讲台上和学员们讨论,直到他们能有效地提出自己的报告为止。看来我们这一招还真奏效,因为要求训练的人不断前来,他们都希望得到更多地训练。

我真希望你有机会看看我家里或办公室,看看那些来自世界各地的学员们的感谢信和证言。这些写信的人有来自各行各业的精英人物,在《纽约时报》和《华尔街日报》上我们都可以看到他们的名字和照片。其中,也有一些州的州长、国会议员、大学校长和娱乐圈的名人。还有一些家庭主妇、牧师、教师和普通青年男女们。另外还有一些公司的主管、技术人员、工会会员、大学生和职业妇女等——所有这些人都有一个共同需要:他们需要自信,需要有在公开场合中适度表现自己的能力。

这些学员通过我的训练和他们的个人努力,很快就实现了自己的愿望,因此,他们特意写信表示谢意。在这许许多多的人当中,有一个例子在我写作此书时突然闪现在我的脑海里,对我影响极大。下面先让我们来看看这一故事吧!

多年前,一位费城的商业成功人士D·W·甘特先生报名参加我的训练班,刚参加不久,他就邀我共进午餐。餐桌上,他倾身往前,向我说道:"先生,以前在各种聚会中遇到说话的机会时,我都尽力回避,而这种机会对我而言真是太多,有时我不得不开口讲几句。如今,我当选为一所大学的董事长,每次开会时我必须出来主持会议。就您看来,像我这么大岁数的人,还有可能学会当众说话吗?"

我向他作出了保证,因为在我的训练班上类似的情形并不少见,后来他们都大大改变了,所以我相信甘特先生也一定能做到。

大约过了3年,我们又在一个商业俱乐部里共进午餐。还是在当时的同一餐厅、同一餐桌,这令我想起了我们当时的那次谈话,于是我便提起从前的谈话,问他我当初的预言是否已经实现。他微微一笑,从口袋中取出一本红皮的小笔记本,里面记录的全是他发表演讲的时间表,而且日程已安排到好几个月之后了。他说:"能够站在讲台上演讲是一种享受。演讲能带来无穷快乐,并获得一些意想不到的效果,这是我一生中最高兴、最令人满足的事。"

事情还不止如此!甘特先生接着又讲述了一件十分得意之事。有一次,英国首相应邀来到费城,并在一个教堂发表演讲。首相很少到美国来,陪同首相访问并负责介绍这位杰出政治家的费城人就是甘特先生。这让他感到多么荣耀!

也正是这位甘特先生,3年前还与我坐在这家餐厅的桌边,胆怯地问我:"先生,我能否有朝一日也可以当众畅谈自如?"

使甘特先生说话的能力提高得如此之快的并不是什么神奇的力量,他只是我的研讨班里一个很平常的案例。在我的训练班上,类似的例子还有数百例。让我随便举一个例子吧!

几年前的冬天,布鲁克林的一位医生科迪斯前往佛罗里达州度假。他度假的地点正好离"巨人队"的训练场地不远。他本人也十分酷爱棒球运动,在度假时,他经常去看他们练球。没过多久,他就和一些球员成为好朋友了,并被他们邀请去参加一个为球队举行的宴会。

当侍者端上咖啡与糖果之后,客人们邀请几位贵宾上台"说几句话"。宴会主持人宣布说:"今晚有一位医学界的朋友光临,我们特别邀请科迪斯大夫给我们谈谈棒球队员的健康问题。"科迪斯先生事前没有任何的准备,他也不知道自己会被邀请发言。

对于科迪斯大夫来讲,这是否是一个深奥而陌生的话题呢?当然不是!他对这个问题应该有充分的把握,甚至根本用不着准备,因为他是研究卫生保健的,而且行医30多年。如果你与他坐下来,他可以向你就这个问题侃侃而谈,甚至可以谈上整个晚上。但现在主持人要他上台当众讲话,尽管他要讲的是同样的问题,而且面对的也只是眼前的一群人——可那也是另外一回事了。对他来说,这似乎是一个令他不知所措的难题。他心跳的速度加快了一倍,而且他一沉思,心脏就立即停止了跳动。他一生中从未当着众人讲话,此时他脑海中的所有思绪仿佛都长着翅膀飞走了。

而此时,宴会上所有的人都在使劲地鼓掌。大家都望着科迪斯大夫,他摇摇头,表示谢绝。但他越是这样做,越是引来更加热烈的掌声,客人们纷纷要求他上台演讲。"科迪斯大夫!请说几句!说几句吧!"人们的呼声愈来愈大,也更加坚定,使得他实在无法拒绝。

这种情形真是让科迪斯大夫感到极为悲哀。因为他最清楚,如果他站起来对着大家说话,他将无法说出五六个完整的句子。被逼无奈之下,他只好站起身,一句话也没说,转身背对着他的朋友,默默地走了出去。他感到十分难堪,更觉得这对自己是一种莫大的耻辱。他觉得自己真是太失败了,对着众人连话都讲不出来!

就这样,报名参加我的有效说话的训练课程,就成了他回到布鲁克林所做的第一件事。他不愿再度陷入那种令人面红耳赤、哑口无言的窘境。

训练班的老师最喜欢这样的学员,因为这样的学员已经深切体会到一种迫切地需要，急切希望自己拥有一种脱口而出、语出惊人的演讲能力。在每次训练课上，他都会彻底地准备好自己的讲稿，积极主动地加以练习，从不缺席训练课程中的每次课。

他训练得如此努力，提高的速度连他自己都感到惊讶，并且超越了他的自我预期。经过最初的几节训练课之后，他完全消除了自己的紧张情绪，信心也愈来愈强。两个月后，他已成为训练班上的优秀演讲者，不久就被许多地方邀请到各地演讲。现在，他已经非常喜欢演讲的那种感觉，以及那种独特的欣喜。通过演讲，他获得了荣誉，并且交到了更多的朋友。

纽约市共和党竞选委员会的一名委员，在听过科迪斯的一次演讲之后，立即邀请他到全市各地为共和党发表竞选演讲。如果有人对这位政治家说，就是在一年以前，这位令他欣赏的演讲家曾经因为张口结舌说不出话来，而且害怕面对观众，只好在羞愧与困惑的窘境下转身离开时，这位政治家一定大吃一惊，无法相信！

要想让自己获得一种自信、勇气和能力，以便在你当着一群人发表谈话时能够冷静而清晰地思考，这并不像大多数人所想象的那么困难，这并不是上帝专门恩赐给某些人的礼物。就像打高尔夫球一样，任何人都可以发掘出其潜在的能力，只要你有这样去做的充分欲望就行。还有另外一个例子。

一天，我的办公室来了一位客人，他是B·P·古利奇公司董事长大卫·古利奇先生。一进门，他就开口说道："我这一生中，每逢自己要讲话时，没有一次不是惊恐万状的。身为公司董事长，我不可能不主持召开会议。董事们都是我多年熟悉的常客，大家围桌而坐时，我同他们谈起来顺畅自如，一点障碍都没有。然而一旦我起身说话，就会惊恐万分，一个字也说不出。这种情形已经发生多年了。我不相信你能帮我什么忙，因为我的这一毛病实在太严重了，而且由来太久。"

"哦，"我说，"你既然认为我帮不上你的忙，那你为什么还来找我呢？"

"因为我很想试试自己的运气。"他答道,"我有个会计师,他替我处理私人账目,他平时很羞怯。当他走进自己的办公室之前,他得先穿过我的办公室。好多年来,每当他走过我的办公室时,总是蹑手蹑脚、眼观地面,难得说一个字。不过最近,他的整个人好像大变样了。如今他走进我的办公室时,下颚抬起,眼里闪着丝丝光亮,而且还主动地向我打招呼:'早安,古利奇先生。'他说话、走路时信心十足,神采奕奕。对于他的这种改变我十分吃惊,便问他:'是谁向你施了什么魔法而使你发生这种大变的?'他告诉我,他参加了你的演讲训练课程,并且成了现在的他!就是因为这样,所以我想来找你试试。"

我坚定地告诉古利奇先生,定期来上课,并且真正按照训练的要求去做,不用几个星期,他也会喜欢在大众面前讲话了。

"你要真是让我做到了这一点,那我可就成为世上最快乐的人之一了。"他答道。

后来,他果然报名参加了我的训练班,并且坚持上课,与我想象的一样,他在班上进步神速。3个月后,我请他参加在阿斯特饭店的舞厅里举行的一个千人聚会,并安排他向大家谈一谈他从我们的训练中所获得的帮助。他说很抱歉,因为事先有约,他不能去。可是第二天,他给我打来电话说:"我要向你道歉,我把约会取消了。我要来参加聚会,并接受你的演讲安排,这是我欠你的。我要把训练中的收获真实地告诉给大家。我这么做,是想通过我自己的切身体会和故事来激励大家,让他们也主动消除那些残害他们生命的恐惧之感。"

本来我只给他安排了两分钟的演讲时间,结果他对着上千人,滔滔不绝地讲了10多分钟!

在我的训练班上恐怕远远不止数千起类似的神奇故事。我亲眼看到那些男男女女由于得到训练而完全改变了自己的生活和事业,其中有好多人获得了自己梦寐以求的提升,有些人在事业和社会上处于显赫地位。一次得体的讲话就足以使人大功告成。让我们来看看马里奥·拉卓的故事吧。

几年前，我收到一封来自古巴的电报，甚感意外。电报上说："除非你拍电报反对，否则，我这就前来纽约接受您的演讲训练。"信的署名者是"马里奥·拉卓"。他是什么人，我想都想不起来，也从未听说过。

拉卓先生到纽约后解释说："哈瓦那乡村俱乐部要为创始人庆祝50岁的生日，我应邀参加并想赠送一个银杯给他，而且我还要担任当晚的主持人。我虽是一名律师，却从不曾公开进行过演讲。想到这场演讲，真是害怕极了。如果表现得不好，那会令我和太太在社交场合很难为情；再说，那样也会降低我在顾客面前的身份。因此，我特意从古巴赶过来向您求援。我只能停留3周。"

在那3周里，我让马里奥从这个班转到那个班，每晚要演讲三四次。3星期之后，他参加了"哈瓦那乡村俱乐部"的盛大聚会并发表了演讲。他的演讲精彩绝伦，《时代》杂志居然在"国外新闻"专栏里做了特别报道，且赞誉他为"银舌的雄辩家"。

这一故事让我们听着真像是奇迹，对吧？它确是奇迹——20世纪克服恐惧的奇迹。但这也是我亲历的事实！

2. 时刻不要忘了你的目标

我一直认为，能够从当众演讲中获得快乐是成功演讲的首要原因，就像前面提到的甘特先生的故事，我相信，这个因素远比其他任何因素更为重要。他确实是接受了我们的指导，并遵循我们的建议，毫不偷懒地完成了我们的功课。不过，我相信他之所以能够做到这些，是因为他自己想要去做，而他之所以要做，是因为他预想自己一定会成为成功的演讲者。他将自己融入到未来的形象之中，然后努力使其得以实现。这就是你必须切实付出的行动。

全力以赴、充满自信与口吐莲花的说话能力对你是极其重要的。想想这种能力对你结交朋友以及在社交上的重要性，想想你因此而大大增强了自己服务于他人、社会的能力,想想这种能力对你的事业所造成的影响……简言之,它将为你未来领导他人和个人成功铺平道路。

《演讲季刊》上刊登了一篇联合国教科文组织主席艾林先生的文章,题为《演讲与领导在事业上的关系》。他说:"在商业领域的历史中,不少人是凭借讲坛上的杰出表现而承蒙器重的。许多年前,有位青年,当时是堪萨斯州一个小分行的主管,在做了一场精彩无比的演讲之后,今天已成为我们的副总裁了,负责业务的拓展。"

从容不迫地在众人面前侃侃而谈的能力将使你前途无量。有一位毕业的学员亨利·伯莱斯通,他是美国西弗公司的总裁。他深有感触地说:"与他人进行有效的交谈,并且赢得他们的合作,这是那些往上爬的人们应该努力培养的一种能力。"

想一想,当你信心十足地起身与听众共享自己的思想和感觉时,那是多么令人满足和舒畅呀。我曾几度环球旅行,但是凭借语言的力量征服全场听众的那种快乐和愉悦,是很少有别的事情可以比拟的。在那种场合下,你会有一种强大的力量之感。有个毕业的学员说:"开始说话前两分钟,我宁可挨鞭子,就是开不了口;可是说到临结束前两分钟时,我又宁可被枪毙也不愿停下来。"

现在就请你开始想象自己面对着很多听众,想象你自己正满怀信心、迈步向前,听听你开讲后那种全场鸦雀无声;感觉感觉在你激昂陈词之际听众的那种全神贯注;感受感受你离开讲台时那热烈掌声的温馨;听听聚会结束后部分听众对你的大加赞赏……

哈佛大学著名的心理学教授威廉·詹姆斯曾写下4句话。这4句话,很可能对你的一生产生深远的影响。这4句话,是阿里巴巴勇探宝穴的开门口诀:

如果你对某个目标足够关注,你自然会实现这一目标。

如果你希望做好,你就会做好。

如果你期望致富，你便会致富。

如果你想博学，你就会博学。

只有那样，你才会真正地期盼这些事情，心无旁骛地一心期盼，而不会再把大量精力花在那些毫不相干的琐事上。

不论任何课程，只要你满怀热忱地去学习，一定可以学好。

学会有效地面对众人说话，其好处不仅仅是可以进行正式的公开演讲。事实上，就算你终生都不可能进行正式的公开演讲，但接受这种训练仍然对你有很大的好处。举例来说，当众演讲的训练，是铺设一条通往自信的大道，因为你一旦发现自己能够当众起立，伶牙俐齿、头头是道地对着人群说话，在你与他人交谈时，必然就更具信心和勇气。许多职场人士都来参加我的"有效说话"课程，主要是因为他们在社交场合之中感到害羞而不自在。当他们发现自己能够站着和同事讲话并没有多么困难时，他们便会觉得原先的那种不自在是多么可笑。他们通过训练培养出来的处之泰然的风度，令家人、朋友、生意伙伴和顾客刮目相看。我们的许多学员，像古利奇先生，都是因为周围的人参加训练后个性发生了非凡的改变，才促使他们抱着试试看的心理来上课的。

这种方式的训练，也会在各方面影响到一个人的个性，不过并非立竿见影。不久前，我曾问大西洋城的外科医师兼美国医药学会的前任会长大卫·奥门博士，从心理和生理健康的角度来看，他认为当众演讲训练的益处如何？他微笑着回答了这个问题。他说最好是开个处方，这个处方是"药房里抓不到药的，个人得自己配药；他要以为自己不行，他就错了"。

我桌上就放着这么一份处方，每读一次，我都觉得心有感触。以下便是奥门博士振笔疾书的处方：

"尽力培养一种能力，让别人能够窥视你的脑海和心灵。学会在他人面前清晰地表达自己的思想和意念，使之传递给他人。在你这样努力去做而不断进步时，你便会发觉：你——你真正的自我，正在人们心目中塑造一种前所未有的形象，产生前所未有的震撼。

从这份处方中，你可以得到双重好处。当你学会对别人讲话时，你的自信心也会随之增强，而你整个人的性格也会发生很大的改变。这样你的情绪也会进入一种很好的状态。情绪渐入佳境，你的身体当然也就渐入佳境了。在现代社会里，不论男女老少，人们都得当众讲话。我个人并不清楚它在工商业中究竟会带来什么利益，我只听说裨益无穷。可是，我确实知道它在健康方面的益处。只要有机会，你应该对几个人或许多人说说话；你会越说越好，我自己就是这样。同时你会感到神清气爽，体验到一种完整而圆浑的感觉，这是你从前感受不到的。

这是一种畅快而美妙的感觉，没有任何药丸能赐予你如此感受。

因此，学会说话的原则其中一条便是，想象自己成功地做着目前自己所害怕去做的、全心全意地想着自己能够当众说话，并被人接纳时会有怎样的利益。牢记威廉·詹姆斯的话："如果你对某项结果足够关心，你自然会实现这种结果。"

3. 立下必须成功的决心

有一次，一位广播主持人在节目中要求我以3句话来说明我曾学到的最重要的一课。我说："我所学到的最大教训是，我们的所思所想非常重要。如果我知道你的思想，就能了解你这个人，因为你的思想造就了你这个人。通过改变自己的思想，我们就能改变自己的一生。"

现在你已把自己的目标定在增加自信心和进行行之有效的交谈上。从现在起，你一定要积极而非消极地思考问题，你的这番努力终会成功。你一定要对自己在众人面前说话的努力成果保持一种轻松乐观的看法。你一定要把自己的决心体现在每个词句、每项行动之上，并全力培养这种能力。

下面有一则故事，可以强有力地证明一点：任何人若想迎接语言挑战，达到言简意赅的效果，就必须具备断然的决心。我要讲述的这个人，他已高高地登上了事业的阶梯，成为商界的传奇人物，但是在大学时代，他初次起立讲话时，却因语言迟钝而失败。老师指定的5分钟演讲，他讲不到一半，便脸色发白，噙着眼泪匆匆走下讲台。

这位青年学生虽有过如此经历，但他不甘心让这样的失败将自己击倒。他下定决心要做个优秀的演讲家，并且付诸真正的行动，片刻不懈，最后终于成为政府的经济顾问，世界知名。他就是克莱伦斯·B·南道尔。他在发人深省的许多本书中一本《自由的信念》写到他的演讲经历：

我的演讲每天都排得满满的，出席的场合有厂商协会的晚宴、商务部、扶轮社、基金筹募会、校友会以及其他场合。我曾经在密歇根州的艾斯肯那里发表爱国演讲，慷慨激昂中投身了第一次世界大战；我曾与米基·隆尼一起到乡下进行慈善演讲，与哈佛大学校长詹姆士·布朗特·柯南和芝加哥大学校长罗伯特·M·胡钦斯下乡宣导教育；我甚至曾以极蹩脚的法语做过一场餐后演讲。

我想我了解听众要听些什么，以及他们希望演讲者如何表达。对于那些堪当事业重任的人来讲，这其中的窍门是：只要他愿意去学，没有什么学不会的。

我与南道尔先生有同感。一个人想要获得成功的意志，是成为有效说话者的过程中成败的关键。如果我能看透你的心思，确知你的意志强度、你的思想明朗或灰暗，我便能准确地预测你在改进沟通技巧上的进步会有多快。

在我中西部的一个培训班里，有个人第一晚上课时就站起来"大言不惭"地说，他不满足于成为一名房屋建造商，他要成为全美房屋建造协会的发言人。他最想做的是：在全国四处奔走告诉人们，他在房屋建造业中遭遇的问题与获得的成就。乔·哈弗斯帝真的说到做到了！他是那种让老师高兴的学生，他有一种拼命的狂热劲头。他想要谈论的，不只是地方性的问题，同时还包括全国性的问题，他对这些欲望绝非三心二意。他充分地准备了自己的演讲，并仔细练习，绝不错过每一次上课的机会，哪怕遇上他1年里最忙的时节,他都毫不含糊地按照一个学员的标准去自我要求,结果他进步很快,连他自己都感到吃惊。两个月的时间,他就已经成了班上的佼佼者,并被选为班长。

大约1年以后,在弗吉尼亚州的诺佛克主持该班训练的教师这样写道:

我已经完全忘了俄亥俄州的乔·哈弗斯帝了。一天早晨用早餐的时候,我打开《弗吉尼亚导报》,其中赫然印有一幅乔的照片与一篇称誉他的报道。前一天晚上,他在地区建造商的盛大聚会中发表演讲,在我看来,乔岂止是全国房屋建造协会的发言人而已,他其实就是一名会长了。

因此,要想成功,必须具备的条件就是:用你的欲望提升自己的热忱,用你的毅力磨平高山,同时还要相信自己一定会成功。

当恺撒从高卢而来、船行海峡之上、最后和他的军团到达现在的英格兰时,他是如何确保自己军队成功的呢?他非常充满智慧:他把军队停驻在多佛尔海峡的白垩悬崖之上,下望两百英尺之下的海浪。他们见到赤红的火舌正吞噬着运载他们渡过来的每艘船只。置身敌国,与大陆的最后联系已经失去,最后的撤退工具也已焚毁,他们只有唯一的选择:前进、征服!他们后来正是这么做的。

何止是不朽的恺撒精神!在你出发去征服你对听众的恐惧时,何不将这种精神变成你的?把每一分消极思想都扔进熊熊的大火之中,在通往踌躇的每道隘口上都紧紧关上钢门。

4. 抓住一切机会——练习

第一次世界大战以前,我在第125街青年基督协会所教授的课程,已经不复存在,我不再仅仅讲授当年的内容了。每年都会用一些新的观念取代训练课程中的那些旧的思想。但是有一个特点却是经久不变的,那就是各班的每个学员至少必须起立一次(大部分人都是两次)在同学面前演讲。为什么要进行这种训练呢?因为不能学会当众说话,谁也学不会在大庭广众之下发表演讲,就好比一个人不下水,就学不会游泳一样。你可以读遍那些有关当众演讲的著作，包括本书，但你有可能还是开不了口。书本只是一些详尽的指引，你得将书中的建议付诸实施才行。

当有人问萧伯纳，他是如何学得先声夺人地当众演讲的，他答道："我是用自己学会溜冰的方法来做的——我固执地一个劲儿地让自己出丑，直到我习以为常。"

年轻时，萧伯纳是伦敦最胆怯的人之一，常常在外面走上20分钟或更多时间，最后才壮起胆子去敲他人的门。他承认："很少有人像我这样因为单纯的胆小而痛苦，或极度地为它感到羞耻。"

后来，他无意间用了最好、最快、最有把握的方法来克服自己的羞怯、胆小和恐惧。他决心把自己的弱点变成最强劲的资产。他加入了一个辩论学会。伦敦一有公众讨论的聚会，他就会参加。萧伯纳全心投入社会主义运动，并四处为该运动进行演讲。结果他成为20世纪上半叶最具信心、最出色的演讲家之一。

对于我们每个人来讲，说话的机会随处皆有，不妨参加任何组织，志愿从事那些需要你讲话的职务。在公众聚会里站起身，使自己出个头，即使只是附议也好。开会时，千万别去敬陪末座。尽量去说话！使自己有机会活跃地参加各种聚会。你只要往自己周围望望便会发现，没有哪种商业、社交、政治、事业，甚至社区里的活动能够离得开向前迈步、开口说话。除非你说话，不停地说，否则你永远也不知道自己会有怎样的进步。

一个年轻的商务主管有一次对我说："这些道理我全都明白，可是我总是犹豫着不敢面对学习的艰难考验。"

"什么艰难考验！"我回答说，"快把那种思想从心里除去。你从来就没有运用正确的、征服性的、精神来想过学习。"

"那是什么精神？"他问。

"冒险精神啊！"我告诉他。接着我又对他谈起一些当众说话而能获胜的成功之路，而且个人的个性更能由此变得开朗起来。

"我要试试,"最后他说,"我要去从事这项冒险的活动。"

在你继续阅读此书并将其中的原则付诸实施之际,你也是在进行冒险。你会发现,在这项冒险中,你的自我引导的力量与敏锐的观察力会支持你;你会发现,这项冒险会改变你,不论内在或外在的!

充分准备，培养自信心

卡耐基先生，5年前，我来到你举办示范表演的一家饭店。当我来到会场门口时，就停住了。我心里明白，只要走进这个房间，参加了你的培训班，早晚都得对着他人演讲一番。想到这些，我的手就僵在门柄上了。我没有勇气走进去，最后只好转身离开了饭店。

要是我早知道您能教会人们轻而易举地克服恐惧——那种面对听众就会瘫软的恐惧，我就不会白白错过那次机会，从而失去5年的大好时光了。

如此坦诚相告的人，他并不是在隔着桌子与我闲话家常，而是在参加一个大约有两百人的讨论会。这是我在纽约市举行的一个训练班的毕业生聚会。在他说话时，我特别被他的仪态和自信所吸引。我想，他一定能凭着自己新学到的表达技巧和由此增强的信心而使他处理日常事务的能力大大增强。身为他的老师，我很高兴他已能够在面对恐惧时迎头予以痛击了。我甚至忍不住地想，他要是在5年或10年之前便已经战胜恐惧，那他现在不知会取得多么大的成功，又会有多么快乐！

爱默生说："与世上任何事物相比，恐惧更能击溃人类。"我真的能体会到这句话所蕴含的真理。感谢上帝，使我此生能将这些人从恐惧中挽救过来。1912年，我开始授课时，根本不知道这些训练会成为帮助人们消除恐惧与自卑感的良方之一。现在，我发现，学习当众说话是一种天生的方法，可以让人克服不安，并且建立起勇气和自信。因为当众说话，可以使我们控制住自己内心的恐惧。

多年来，通过训练人们当众说话，我已经找到了很多办法和手段，以帮助人们很快地克服在上台后和面对他人时所感到的恐惧,并在经过短短数周的训练之后就会产生信心。

1. 当众说话的本质

并不是只有你自己才有当众说话的恐惧感,事实证明这是人所共有的弱点。对大学学生的调查表明,演讲课中80%~90%的学生在上课之初都会感受到上台的恐惧。我也相信,在我的成人班里,在课程刚开始时,学员登台时感到恐惧的比例比这还要高,几乎达到100%。

其实,登台时有某种程度的恐惧感反而会有一定好处,我们天生就有能力应付客观环境中这种不寻常的挑战。因此,当你注意到自己脉搏加快、呼吸也快起来时,切莫紧张。你的身体一向对外来的刺激保持着警觉,这时它已经做好准备来应对这种意外状况了。如果这种生理上的预警信号是在某种合理的限度内进行的,那你会因此而想得更快,说得更流畅,并且一般来说,会比在普通状况下说得更为精辟有力。

许多职业演讲者都曾郑重地告诉我,他们从来就没有完全消除掉登台时的恐惧感。在他们开讲之前,几乎总会感到害怕。这种害怕心理在说出开头的几句话时仍会延续,但经过一会儿的心理调整后,就可以进入正常的状态了。宁愿做赛马,也不做驮马,这正是这些演讲家们必须付出的代价。

你害怕当众说话的主要原因,只是你不习惯于当众说话。"恐惧大都因为一种无知与不确定感而产生",罗宾逊教授在《思想的酝酿》一书中这样说道。对大多数人而言,当众说话是一个未知数,其结果不免令人满心焦虑和恐惧。对于一个新手来说,那更是一连串复杂而陌生的情境,它要比学打网球或驾驶汽车更为繁杂。要使这种可怕的情境变得较单纯而轻松,只有全靠练习、练习、再练习了。你会发现,像很多人一样,在你积累了成功的演讲经验之后,当众说话就不再是一种痛苦,而是一种快乐了!

在读过杰出的演讲家和著名心理学家阿尔伯特·爱德华·威格恩克服恐惧的故事之后,我一直把它当成是对我的一种鼓励。他说,他自己读中学时，一想到要起立做5分钟的演讲，就会莫名其妙地感到恐惧。他写道：

　　随着演讲日子的临近，我会真的生起病来。只要一想到要做那件可怕的事情，血就直往脑门上冲，两颊烧得难受。我不得不到学校后边去，将脸颊贴在冰凉的砖墙上，以设法减少汹涌而来的潮红。读大学时也是这样。

　　有一次，我刚刚小心地背下一篇演讲词的开头："亚当斯与杰弗逊已经过世。"但当我面对听众时，我的脑袋里突然一阵轰轰然地，几乎不知置身何处。我还是勉强挤出了开场白。但是除了蹦出"亚当斯与杰弗逊已经过世"以外，我再也说不出任何别的词句了。只好向众人鞠躬⋯⋯在雷鸣般的掌声中，我只好十分凝重地走回座位。至此，校长只好站起来打圆场："唔，爱德华，我们听到这则悲伤的消息真是十分震惊，不过事已至此，我们会尽量地节哀的。"接下来便是一片哗然的笑声。面对此情此景，我真想以死来解脱。在那场演讲之后，我病了数日。

　　有了那次经历之后，活在这个世上，我最不敢期待的，便是成为一名大众演讲家了。

　　他离开大学1年后，住在了丹佛。1896年的政治运动在激烈地争执有关"自由银币铸造"的问题。一天，当他读到一本小册子中阐述的"自由银币人士"的建议时，十分愤怒，认为他们承诺空洞，于是便当了手表作为旅费，回到家乡印第安纳州。到了那儿以后，他便自告奋勇地就健全的币制问题发表演讲，听众席上有不少人就是他往日的同学。他在书中写道：

　　开始时，在大学里演讲亚当斯和杰弗逊的那一幕又掠过我的脑海。我开始感到窒息，说话结巴，眼看就要全军覆没了。不过，正如戴普常说的那样，在听众的勉励与期待下，我勉强撑过了绪论部分，这一小小的成功使我勇气倍增，继续往下说了下去。我自以为大约说了15分钟的时间，但使我惊奇的是，我竟然已说了一个半小时。

　　在以后的数年里，我真成了全世界最令人吃惊的人，竟然把当众演讲当成了自己吃饭的本行。

卡耐基语言的突破与沟通的艺术

我对威廉·詹姆斯所说的成功的习惯是最有感触的了。

是的，阿尔伯特·爱德华·威格恩终于学会了如何克服当众说话时的恐惧感，他采取的最有效的方法之一便是先取得成功的经验，然后以此作为后援。当你取得一次次小小的成功之后，隐藏在你内心的恐惧就会慢慢消除，于是你在处理类似场合时就会游刃有余了。

你应该预料得到，由于你要面对很多人说话，因此，出现一定程度的恐惧是很自然的。但是，你应学会将自己的恐惧限定在一定的范围之内，使之产生的负面影响最小，然后尽力征服它。

即使你登台后的恐惧一发而不可收，造成了你心灵的滞塞、言辞的不畅、肌肉过度痉挛而无法控制，从而严重影响了你说话的效果，你也无须绝望。这种症状对于初学者并非少见。只要你多下工夫，就会发现这种上台后的恐惧感，只要你善加控制，其程度很快便会降低到某一限度，过了这一段，你会发现它就是一种助力，而不是一种阻力了。

2. 做准备的适当方式

数年前，在纽约扶轮社午餐会上的主讲人，是一位声名显赫的政府官员，大家都拭目以待，期望听他叙说一下部里的工作情形。

当他一站到讲台上，我们立刻就发现，他事前并未做准备。起先，他本想随意作一番即兴演讲的，结果不成。于是他又匆匆忙忙地从口袋里掏出一叠笔记来。但是这些东西显得如此杂乱无章，就像一辆货车所载的碎铁片。他手忙脚乱地在这些东西中乱翻了一阵，说起话来越发显得尴尬而笨拙。时间一分一秒地过去了，他也变得越发无助，越发糊涂。到了这种地步他却继续挣扎着，还一边说些道歉的话。他寄希望于将笔记理出一点头绪来，同时用颤抖的手举起一杯水，凑到焦干的唇边，真是惨不忍睹！他已完全被恐惧所击倒，就因为他对此演讲几乎没有准备，最后他只好无可奈何地坐了下来。可以说，这是我所见到的最丢脸的演讲家之一了。他发表演讲的方式正像卢梭所说的：他始于不知所云，止于不知所云。

1912年以来，由于职业上的需要，我每年都要评鉴5 000次以上的演讲。这些演讲者也给我大大地上了一课：只有那些有备而来的演讲者才能获得自信。试想，当一个人上战场时，如果他携着带有故障的武器，身上无半点弹药，还奢谈什么向敌方发起猛攻？林肯曾说："我相信，我要是无话可说时，就是经验再丰富，年龄再老到，也无法免于难为情的境地。"

如果你想培养一种自信，何不在你演讲之前就好好做些准备，以增强自己的安全感呢？丹尼尔·韦伯斯特曾说，未经准备就出现在听众的面前时，就像是未穿衣服就跑在大街上一样。

下面我们将提到一些演讲时的具体技巧。

A. 不要逐字地记忆演讲的内容

"充分的准备"就是要记诵演讲词，对于这个观点，我要大声说："不！"为了保护自我，以免在面对听众时脑中顿时一片空白，许多演讲者便一头栽进了记诵内容的陷阱里。一旦你染上了这种心理麻醉之瘾，你就会无可救药地从事一些浪费时间的准备方式，这样会毁掉你的演讲效果。

美国资深新闻评论家H·V·卡腾伯恩，当他还是一名哈佛大学的学生时，就参加过一次演讲竞赛。当时他选了一则短篇故事，题为"先生们，国王"。为了取得演讲成功，他把它逐字记诵，还预讲了数百次。比赛现场，当他在说出题目"先生们，国王"之后，脑子里就立刻空白一片。岂止是一片空白，里面压根儿就成了漆黑的一片。他顿时吓得不知所措，绝望之下，他开始用自己的话来说故事，他终于成功了！当评委把一等奖颁给他的时候，他真是吃惊极了。从那天至今，卡腾伯恩便不再读过或背过一篇讲稿。在总结他从事新闻事业取得成功的秘诀时，他说他只是做些笔记，然后自然地对听众说话，绝不用讲稿。

写出讲稿并加以记诵，这不但浪费时间、精力，而且容易招致失败。我们平常说话都是出于自然的，绝不会去挖空心思细想每个词、每句话该怎么说。我们随时都在思考着，等到思想清晰明澈时，便会像呼吸空气一样，不

卡耐基语言的突破与沟通的艺术

知不觉地自然涌出。

温斯顿·丘吉尔也学到了这一课,尽管他也曾为此付出了辛劳。年轻时,丘吉尔也是写讲稿、记讲稿。后来有一天,当他在英国国会大背讲辞时,思路突然中断,脑海里一片空白。他尴尬极了,也感到羞辱极了。他把上一句重背一遍,可是脑子依旧空白。他的脸色大变,难堪极了,只好颓然坐下。从那以后,丘吉尔再也不背讲稿了。

我们尽管可以逐字背诵讲辞,但是一旦你面对听众时,很可能会将之遗忘。即使没忘掉,将它从口中吐出恐怕也十分机械,因为它不是发自我们的内心,只是出于记忆而已。当我们私下与人交谈时,总是一心想着要说的事,然后就直接将之说出来了,我们并不会去特别留心每一个词句。既然我们平时一直都是这么做的,现在又为什么要改变呢?如果我们非要写讲稿、记讲辞,就很有可能重蹈前几名失败者的覆辙。

范斯·布斯勒曾是巴黎波欧艺术学校的一名毕业生,后来成了世界最大的一家保险公司的副总裁。多年前,他曾在弗吉尼亚州对来自全美各地的2 000多名人寿保险业务员发表演讲。那时,他从事人寿保险行业其实才两年,尽管时间不长,却相当成功,所以主持人安排他做一个20分钟的演讲。

得知这一安排,范斯欢喜异常,他觉得这是一次提高自己身价的难得机会。为了赢得这一机会,他可没少花工夫,他把讲辞写下来,然后拼命去背,还在镜子面前演练了40个回合。在上台之前,他连每个细节都准备得非常细致:每句台词、每个手势、每个面部表情都恰到好处。他认为自己真是准备得天衣无缝,完美无瑕了。

可是,当他站起身要演讲之时,忽然临阵害怕起来。他只说了一句:"我在本计划里的职能是……"脑中便一片空茫。慌乱之下,他后退了两步,想要重新开始。可是他的脑子里仍然白茫茫的一片,于是再退后两步,想重新再来。这番表演,他共重复了3次。讲台高有4英尺,后边没有栏杆,讲台和墙之间隔有5英尺宽。所以,当他第4次朝后退时,便仰后摔下了讲台，消失到隔缝里去了。听众哄然大笑，有个人甚至笑得前仰后合、跌出椅子，滚到了走道上。一家保险公司的头头闹出这等滑稽表演，可谓空前绝后。更使人拍案称绝的是，到此为止，观众还真以为这是一段为了助兴而有意安排的插曲。

可是演讲者本人——范斯·布斯勒是怎样对待这件事的呢？他亲口对我说，那是他一生当中最有损颜面的演讲。他觉得羞辱难当，因此还写了辞呈。

好在范斯的上司说服了他，把辞呈给撕掉了，他们帮他重建了自信。范斯在有过这次经历以后，竟神奇般地成了公司里数一数二的说话高手。不过，他再也不背讲稿了。就让我们以他的经验作为借鉴吧。

我听过数不清的年轻男女讲过他们为准备演讲背诵讲稿的故事，他们之中没有一个不是在把讲稿扔进字纸篓去之后，说得更生动、更有效果、更具个性化。这样做也许会使你遗忘了某些要点，演讲时显得有些散漫，但这样起码显得更有人情味。

林肯曾说过："我不喜欢听刀削式的、枯燥无味的演讲。当我听人布道时，我喜欢看他表现得像是在跟蜜蜂搏斗似的。"林肯说，他喜欢听一个演讲者在演讲时自在、随意，而且激昂起伏。但是，如果你是在讲台上背诵、记忆字句时，是绝不会表现得像和蜜蜂搏斗似的。

B. 预先将自己的意念汇集整理

准备演讲有没有一个恰当的方法呢？有的，而且并不复杂深奥。你只需在你的生活背景中，搜寻那些有意义、曾经教导你有关人生内涵的经验，然后汇集由这些经验提炼出来的思想、概念、彻悟，等等。你要做的真正准备就是要对你的题目加以深思。正如若干年前查尔斯·雷诺·伯朗博士在耶鲁大学所做的一系列令人回味无穷的演讲中所说的：

"深思你的题目，至其成熟，趣味横生。再把所有这些思想写下，寥寥数语足够表达概念即可。把它们写在纸片上——像这样把资料整理就绪时，这些松散的片断便易于安排和组织了。"

听起来并不难吧?当然不难。你只需付出一点专注和思考便能达到目的。

C. 在朋友面前预讲

当演讲准备得有点眉目后,是否该演习一下呢?是的。这里有个万无一失、简易而又有效的方法:把你选来做演讲的主题用来和朋友及同事进行日常谈话。你不必搬出全套内容,只需在午餐桌前倾过身去,说些类似这样的话:"乔,你知不知道,有一天我遭遇了一件不平凡的事,告诉你吧!"乔可能很愿意听听你的故事。仔细观察他的反应,听他的回响,他说不定会有什么有趣的主意,而那恰恰是颇有价值的。他不会知道你是在预演,待你"预演"完毕之后,他或许会说,谈得真痛快。

杰出的历史学家艾兰·尼文斯也对作家做过类似的忠告:找一个对你的题材有兴趣的朋友,详尽地将你的心得倾诉给他听。这种方式,可以帮你发现你可能遗漏的见解、事先无法预料的争论,并能从中找到最适合讲述这个故事的形式。

3. 立下决心,必须成功

你该记得,在第一章里,我们曾提到,你在当众说话时,要树立正确的态度。这条法则对于这里要阐述的另一项特殊工作——尽量利用机会说出一项成功的经验,依然适用。有三种方法可以奏效,如下所示。

A. 融入自己的题材中

题材选好后,应按照计划进行整理,并在朋友面前"说出来"进行演习。这样的准备还不算完备。你还得让自己相信你的题材深具价值,你还必须具备些曾在历史上激励过人们的态度,那就是——笃信自己的信念。如何使演讲的内容煽起令人信服之火呢?没有其他办法,除了详细探究题材,抓住其更深层次的意义,并自问,你的演讲将会怎样帮助听众,使他们听过之后深受其益。

B. 不要去想那些令你不安的尴尬场面

举例来说,设想自己会犯文法错误,或讲至中途某处会突然停顿,这就是一种负面的假想，它很可能在你开始之前便会抹杀掉你的信心。开始演讲之前，尤其重要的是要把注意力从自己身上移开，集中精神听听别的演讲者说些什么，把全部注意力放在他们身上，这样你登台时就不会造成过度的恐惧了。

C. 鼓舞自己

除非怀抱某种远大的目标，并觉得自己在为此而奉献生命，否则任何一位演讲者都会有怀疑自己题材的时刻。他会问自己，题目是否适合，听众是否会感兴趣等。他很可能一气之下便把题目改了。遇到这种时候，当消极思想极有可能完全摧毁你的自信时，你就该为自己做一番精神激励。用简明、平直的言词跟自己说，你的演讲是很适合你的，因为它来自你的经验，来自你对生命的看法。跟自己说，你比听众中任何一位都更有资格来做这番特别的演讲，并且，你将全力以赴，把这个问题述说清楚。这种老式的方法难道管用吗？可能。不过，现代实验心理学家都认为，由自我启发而产生动机，即使是佯装的，也是导致快速学习最有力的刺激之一。

4. 表现得信心十足

著名心理学家威廉．詹姆斯写道：

行动似乎显得是紧随于感觉之后的，但事实上行动与感觉是并行的；行动受到意念的直接控制。同样，通过制约行动，我们可以间接制约感觉，而它是不受意志直接控制的。

因此，假若我们失去了原有的自然欢乐，那么通往欢乐的最佳的方法便是快快乐乐地坐起、说话，表现得一如欢乐就在那里。如果这样的举动不能让你感到快乐，那就别无良方了。

所以，如果你令人感觉很勇敢，那你就表现得好像真的很勇敢。运用一切意志去达成那个目标，勇气就很可能会取代恐惧感。

接受詹姆斯教授的劝告吧！为了培养勇气，当你面对观众时，不妨表现得就像真的很有勇气一般。当然除非你早有准备，否则再怎么表演也是无用的。如果你对自己所讲的东西了如指掌的话，那就轻松道出就好了，如果在讲话之前做一次深呼吸会效果更好。事实上，面对听众之前，应深呼吸30秒，增加氧气供应可以提神，给你勇气。杰出的男高音佳恩·雷斯基常说，如果你气充胸臆，可以"席气而坐"，紧张感便自然消逝得无影无踪了。

身体站直，看到听众的眼睛里，然后开始信心十足地讲话，好似他们每个人都欠你的钱似的。假想他们欠你的债，假想他们聚在那里要求你宽限还债的时间。这种心理作用对你大有帮助。

如果你怀疑这种理论没有道理，你可以找一位参加过我的训练班的学员问一问，他们早就接纳了本书的意见。只消几分钟，他们就能令你改变想法。不如就相信一个美国人的话吧！他常被视为勇气的象征。但实际上他一度胆小异常，后来花了一段时间训练自己的自我信赖，最终居然成了勇者之最。他便是美国总统——西奥多·罗斯福。他在自传中写道：

由于自己曾是一个病歪歪而又笨拙的孩子，年轻时，我曾对自己的能力缺乏信心。我不得不艰苦而辛劳地训练自己，这种训练不只是身体，而且还有灵魂和精神。

孩提时期，我在马利奥特的一本书里读到一段话，印象极为深刻，并时时刻刻将之铭记在心。在这段话里，一艘小型英国军舰的舰长向主角解说如何保持无畏无惧。他说，起初，临到有所行动时，人人都会害怕，不过他应依循一个法则——驾驭自己，使自己表现得好像无所畏惧。只要这样持之以恒，原先的假装就会变成事实，而他只不过是通过练习一种无畏的精神而不知不觉地变成了无惧的勇士。

这便是我据以训练自己的理论。刚开始，我害怕的事情真多，从大灰熊、野马到枪手，无一不怕，可是我总是表现得好似不怕的样子，渐渐地我便停止了害怕。其实，每个人要是愿意，也能像我一样。

克服当众说话的恐惧，对于我们做任何事情都会有极大的潜移默化的功效。那些接受挑战的人会发现自己人品俱佳，会发现自己一旦战胜自己当众说话的恐惧，便使他们脱胎换骨，实现一种更丰富、更圆满的人生。

有个推销员如此写道：

在班上站起来几次之后，我觉得任何人都可以应付了。一天早上我走到一家特别凶悍的买主面前，他还没来得及说"不"，我已经把样品都摊开在他的桌上了。结果他给了我一份最大的订单。

一位家庭主妇告诉我们的一位代表：

我不敢请邻居到家里来，恐怕自己无法使宾主谈笑尽欢。但是上过几次课，并站起来讲过话之后，我毅然开了第一次宴会，而且可以说圆满成功。我往来于宾客之间，使他们谈天论地，气氛轻松愉快。

在一个毕业班上，一名店员说：

我很害怕顾客，我给他们一种印象，好像我总是战战兢兢的。在班上演讲过几次后，我觉得说起话来有自信了，也开始从容了。我可以理直气壮地说出不同的意见。在我对班上演讲后第一个月里，我的销售业绩便上升了45％。

他们觉察到，自己能够轻易克服掉恐惧和焦虑，并且从前可能会失败的事情，现在却变得成功了。他们也能够从当众说话中找到信心，从而满怀把握地面对每一天的到来。你将能以面目一新的胜利感迎击生活中的难题和困扰，那些曾经让你连绵难解的困境，也可以变成使你在生活中增添情趣的愉快挑战。

有效说话的简单方法

我白天很少看电视,但有个朋友要我看一个专为家庭主妇开设的栏目。这个栏目的收视率很高。这位朋友非得让我看,因为他认为参与该节目的观众一定会引起我的兴趣。事实的确如此!我收看了几次,这个节目就打动了我,并且我很欣赏主持人的一种做法:他能够请观众发表谈话。他们说话的方式也颇能引起我的注意。这些人显然都不是职业演讲家,他们从未接受有关沟通艺术的训练,其中有些人文法很差,可是他们都很有趣。他们开始说话时,似乎都没有上镜头时的恐惧,而且能吸引观众的注意力。

他们为什么能做到这一点呢?我当然知晓其中的缘由,而且我在自己的训练班里采取这种技巧已经多年。这些单纯而平常的人们抓住了观众的注意力。他们谈论的是自己:自己的那些难为情的时刻,最美好的回忆,或是如何遇见自己的妻子或丈夫。他们压根儿没想到什么绪论、正文和结论,他们也不关心什么遣词用句或语法结构等。但是他们却能获得观众的欣赏,因为他们完全倾注于他们所要说的事情。我以为,学习当众说话有三个法则,那就是:说自己经历或研究过的事情;对自己的题材确有热忱;激起听众对演讲产生共鸣。

1. 说自己经历或研究过的事

前面说到的那些人谈论自身的故事,使得那个电视节目如此有趣。因为他们是在谈论自己亲身的经验,他们谈的都是自己知道的事。

若干年前,训练班的教师们在芝加哥的希尔顿饭店开会。会上,一位学员这样开头:"自由、平等、博爱,这些是人类字典中最伟大的思想。没有自由，生命便无法存活。试想，如果人的行动自由处处受到限制，那会是怎样的一种生活？"

一说到这儿，他的老师便明智地请他停止，并问他何以相信自己所言。老师问他是否有什么证明或亲身遭遇可以支持他刚才所说的内容。于是他告诉了我们一个撼人心弦的故事。

他曾是一名法国的地下斗士。他告诉我们他与家人在纳粹统治下所遭受的屈辱。他以鲜明、生动的词语描述了自己和家人是如何逃过秘密警察并最后来到美国的。他是这样结束自己的讲话的：

"今天，我走下密歇根街来到这家饭店，我能随意地自由来去。我经过一位警察的身边，他也并不注意我。我走进饭店，也无须出示身份证。等会议结束后，我可以按照自己的选择前往芝加哥任何地方。因此请相信，自由值得我们每个人为之奋斗。"

他获得了全场观众起立的热烈鼓掌。

A. 讲述生命对自己的启示

诉说生命启示的演讲者，绝不会吸引不到听众。我从经验中得知，很多演讲者不接受这个观点——他们避免使用个人经验，以为这样太琐碎、太有局限性。他们宁愿上天下地去扯些一般性的概念及哲学原理。可悲的是，那里空气稀薄，凡夫俗子无法呼吸。人们都会关注生命，关注自我，因此当你去诉说生命对你的启示时，他人自然会成为你的忠实听众。

据说，爱默生非常喜欢倾听人们说话——不论对方身份多么卑微，因为他觉得自己可以从任何人身上学到东西。恐怕我所听过的成人谈话，比起任何人来都要多。坦白地说，在一个演讲者叙述生命给他的教导时，不管其教训是多琐细、微不足道，我从不感觉枯燥乏味。

现在且就这点来说明一下。

数年前，我们一位教师替纽约市立银行一些资深的主管们开设了当众说话的课程。自然这种团体里的人总是忙得分不开身，常常感到要充分准备，或做他们心目中以为很困难的准备。他们毕生所想的都是根据自己个人的思想、个人自身的信念,并从自己特定的角度来考虑问题。他们都已经积存了40年的谈话素材,但是他们当中有些人就是不懂得这点。

一个星期五,一位与上述银行有关的先生,轮到他作演讲了,这里姑且称他为杰克逊先生,发现到场的有45人,而他要说的是什么呢?来此之前,他走出办公室,在报摊上买了一份《弗贝杂志》。在前往上课所在的联邦储备银行的地下火车上,他开始读一篇题为《十年成功秘诀》的文章。他读它,倒不是因为对它特别感兴趣,而是他必须说点东西来填补他分内的时间空当。

1小时后,他站起身,准备就这篇文章的内容说得逸趣横飞,让人赞同不已。

结果,那不可避免的结果会是怎么样的呢?

他还没有消化,还未将"想要说"的东西吸收。"想要说"形容得很恰当,他只是"想要"而已。他试着要宣泄自己,而其中并没有什么内涵,他的整个仪态和音调明显地显露出这一点。如此这般,他又怎能期望听众比他自己更加感动呢?他不断地提到那篇文章,说作者如何如何去说。在他演讲的整个过程之中,《弗贝杂志》让我们印象深刻,遗憾的是杰克逊先生给我们留下的东西太少了。

他演讲完毕,老师说:"杰克逊先生,我们对写那篇文章的作者并不感兴趣,他不在我们眼前,我们也见不着他。可是,我们却对你和你的意见很有兴趣。告诉我们,你个人想的是什么,不要谈论别人说的是什么。要把更多的属于自己的东西放在演讲里,下星期请再讲讲同样的话题好吗?把这篇文章再读一遍,问问自己是否同意作者的观点。如果是,以你自己的观察经验来陈述你所同意的东西。如果你不同意作者的观点,请告诉我们为什么。将这篇文章作为一个起点,以此展开你自己的演讲。"

杰克逊先生把这篇文章重读以后,认为自己一点也不同意其中的观点。他从记忆里搜索例证来证明自己不同的观点,他以自己身为银行主管的经验来详尽推演、扩展自己的意念。下星期他回来时所做的演讲就充满了根据他自身背景所得的信念。他给我们的不再是重新加热的杂志文章，而是自己矿场里的矿石，自己铸币厂里铸制的钱币。我且让你自己去想，哪一场演讲能给班上同学更强烈的冲击？

B. 从自己的背景中找题目

有一次，有人请我们的教师在小纸条上写下他们认为初学演讲者所碰到的最大问题。经过统计之后发现，"引导初学者选择适当的题目演讲"，这是我们上课初期最常碰到的问题。

什么才是适当的题目呢？假使你曾经拥有这种生活经历和体验，经由经验和深思而使之成为你的思想，你便可以确定某个题目是否适合于你。怎样去寻找题目呢？深入自己的记忆里，从自己的背景中去搜寻生命中那些有意义并给你留下鲜明印象的事情。数年前，我们根据能够吸引听众注意的题目做了一番调查，发现听众最欣赏的题目都与某些特定的个人背景有关，例如：

a. 早年成长的历程。与家庭、童年回忆、学校生活有关的题目，一定会吸引他人的注意。因为别人在成长的环境里如何面对并克服阻碍的经过，最能引起我们的兴趣。

不论何时，只要有可能，就把自己早年的实例穿插在演讲中。你还可以运用一些脍炙人口的戏剧、电影和故事，公众人物早年遭遇的挑战等。但是，我们怎样才能确定别人会对自己小时候所发生的事情感兴趣呢？有个办法可以测试。多年之后，如果某件事情依旧鲜明地印在脑海中，呼之欲出，那几乎便可保证会令听众感兴趣了。

b. 早期欲求出人头地的奋斗。这是一种洋溢着人情味的经历。例如，重叙自己早期为寻求发迹所做的努力，也能吸引听众的注意。你是如何从事某种特别的工作或行业的？是什么样的盘根错节的各种情况造就了你的事业？告诉我们，在这竞争激烈的世界中，为了创建事业，你所遭遇的挫折、你的希望以及你的成功。真实而生动地描绘一个人的生活是最保险的题材。

c. 你的嗜好和娱乐。这方面的题目依各人喜好而定，因此也是能引人注目的题材。说一件因自己喜欢才去做的事，是不可能会出差错的。你对某一特别嗜好发自内心的热忱，能使你把这个题目清楚地交代给听众。

d. 特殊的知识领域。在某一领域工作多年，你一定可以成为这方面的专家。即使根据多年的经验或研究来讨论有关自己工作或职业方面的事情，也可以获得听众的注意与尊敬。

e. 不寻常的经历。你曾见过一些大人物吗？曾在战争的炮火下冒着生命的危险吗？你一生中可曾经历过精神颓丧的危机？这些经验都可以成为最佳的演讲资料。

f. 信仰与信念。或许你曾经花费许多时间和努力，去思考对今日世界面临的重大情势所应持的态度。倘若你曾花上许多时间倾力研究一些重大问题，自然很有理由可以谈论它们。只是这样做时，一定要举例说明自己的信念。听众可不爱听那些满是陈腔泛论的演讲。千万不可以随意读些报章杂志来准备你所谈论的题目。对某项题材，如果自己所知道的不比听众多多少，则少说为妙。可是，反过来说，如果曾花费多年时间研究的某项题材，那毫无疑问，它便是你演讲的选择题目。

准备演讲并不只是机械地将文字写在纸上，或者背诵一连串的字句，也也不是从匆匆读过的报章杂志里抽取第二手的意见。它是在自己的脑海及心灵里深掘，并将生命贮藏在那里的重要信念提取出来。不必怀疑材料是否在那里，它当然在那里，积存丰富，等你去发掘。不要因为这样的题材太私人化、太轻微，听众不会喜欢听而不屑一顾。其实这样的演讲才能使听众快乐，使他们感动，比他们听过的许多职业演讲家的演讲更让他们快乐，也更让我感动。

唯有谈谈自己熟悉的事情，利用自己热衷的题材，才能快速、轻易地学会当众说话。

2. 对选择的题材充满热忱

并非所有你我有资格谈论的题目才会激起我们的兴趣。例如，我是"自己动手"型的人，我确实够格谈谈如何去洗盘子。可是不知怎么搞的，我就是对这个题目热衷不起来，而且事实上，我根本想不愿去想这些事。可是，我却听过家庭主妇们——也就是家庭主管们，把这个题目说得棒极了。她们心里或者对永远洗不完的盘子有股怒火，或者发现了新的方法可以处理这一恼人的家务。不管怎样，她们对这个题材来劲极了。因此她们可以就洗盘子的话题说得头头是道。

这里有个问题，即你以为合适的题目，是否适合当众讨论。假设有人站起来直言反对你的观点，你是否会信心十足、热烈激昂地为自己辩护？如果你会，你的题目就对了。

1926年，我曾到瑞士的日内瓦参观国际联盟第七次大会的会场，事后做下了笔记。最近，我无意间又看到这些笔记。以下是其中一段：

在三四个死气沉沉的演讲者读过自己的手稿之后，加拿大的乔治·费斯特爵士上台发言。我注意到他并未携带任何纸张或字条，不禁大为欣赏。他常常做些手势，心无杂念，全心放在所要说的事情上。有些东西他非常想要让听众了解。他热切地想要将自己心中所固有的某些信念传达给听众，这种情形澄明可见，一如窗外的日内瓦湖。我在教学上一直倡议的那些法则，在那番演讲里完美地展示无遗。

我常会想起乔治爵士的演讲，他真诚、热心。唯有对所选的题目是真心所感、真心所想时，这种诚意才会完全显露。费希尔·卜辛主教是美国最具震撼力的演讲家，他从早年生活中学到了这一课。

他在《此生不虚》一书里写道：

我被选出参加学院里的辩论队。在圣母玛丽亚辩论的前一晚，我们的辩论教授把我喊到办公室里责骂。

"你真是饭桶！本院有史以来还没有一个演讲者比你更差劲！"

"那，"我说，想替自己辩解，"我既然是这样一个饭桶，干吗还挑我参加辩论队？"

"因为，"他答道，"你会思想，而不是你会讲。到那个角落里去，从讲辞中抽出一段把它讲出来。"我把一段话反反复复地说了一个钟头，最后，他说："看出其中的错误了吧？""没有。"于是再来一个半钟头，两个钟头，两个半钟头了。最后，我精疲力竭。他说，"还看不出错在哪里吗？"

由于天生反应快，过了这两个半钟头，我懂了。我说："看出来了，我没有诚意。我根本心不在焉．我说得没有真情真意。"

就这样，卜辛主教学得了永志不忘的一课：把自己融入演讲中。因此他开始使自己对自己的题材热心起来。直到这时，博学的教授才说："现在你可以讲了！"

如果我们班上有学员说："我对什么事都提不起劲来，我过着一种平凡单调的生活。"我们受过训练的老师便会问他，闲暇时他都做些什么？他们的回答各不相同：有人去看电影，有人去打保龄球，有人则种植玫瑰花。还有一位学员告诉老师说，他收集有关火柴的书籍。当老师继续问关于他的不寻常的嗜好时，他渐渐开始打起精神了。一会儿，他便指手画脚地描述起自己储存、收藏的小房间来。他告诉老师，他几乎收藏有世界各国的火柴书籍。等他对自己最喜爱的话题兴奋起来后，老师打断他："为什么不对我们说说这个题目呢？我觉得挺有意思的。"他说，他从来没想到还会有人对这件事感兴趣！这个人穷其多年的精力追求一项嗜好，几乎已成了一种狂热，而他却否定它的价值，认为不值一谈。老师恳切地告诉他，测试一项题材的趣味价值，唯一的方法，是问自己对它多感兴趣。于是，他以收藏家的姿态大谈了一个晚上。后来我听说，他还前往各种午餐俱乐部去演讲有关收集火柴书籍的情形，并因此获得了地方人士的推崇。

欲想迅速而轻易地学会当众说话，上例正好说明了第二条原则。

3. 激发听众与你产生共鸣

凡是演讲情况皆由三个要素构成：演讲者、演讲词（内容）以及听众。本章的前两条法则都是讨论演讲人和演讲词之间的相互关系，直到目前为止，我们还没有真正谈到演讲时的情形。唯有演讲者使自己的演讲与活生生的听众发生关联之后，演讲的情况才真正形成。演讲也许准备周详，也许是关于演讲者所热衷的话题，然而要完全成功，还有另一个因素要考虑：他必须使听者觉得他所要说的很重要；他不只是要对自己的话题充满热情，还得把这种热情传递给听众。历史上著名的雄辩家都具有这样的老王卖瓜之术，或者是福音传播术——你爱怎么叫就怎么叫，绝对错不了。高明的演讲者热切地希望听众能够感觉到他所感觉的东西，同意他的观点，去做他以为他们该做的事，分享他的快乐，分担他的忧苦。他应以听众为中心，而不是以自我为中心。他明白自己演讲的成败不是由他来决定——而要由听众的脑袋和心灵去决定。

在推行节俭运动期间，我为美国银行学会纽约分会训练了一批人，其中有一个人特别无法和听众沟通。为了帮助他，我们采取的第一步是使他的脑子和心思对自己的话题燃起热火。我告诉他，自己到一边去把题目再三思考，一定要使自己产生出热情来。我要他牢记：纽约的"遗嘱认证法庭纪录"显示，85%的人过世时，身后都未留下分文，有3.3%的人留下1万美元或更多的钱财。他要时常想着，他不是求人施恩，或是求人做些经济无法负担的事，他要这般对自己说："我是替这些人准备，使他们老年得以衣食无缺，舒适无忧，并留给妻儿安全的保障"。我要他记住，他是出去从事一项了不起的社会服务。

他思前想后，把这些事实考虑以后，终于使它们在脑海里燃烧起来。他唤起了自己的兴趣，激发了自己的热情，并感到自己确实身负重大使命。于是他开始外出演讲，那传递他的信念的词句赢来了一阵阵回响，他将节俭的利益与听众一起分享，因为他渴望帮助人。他不再只是个脑子里装着一些事实的演讲者,他成了一名传教士,努力使人们信奉具有价值的信仰。

在我的教学生涯里,曾一度对训练教程中有关当众说话的原则颇费心思。这些教程只是反映出老师们长年累月所灌输的一些经验和知识,而他们并未从空洞浮夸的演讲术中有所突破。

我永远忘不了自己所上的第一堂演讲课。老师教我将两臂轻垂于身体两侧,手掌朝后,手指曲起一半,大拇指则轻触大腿。他又训练我,把手臂举起,画出优美的弧线,让手腕优雅地转动,接着再将食指张开,然后是中指,最后是小指。整套似乎合乎美学标准的动作完成之后,手臂要回到开始时的弧线,再度停放于双腿的两侧。整个表演显得既无生气,又有些装模作样,既不合理,也缺乏真诚。

我的老师并未教我将自己的个性融入演讲之中,也未尝试让我像个正常的人一样,生气勃勃地与听众天南地北地交谈。

请将这种机械化的演讲训练方式,与我们讨论的三项主要原则对比一下。这三项原则,是我的有效说话训练全套方法的根本。

第三章
演讲、演讲者和听众

如何准备演讲

准备演讲,是否就是写下或记下一些漂亮的词句,然后把这些拼凑在一起的词句脱口而出呢?不,远远不是!是不是把一些偶然出现,但对你个人没有真正意义的念头集合在一起?绝对不是!所谓"准备",就是把你的思想、你的念头、你的想法、你的原动力集合在一起,而且你是真的拥有这种思想和原动力。只要你脑子清醒,你每天都不会缺少它们,它们甚至成群结队地出现在你的梦中。在你的整个生命中,时时都充满了不同的感觉与经验。这些东西深深藏在你的脑海深处,日积月累。"准备"就是思想、沉思、回忆和选择最能吸引你注意的事物,然后加以修饰,将它们整理出一个形态,成为你自己思想的精工制造品。这听起来是不是一个很难实施的计划?其实并不困难。对于某一特定目标,只要你专心致志、善加思考,并付诸行动即可。

下面有几种办法可以让你组织自己演讲的资料,这些办法效果非凡。如果你遵循这些步骤去准备演讲,你便会步入正道,并获得听众的热切关注。

1. 演讲内容具体化

多年前,一位哲学博士和一个年轻时曾在英国海军服役、性格豪爽而粗鲁的家伙,一同参加了我们在纽约的一个训练班。这位温文儒雅的学者是位大学教授,而他那位曾经遨游7个海域的同学却只是街旁的一名流动小摊贩。但很奇怪的是,在这个演讲训练班的训练过程中,那位流动摊贩的演讲却远比这位大学教授更能吸引人。为什么?这位大学教授以漂亮的言词发表演讲,台风温文儒雅,讲话有条有理且清清楚楚,但他的谈话缺少了一项基本要素：具体化。他的谈话太不明确，过于空泛。而那位流动摊贩正好相反。他开口之后，就立即触及话题的核心，演讲内容明确，而且很具体、实在，让人一听便知其所云，再加上他那充沛的男子汉活力和新鲜的词句，使得他的演讲十分吸引人。

我之所以举这个例子，并不是想比较一位大学教授与流动摊贩之间的高低贵贱，而是想说明一点：一个说话具体而明确的人——不管他正式的教育程度如何，他所说的内容才是引起别人的兴趣的根本所在。

这项原则太重要了，因此我们下面要列举几个例子，把它深深地刻印在你的脑海中。希望你永远记着这一原则，绝不可忘记。

例如，我们可说马丁·路德小时候"既倔强又顽皮"，但如果我们说马丁·路德承认，他的老师经常打他手心，而且有时候"在一个上午要打上15次之多"，这样是不是更有趣，更能吸引观众注意？

"既倔强又顽皮"这样的字眼很难吸引人们的注意力。但如果说打了多少下，听起来岂不是具体得多？

古老的传记写作方法，常常要提及许多意思不明确的概括性的词句，亚里士多德称之为"懦弱思想的避难所"，这真是一针见血，正确之至。新的写作方法则举出明确的事实，语意自然清晰。老式的传记作者说，约翰·杜伊有"穷苦但诚实的父母"。新的传记写法则说，"约翰·杜伊的父亲买不起鞋套，因此，下雪时他必须用麻布袋把鞋子包起来，保持两脚的干燥与暖和。但是，尽管他如此贫穷，他从未在牛奶中加水，也不曾把生病的马当做健康的马来出售。"很明显，后一种说法绝对让人一听就知道他的父母"穷苦但诚实"，不是吗？这岂不是比说"穷苦但诚实"更加生动有趣吗？

既然这种方法对现代传记作家有帮助，对于现代演讲家和我们每个开口讲话的人来讲也应当同样有效。

2. 主题尽量集中

题目一旦选好，第一步就要定出自己演讲的范围，并一直限定在这一范围内，不要试图去涵盖一望无际的领域。有个青年想要讲两分钟，而他所谈论的题目却是"从公元前500年的雅典至朝鲜战争"。这绝对是一种徒劳无益！他才讲完雅典城的建造，就该坐下了。他在一场谈话中包含太多的东西，什么也没让人明白。当然这是个极端的例子。我曾听过许多演讲，都因主题不明确，结果由于同样的原因——涵盖太多的论点而无法吸引听众的注意。为什么会出现这种结局呢？因为人的思想不可能一直去注意一连串单调无味的事实。假使你的演讲听起来像是世界年鉴，你便无法把握听众的注意力。选择一个简单的题目，如《黄石公园之旅》等，多数演讲者对此都会十分热烈、不肯遗漏半点风景地对园中每个景色说上一些，听众于是被你吸引着，以头晕目眩的速度，从这一景点游至另一景点。待你演讲完毕，存留在听众脑海之中的，就会只剩下一些模糊的瀑布、山岭和喷泉。如果演讲者把内容限定在公园的某一方面，例如野生动物或是热泉，这场演讲肯定会令人难以忘怀！这样演讲者便可以有时间向听众展示出一些生动的细节，使得黄石公园以鲜丽的颜色与无穷的变化活现于听众眼前。即使听众从未去过，也能从演讲者的动人话语中有身临其境之感。

这个原则对于任何话题都同样适用，不管你所讲的是销售术、烤蛋糕、减免税赋还是飞弹。在你开始演讲之前，必须先对所选的素材进行限制和选择，把话题缩小至某一范围，并保证在规定时间内完成。

在短短的不超过5分钟的演讲里，演讲者只能期望说明一两点而已。稍长一些的演讲，如30分钟的演讲，演讲者如果是想包含四或五个主要话题，是很少能够成功的。

3. 发展预备力

浮光掠影、只及表面的演讲，要比挖掘事实容易多了。如果你选择了种这容易的办法，那么听众只能获得一些少而浅的印象，甚至毫无印象。题目缩小之后，下一步是问自己一些问题，加深自己的了解，使自己准备充分，并能以权威的口吻讲述自己选择的题目，如：

我为何相信这个？

在现实生活中，我何时见过这一点并证实无误？

我真想要证明的是什么呢？它到底是怎样发生的？

回答这一类题目的答案，就可以为你进行充分准备。据说，植物界的怪杰路德·伯班克培植了100万种植物，但他只是从中培养出一两种最高级的品种。演讲也应做到如此。围绕自己选定的主题汇集100种思想，然后舍去其中的90种。

"我所搜集的素材比我真正使用的材料总是多出10倍，有时甚至多出上百倍。"约翰·甘德不久前这样说。他是一本畅销书的作者，他说的也是准备写作或演讲的方法。

有一次，他的行动尤其印证了他的话。

有一年，他着手写一连串有关精神病院的文章。他前往各地医院，与院长、护士和病患者分别谈话。我有一位朋友同他一起，对他的研究工作给予过一点协助。他告诉我说，他们上下楼梯，沿着走道，从这栋建筑窜至那栋建筑，日复一日，走了数不清的路。而甘德先生也记满了许多本笔记本。在他的办公室里，堆满了政府和各州的报告、医院的报告和委员会成堆的统计资料。

"最后，"我朋友告诉我，"他写了4篇短文，简单而又有趣，是很好的演讲题材。写成文章的纸张，也许只重几百克。而记得密密麻麻的笔记本及其他东西——他用来作为这几百克产品依据的，却一定重达几十千克。"

甘德先生知道，他所挖掘的是颇有价值的矿石。他知道自己不能忽视任何一部分。他是干这行的老手，他把心思全都放在上面，然后把金粒筛出。

我有一位外科医师朋友说得好："我可以在10分钟内教会你如何取出盲肠，而要花费4年时间教你如何在出了差错时应付问题。"演讲也是如此：应当准备周密,以应急变。比如说,由于前一名演讲者的论调,你不得不改变自己演讲的重心,或是在讲后的讨论时间里回答听众所关切的问题。

如果你能尽快选好题目,并做好充分的准备,你就获得了一种成功力。千万别一再拖延,直至要讲的前一两天才准备。如果早早把题目决定好,你的下意识便能为你发挥大作用。在每天工作结束后的零散时间里,你便可以深入探究自己的题材,把要传达给听众的思想加以精练和修琢。在驾车回家、等候公车或乘地铁时,常会胡思乱想,你不妨也将这些时间用来思索自己的演讲题材。灵感一闪的顿悟,大多来自这段孕育期间。你早点把题目选定好,脑子便能在下意识里将它千锤百炼。

诺曼·托马斯是位顶尖的演讲家,即使面对强烈反对他的政治观点的听众,他也能驾驭他们的注意力,并赢得他们的敬佩。他这样说:

"假使一篇演讲真的十分重要,演讲者应与其主题或内涵融为一体,在脑海中反复加以思索。他会惊讶地发现,自己走在街上,读着报纸,准备就寝或早晨醒来时,会有许多有用的例证,会有许多表达自己演讲的方式自然而然地向他涌来。平庸的演讲,经常只是平庸的思考。不可避免的正常反射现象,是对题目认识不完全的结果。"

当你身陷这种过程时,会感受到一种强烈的诱惑力,总想把自己的演讲依序写出。可是你千万别这样做,因为一旦你定下了一个框框,就很可能对它满意起来。这样你可能不会再对它做更具建设性的思考。另外还有一种危险是,记诵讲稿。马克·吐温对背记讲稿曾如此说:

书面的东西并非为演讲之用,它们的形式是文学的,生硬而缺少弹性,无法使自己通过唇舌进行愉快而有效地传递。假如演讲的目的只在欢娱听众,不在说教,便须将它们变得柔软、分断、口语化来,并将其改成通常未经事前思考的说话方式。否则,它们会烦死一屋子的人,而不是欢娱他们。

查尔斯·F·吉特林的天才发明,造就了通用汽车公司的成长。他是美国最知名、最诚恳的演讲家之一。当被问及曾否将演讲的部分或全部写出时，他答道：

　　我相信，我所要讲的话实在太过于重要，不能在纸上写下。我宁可将每分每毫都写在听众的脑海里，记在他们的情感中。区区一纸讲稿，在我和我要用以感动听众的东西之间，并无容身之地。

4. 使演讲富含描述和例证

　　在《畅达的写作艺术》一书里，鲁道夫·弗里奇在某一章的开头这样写道："只有故事才能真正畅达可读。"他接着利用《时代》与《读者文摘》来说明如何使用这条法则。他说，这两份颇有影响的杂志几乎篇篇文章都是以纯粹的叙述文字来写的，或者是慷慨地缀满了趣闻轶事。无可否认的，故事在当众演讲中也具有驾驭听众注意力的力量，恰似为杂志写作一样。

　　诺曼·文森特·皮尔的演讲，曾在收音机和电视机中为千千万万的人们所收听。他说，在演讲中，他最喜爱举出实例，以支持自己的论点。一次，他告诉《演讲季刊》的一位采访人说："使用真实的例子，是我所知道的最佳的方法。它可以使一个意念清楚、有趣，且具有说服力。通常我总是使用好几个例证来支持每一个主要的论点。"

　　阅读我的书籍的读者，很快也会察觉我喜欢使用趣事以推演我意念中的要点。例如，《人性的弱点》一书里的原则，列出来只有一页半，其余的几百页里都写满了故事和例证，用以引导读者如何有效地利用这些法则。

　　我们如何才能获得使用实例的技巧呢？有五种方法可供选择：人性化、个人化、翔实化、戏剧化和视觉化。下面就让我们具体谈谈这五种方法。

A. 使演讲充满人性

　　如果你老是谈理论或一些观念性的问题，很可能令人感到厌烦，但如果你谈论的是人的问题时，绝对可以吸引人们的注意力。当新的一天到来时，在全国各地，隔着后院的篱笆，在茶几和餐桌上，会有几百万次交谈进行着，大部分交谈的主要内容将是什么呢？人。他们会谈论，某某太太做了这件事,我看到她干了什么事,他发了一笔"横财",等等。

我曾在美国和加拿大各地的学生聚会上发表演讲,我很快从经验中学到:要想引起他们的兴趣,必须说些跟人有关的故事。每当我谈到较为广泛和抽象的观念时,孩子们就坐立不安了:约翰显得不耐烦,在座位上挪动着身子;汤姆对旁边的同伴扮鬼脸;比利把某件东西丢向另一排座位。

有一次,我要巴黎的一群美国商人就"成功之道"发表演讲。他们大多数人都只列举了一大串抽象的特征,并且大谈什么勤奋工作、坚持不懈和远大抱负的价值。

因此,我便中止了上课,说出了以下的这番话:

我们都不想听人说教,没有谁会喜欢这样。请记住,一定要让我们感到愉快和有趣,不然,你说什么我们都不会注意。同时也请记住,世界上最有趣的事情之一,莫过于精练雅致、妙语生辉的名人轶事。所以,请告诉我们你所认识的两个人的故事,告诉我们为何其中一个会成功,而另一人却失败了。我们会很高兴去听。同时请记得,我们或者还能因为此例而获益匪浅。

这班里有个学员,老是觉得要提起自己的兴趣或激起听众的兴趣难乎其难。可是这一晚,他却懂得了"人性故事"的建议,向我们讲述了大学里两个同窗的故事。

其中有一位,极为谨慎,分别在城里不同的店里买衬衫,并绘制图表,显示哪一件最经得起洗熨,穿得最久,且每块钱的投资所能获得最大的利用。他的心思总在锱铢上计较。等他毕业后,自视甚高,不愿像别的毕业生那样从基层开始逐步往上爬升。因此,第三年的同学聚会来临时,他仍旧在画他的衬衫洗熨表,仍然在等待特别好的差事到他这里来。

结果它压根儿就是不来。自那时至今,已过了1/4世纪,而此人一生都是怨恨、不满,仍然担任着小职位。

然后这个演讲者又把这一失败之例拿来和另一个同窗的故事相比:这

个同学已经超越了自己当初所有的期盼。这位朋友极易与人相处，人人都喜欢他。虽然他雄心万丈，志于成就大业，却由绘图员开始做起。不过，他总在瞻望机会。当时纽约世界博览会正在计划阶段，他打听到那里需要工程人才，便辞去费城的职务，迁往纽约。他在那里与人合伙，搞起了承包工程的业务。他们承揽了很多电话公司的业务，最后他终于以高薪被博览会延聘。

我这里所说的，仅仅是该演讲者所说的大概而已。他叙说许多逗人而充满人情味的细节，使得他的演讲妙趣横生。他继续说着，说着……这个人平常找不着资料做3分钟演讲，等他停口时，却吃惊地发现，这回足足讲了10分钟。由于讲得太精彩了，人人似乎都觉得太短了，意犹未尽。这是他首次真正的胜利。

人人都可因为这件事而有所领悟。平淡的演讲若能内含人情趣味的故事，必然更能引人入胜。演讲者应该只讲述少数重点，然后以具体的事例作为引证。这样建构演讲的方法，一定会吸引听众的注意。

如果可能的话，这些故事应该谈及个人的奋斗，以及经过奋斗而获得胜利的过程。我们每个人都会对他人的奋斗或战斗拥有十分浓厚的兴趣。有句老话说"世人皆爱情人"。不是的，世人皆爱打架。人们最喜欢看两位男人为追求一位女性而大打出手。如果你想证明这一事实，不妨去阅读任何一篇小说、杂志上的短篇故事，或是去看任何一场电影。当所有的障碍都被克服，那位男主角最后终于把所谓的女主角抢到手中时，观众们立即开始伸手去取他们的帽子和外衣。5分钟后，清扫的妇女就要一面打扫戏院，一面喋喋不休了。

所有杂志上的小说，几乎都是以这种方式为基础。所有的作者都在尽一切可能使读者喜欢故事中的男主角或女主角，使他或她去热烈追求某些事物，使那些事物显得似乎无法获得，然后再描述男主角或女主角如何奋斗而终于得到了他们所需要的。

一个人如何在恶劣的情况下、在某种事业或行业上艰苦奋斗,最后终于获胜,这类故事一向最能激励人心,一向最能吸引人们的兴趣。有一次,一位杂志编辑对我说,任何人的真实及内幕性的生活都是很有趣的。如果某个人经历了挣扎与奋斗——谁不曾有过这种经验呢,只要把他的故事正确地说出来,必然会引起人们的兴趣,这是毫无疑问的。

当然,这种人情趣味材料的最丰富的源泉正是自己的生活背景。不要因为觉得不该谈论自己,便踌躇不敢述说自己的经历。只有在一个人满怀敌意、狂妄自大地讲述自己时,听众才会起反感。要不然,听众对演讲者所叙的亲身故事是兴趣极大的。亲身经验是吸引人们注意力最稳当、可靠的方法,千万不可忽视。

B. 指名道姓,使演讲具体化

讲故事时,如果中间牵涉到别人,无论如何,应以使用他们的姓名为佳;或者若想保护他们的身份,可以杜撰假名。即使你使用像"史密斯先生"或"乔·伯朗"等不具个人特性的名字,也比使用"这个人"或"某个人"更加生动。姓氏人名具有认证和显现个体的功效,正如鲁道夫·弗里奇所指出的:"没有什么能比名字更能增添故事的真实性了;埋名隐姓,最虚假不过。且试想,故事里的主角没名没姓,会成什么样子。"

如果你的演讲中出现许多名字与个人的代称,你便可以确定它最值得一听的可听性了,因为在你的演讲中,已有了人情趣味这种无价的要素。

C. 突出细节

关于这点,你也许会说:"这样当然好啦。但是我又怎能确知是否在演讲里收录了足够的细节?"有个方法可以测试。利用新闻记者写一桩新闻故事时所遵循的"五W公式":何时(when)、何地(where)、何人(who)、何事(what)、何故(why),假如你也依照这个公式来做,你的举例便会生机盎然,多彩多姿。我且举出自己一件趣事来加以说明。这则趣事曾刊在《读者文摘》上:

离开大学以后，我花了两年的时间在南达柯达州到处跑，作铁甲公司的销售员。我四处游动，都靠搭乘运货卡车。一天，我必须在莱德菲尔耽搁两小时才能搭上一班南行的火车。由于莱德菲尔不在我负责的区域之内，因此无法利用这段时间进行推销工作。再过不到1年，我就要上纽约的"美国戏剧艺术学院"去念书了，所以我决定利用这段空闲来练习说话。我漫无目的地走过车场，开始演练莎士比亚《麦克白》里的一幕。我一边猛地举出双臂，一边十分戏剧性地高呼："我眼前所见是把匕首吗，它的把手正朝向着我？来吧，让我握着你：我抓你不着，而我依然看见你！"

我正沉浸于该幕当中，4名警察突然朝我扑来，问我为何要恐吓妇女。我的吃惊非同小可。就算他们指控我抢劫火车，我都不会这么惊异。他们告诉我，有个家庭主妇，在一百码开外自己厨房窗帘后面一直窥视着我。她从未见过这般行径，便打电话给警方，而他们到达时，恰好听到我在鬼吼鬼叫关于匕首的事。

我告诉他们，我是在演练莎士比亚，但是，直到我出示了铁甲公司的订货簿以后，他们才放我离开。

请注意，这则趣闻如何回答了以上"五W"公式里的各个问题。

自然，细枝末节过多比没有细节要糟。人们都曾让冗长、肤浅而不切题的细节搞得烦厌不堪。注意看看，我在叙述自己在南达柯达州某镇几乎被捕的事件里，对于五个W问题里的每一个，都有简短扼要的回答。假使演讲中乱糟糟的，全是鸡毛蒜皮的琐碎事件，听众必然不会全神贯注，抹杀你许多的言论。抹杀一个人的演讲最严重的，莫过于听众的不专注了。

D. 利用对话，使演讲戏剧化

假设你要举例说明自己如何利用人际关系的原则成功地平息了一位顾客的愤怒，可能会这样开头：

前几天，有个人走进我的办公室。他怒不可遏，因为前一周我们送到他家里去的器具操作不灵。我对他说，我们将竭尽所能弥补这种情况。一会儿之后,他便平静下来了,对我们全心全意要把这件事情做好显得很满意。

这则小事件有个优点——它十分详细,可是它缺少姓名、特殊的详情,以及最紧要的能使这件事活生生呈现眼前的真实对话。下面我给它添油加醋一番:

上星期二,我办公室的门砰的一声打开了。我抬起头来,正看见查尔斯·伯烈克珊满脸怒容。他是我们的一位常客。我没来得及请他坐下,他劈头就说:"艾德,这是你最后的一件事了:你即刻派辆卡车来,把那台洗衣机给我从地下室里运走。"

我问他怎么回事,他气急之下,几乎无法回答。

"它根本不管用,"他大吼,"衣服全纠缠在一起,我老婆讨厌死它、烦死它了。"

我请他坐下解释清楚些。"我才没时间坐下,我上班已经迟到了!我想我以后无论如何也不上这儿来买家庭用具了。你相信我,我再不干了。"说到这儿,他伸出手来,又是打桌子,又是敲我太太的照片。

"听我说,查理,"我说,"你坐下来把情形都告诉我,我答应替你做一切你要我做的事,好吧?"听了这话,他才坐下,我们总算平平静静地把事情谈了个清楚。

并不是每一次你都可能把对话加进演讲中去。不过你应该可以看出,上面摘录中引用的对话,对听者很有戏剧性的作用。如果演讲者再加些模仿技巧,能将原来的声调语气说进字句里去,对话就更见效果了。对话是日常生活中的会话,会使演讲更为真实可信。它使你听着像一个有真情实感的人隔着桌子在说话,而不是个老学究在学富五车的学会会员面前宣读论文,或是个大演讲家在麦克风里穷吼。

E. 展示演讲的内容,使其视觉化

心理学家告诉我们,85%以上的知识,是经由视觉印象为我们所吸收

的。这无疑说明了电视之所以成为广告与娱乐媒介，以及其所以收效甚大的原因。当众说话也是如此，既是一种听觉艺术，也是一种视觉艺术。

以细节来丰富演讲，最佳的方法之一是在其中加入视觉的展示。也许，你花费数小时只为了告诉我如何挥动高尔夫球杆，我却可能会感到厌烦。可是，你若站起来表演把球击下球道时该怎么做，那我就会全神贯注倾听了。同样的，你若以手臂和肩膀来描绘飞机飘移不稳的情况，我定然会更关切你轻叩鬼门关的结果。

我记得一个产业界人士组成的班级里有一场演讲，它所展现的视觉细节真是难得的杰作。演讲者对视察员和效率专家开了一个无伤大雅的玩笑。他模仿这些先生们在检视损坏的机器时所做的手势与身体上的滑稽动作，比我在电视上所看过的一切都热闹生动多了。更值得一提的是，视觉的细节使人对那场演讲永难忘怀——至少我怎么也忘不了。我相信，班上其他的学员一定也至今还会谈论到它。

请听听下面这一段英国历史学家麦考莱对查理一世的谴责。请注意，麦考莱不仅使用了图画，也运用了平行的句子。强烈的对比，一向能吸引住我们的兴趣。强烈的对比，就是构成下面这一段文字的砖头与灰泥：

我们指责他破坏了自己的加冕誓言；而却有人说他维持了婚姻誓言！我们指责他放弃他的子民，使他们遭受脾气暴躁的主教的无情打击；而却有人替他辩护说，他把他的小儿子抱在膝上亲吻！我们指责他在答应遵守《权利请愿书》之后，却又违犯了其中的条款；而我们却被告知，他习惯于在清晨6点祈祷！基于上述这些考虑，以及他的范大克式的服装，他那张英俊的脸孔和他那尖削的胡子，他的声望应归功于我们这一时代。

5. 用明确、熟悉的语言制造心理图像

获取听众的注意，是每个演讲者的第一目标。为了达到这个目的，有一个极为重要的技巧可能会帮你大忙。然而，这一技巧却完全为人们所忽视了。一般的演讲者似乎并未注意到它的存在，也恐怕从未感觉到它，想到过它。我所指的就是，如何运用能制造心理图像的字眼。听来让人轻松愉快的演讲者，一定能够在你眼前制造心理图像，让你一听其语句就能在大脑中产生视觉联系，并领会其意。而那些使用模糊、平庸、毫无色彩的字眼的人，只会让听众大打瞌睡。

图像、图像、图像！它们就像你呼吸的空气一样自由自在！把它们点缀在你的演讲里，你的谈话就更能有趣，也更具影响力了。

举一个例子，假设你想说明，尼亚加拉大瀑布每天所浪费掉的潜在能量极为惊人。如果你只是这样说，然后又加上一句说：如果这些能量能够加以应用，并以其收益来购买生活必需品，那么将有很多人可以获得温饱。这样的叙述方法是否有趣呢？肯定没趣。可是让我们看看爱德华·史洛森在《每日科学新闻公报》中对这件事是如何报道的：

我们知道，美国境内有几百万穷人吃不饱，穿不暖。然而，在尼亚加拉瀑布这儿，却平均每小时浪费相当于25万条的面包。我们可以在脑海中想象，每小时有60万只新鲜的鸡蛋从悬崖上掉下去，在漩涡中制成一个大蛋卷。如果印花布不断从一架像尼亚加拉河那样宽达4 000英尺的织布机上织出来，那也就意味着，同样数量的布料被浪费掉了。如果把卡内基图书馆放在瀑布底下，大约在一或两小时内就能使整座图书馆装满各种好书。或者我们也可以想象，一家大百货公司每天从伊利湖上游漂下来，把它的各种商品冲落到160英尺下的岩石上。这将是一种极为有趣而壮观的景象，也像目前的尼亚加拉瀑布那样吸引人，而且不必再花钱维护。然而某些人可能以浪费为理由来反对，就如同目前有人反对利用瀑布流水的能量一般。

很显然，这种描述比上面那几句平铺式的直述高明多了。再看看这里面有哪些像图画一样生动的词句？它们在每一个句子中跳跃出来，然后奔跑开去，多得有如澳洲草原上的野兔："25万条面包、60万只鲜蛋自悬崖上滚落下去、漩涡中的大蛋卷、花布从4 000英尺宽的织布机跑出来、卡内基图书馆被放在喷泉下、书籍、一个漂浮的大百货公司被冲落……

下面的岩石、瀑布……"

　　要想对这样的一场演讲或文章不加理会，恐怕就像不对电影院银幕上正在放映中的电影投以任何注意力那样困难。

　　赫伯特·斯宾塞早已在他那篇著名的论文《风格的哲学》中指出，绝妙的文字可以唤起读者制造鲜明的图像，他在书中写道：

　　我们通常并不作一般性的思考，而是特殊性的思考……我们应该尽量避免写出像这样的句子：

　　"一个国家的民族性、风俗及娱乐，如果是残酷而野蛮的，那么他们的刑罚必然也很严厉。"

　　我们应该把这句话改写成下面这样的表述：

　　"一个国家的老百姓如果喜爱战争、斗牛，欣赏奴隶公开格斗取乐，那么他们的刑罚将包括绞刑、烧烙及拷打。"

　　《圣经》及莎士比亚的著作中，就充满了那些让人一看就创造出视觉图像的佳句。例如，一位平凡的作家会说，某件事是多余的，就像要把已经很完美的事情再加以改善一样。而莎士比亚是如何表达这种想法的呢？他写出了不朽的美妙如画的字句："……替精炼过的黄金镀金，替百合花上油彩，把香水洒在紫罗兰上。"

　　你可曾注意到，那些世代相传的谚语，几乎全都具有视觉效果？如："一鸟在手，胜过两鸟在林。""不雨则已，一雨倾盆。""你可以把马牵到水边，但却不能逼它喝水。"在那些流传好几个世纪而且广被使用的比喻里，也不难发现同样的图画效果："如狐狸那般狡猾。""僵死得像一枚门钉。""像薄煎饼那般平板。""硬得像石头。"

　　林肯一直采用那些具有视觉效果的语言来说话。当他对每天送到白宫办公桌上的那些冗长、复杂的官式报告感到厌倦时，他会提出反对意见。但是他不是以那种平淡的词句来表示反对，而是以一种几乎不可能被人遗忘的字句说出。"当我派一个人出去买马时，"他说，"我并不希望这个人告诉我这匹马的尾巴有多少根毛。我要知道的是,特点何在。"

你的眼睛喜欢明确、特殊的东西,因此不妨在你的脑海中描绘出鲜明的心灵图像,使它独立突出、显著分明,犹如衬映着落日余晖的公鹿头角一样。比方说,听到"狗"这个词,便或多或少地使人想起了这种动物的明确图像——也许是只短腿、长毛、大耳下垂的小猎犬,或是一只苏格兰猎犬,或是一只圣伯纳犬,或是一只波米雷尼亚犬。不妨留意一下,演讲者说出"牛犬"(一种短毛、方嘴、勇敢、顽强之犬)时,跳入你脑海里的图像一定更加明确。当你说"一匹黑色的雪特兰小马"时,这要比说"一匹马"逼真多了。"一只白色的、断了腿的矮公鸡",难道不比光是"鸡"一个字给人更准确而显明的图像吗?

小威廉·斯特朗在《风格的要素》一书中说道:"那些研习写作艺术的人,如果有一点是一致的话,那就是:能够引起并抓住读者注意力的最有效的方法,就是要详细、明确而具体。那些最伟大的作家如荷马、但丁、莎士比亚等人,他们之所以高明,多半是由于他们取材新颖别致,而且详尽描绘事件的细节。他们的用语能唤起脑海里的景象。"写作是这样,演讲也是如此。

多年以前,我曾请参加我的"有效说话"课程训练的学员和我做了一项试验:规定他们说话要句句明确。也就是说,每个句子里都必须包含一个事实,或者一个专有名词、数字或日期。结果获得了革命性的成功。班上的学员以此作为游戏,彼此监督对方所犯的毛病。没多久,大家的谈话都不再模糊不清,使听众感到一团迷雾了,他们说的是街上寻常人所用的明确而活泼的言语。

法国哲学家艾兰说:"抽象的风格并不好,在你的句子里应该充满了石头、金属、椅子、桌子、动物、男人和女人等这类具体而有生命力的字眼。"

日常对话也是如此。我们在前面曾经说过的有关当众说话时使用的细节技巧,同样也适用于一般性的交谈。只有细节才能使得谈话焕发生气和光彩。任何人只要想成为更好的交谈者，遵循本章中的劝告将获益颇多。销售员也一样，他们会发现在推销过程中，这些原则会多么具有神奇效果。那些担任主管职务的人、家庭主妇及教师们更会发现，自己在下达命令和传递知识、消息的方式和效果上，由于使用了具体而实际的细节，其结果大有进步。

下面让我们来看看一篇得奖的演讲。它遵循了我们上面提到的这些原则。这篇演讲是几年前在全国房地产协会所发表的。这篇演讲在与来自其他市的27篇演讲的竞争中脱颖而出，得到第一名——就算在今天，也同样会得奖。这篇演讲结构完美，列举事实，而且叙述清晰、生动、有趣。整个演讲富有进取精神，使人勇往直前，非常值得阅读和研究。请看：

主席、各位朋友：

远在144年前，这个伟大的国家——美利坚合众国，在我居住的费城诞生了。因此，很自然的，一个有着这种历史纪录的城市，应该拥有那种强烈的美国精神：不仅使它成为这个国家中最伟大的工业中心，同时也是全世界最伟大、最漂亮的城市。

费城拥有将近200万人口，面积等于密尔沃基和波士顿，或是巴黎与柏林面积之和。而在这个城市的130平方英里的土地上，我们提供了将近800亩的最佳土地建造美丽的公园、广场和林阴大道，使我们的市民有适当的休闲及娱乐场所，以及属于每一位正当美国公民的正常环境。

朋友们！费城不仅是一个伟大、干净和漂亮的城市，也是举世闻名的"世界大工厂"。而它之所以被称为"世界工厂"，是因为我们有40万人受雇于9 200家工厂企业，并在每一个工作日每10分钟之内生产出价值10万美元的产品。据一位著名的统计学家说，在美国国内，没有一个城市能生产和费城同样多的木制品、皮制品、针织品、纺织品、毡帽、五金制品、工具、电池、铁壳船以及其他许多物品。不管白天或夜晚，我们每两小时生产出一部火车机车头。在这个国家，一半以上的人口皆乘坐费城制造的电车。我们每分钟生产1 000支雪茄。还有,在前一年,我们的115家制袜工厂为我国的每一位男士、女士及小孩们制造了两双袜子。我们所生产的地毯,比英国和爱尔兰所生产的地毯之和还要多。事实上,我们的商业交易金额太庞大了。我们银行去年的总交易金额,竟然达到了370亿美元,可以偿付英国第一次世界大战所发行的全部战时公债。

但是,朋友们,虽然我们对我们的伟大工业进展感到十分骄傲,虽然我们对身为这个国家最大的医学、艺术及教育中心深感荣耀,但令我们更感荣耀的是这样一个事实:费城的私人住宅数目,远超过世界上任何一个大都市。仅在费城,我们就拥有397 000栋私人住宅。如果把这些住宅放在25英尺宽的土地上,一栋紧靠着另一栋,排成单独的一排,可以一路从费城排到我们现在所在的堪萨斯市会议厅,然后继续排到丹佛市,全长达1 881英里。

费城不是适合欧洲君主制度生存的肥沃土地。因为我们的家庭、我们的教育制度以及庞大的工业体系,都是由诞生在我们城市的真正美国精神所产生的,也是我们祖先所遗留下来的传统。费城是这个伟大国家的母城,也是美国自由的基础。第一面美国国旗就是在这个城市里制造的;美国的第一届国会就是在这个城市里召开的;《独立宣言》就是在这个城市签署的;就是在这个城市里,最受爱戴的美国国宝——自由钟,激励了我们数以万计的男女老少同胞。因此我们深信,我们有一项神圣任务:不是崇拜金牛,而是去散播美国精神,使自由的火种继续燃烧下去。因此,在上帝的恩准之下,华盛顿、林肯及罗斯福的政府将是对人类的启示。

让我们来分析一下这篇演讲稿。让我们看看它的结构,看看它是如何发挥演讲的影响力。第一,它有开头,也有结尾。这是很难得的——比你所可能想象的更为难得。它从某处出发,它像野雁振翅般直接飞往那地点。它不闲荡,它不浪费时间。

这篇讲稿有新鲜感,有个性。演讲者一开始就说出他的城市的一项特点，是其他演讲者不可能用来诉说他们的城市的一项特点——他的城市是整个国家的诞生地。

他说他的城市是世界上最大、最漂亮的城市。但这种说法很普通，很老套；光是这样说，不会令人产生深刻的印象。这位演讲者知道这一点，为了协助听众们具体了解费城的大小，他说："费城的面积等于密尔沃基和波士顿，或巴黎和柏林面积之和。"这种说法很具体、明确、有趣，而且令人感到惊讶。这种说法所发挥的效果远胜过一整页的统计数字。

接着，他宣称费城是"举世皆知的世界大工厂"。这听起来有点吹牛，不是吗？更像是宣传。要是他立即谈论下一个问题，可能没有人会相信他了，但他并没有这样做。他列举了费城领先世界各地的产品："木制品、皮制品、针织品、纺织品、毡帽、五金制品、工具、电池、铁壳船……"

这样一来，就不像是在做宣传了，不是吗？

费城"不管白天或夜晚……每两小时生产出一部火车机车头……一半以上的人口皆乘坐费城制造的电车。"

听到这儿，我们一定会这样想："哦，我从来不知道有这么一回事，也许我昨天进城时就是乘坐其中的一部电车。我明天可要注意看看，我们镇上的电车是从哪儿买来的。"

"每分钟生产1 000支雪茄……为全国每一位男士女士及小孩们制造了两双袜子。"

我们的印象更深刻了："也许我最爱抽的雪茄是费城生产的……还有，我现在脚上穿的这双袜子……"

这位演讲者下一步怎么做的呢？又回到他最初所说的费城面积大小的问题，并把他当时忘记的一些事实告诉我们？不，不是的。他只针对一个问题，谈完了这个问题，用不着又回头去谈它。对于这一点，我仍极为感激。如果一位演讲者从一个问题跳到另一个问题，然后又回过头来谈一遍，就像一只蝙蝠在夜色那般飞翔不定，还有什么比这种演讲者更令人困惑及糊涂的？然而，有很多演讲者却这么干，他们并没有依照一、二、三、四、五的次序来谈论问题，反而像一位橄榄球队呼叫讯号般地谈论各种问题：27，34，19，2。不，他们比这个更糟糕。他们谈论问题的顺序是这样子的——27，34，27，19，2，34，19……

但是这位演讲者却按照预定的时间直接往前走，绝不闲逛，绝不回头，绝不转向，也不偏向左或偏向右，就像他自己提到过的那些火车头。

但是他现在却提出了整篇演讲稿中最弱的一点：他宣称，费城是"这个国家中最大的医学、艺术及教育中心。"他只是如此宣布而已；然后又急急谈起别的事来——只是短短的一句话，就想用来叙述事实，用来生动描述，并深植于人们的记忆中，这是办不到的。当然办不到，人类的头脑并不是录音带。他对这一个问题只用了这么短的时间，而且说得如此普通，如此语意不明，似乎连他自己也没有什么印象，对于听众的影响力几乎等于零。那么，他应该怎么做呢？他明白，他可以应用刚才用来解释费城是世界大工厂的同样的技巧。但他也知道，在演讲比赛期间，有人拿着跑表在计算他所花的时间。他只有5分钟，一秒也不会多。因此，他必须忽略这一点，或是忽略其他几点。

"费城的私人住宅数目，远超过世界上任何一个大都市。"他如何加深人们对这句话的印象，并增加可信度呢？第一，他举出了数字：397 000栋。第二，他使这个数字具体化："如果把这些住宅放在25英尺宽的土地上，一栋紧靠着另一栋，排成单独的一排，可以一路从费城排到我们现在所在的堪萨斯市会议厅，然后继续排到丹佛市，全长1 881英里。"

可能他还没把他的句子说完，听众们就已经忘掉他所举出的数字。但要忘掉他所描述的情景那几乎是不可能的。

冷冰冰的资料事实是很重要的，但雄辩口才并不能从它们身上发挥出来。这位演讲者企图制造一个高潮，感动听众的心，挑起他们的感觉。所以在提到家庭方面的问题时，他以情绪性的资料来处理。他赞扬费城是"美国自由的基石"。自由！这是一个神奇的词句，充满感情的一个词句，几百万人为它牺牲生命。这个句子本身就很不错，但他使它变得更好上一千倍。因为他举出了历史事件与文件来支持他的说法，这对他的听众来说，是十分亲切而神圣的："第一面美国国旗就是在这个城市里制造的；美国的第一届国会就是在这个城市里召开的；《独立宣言》就是在这个城市签署的……自由钟……一项神圣任务……散播美国精神，使自由的火种继续燃烧下去，因此，在上帝的恩准之下，华盛顿、林肯及罗斯福的政府将是对人类的启示。"这真是一个高潮！

  这篇演讲稿的布局，有很多可取之处。但最值得敬佩的是，从其结构观点来看，如果这篇演讲稿以一种缺乏精神及活力的平静态度来发表，那么它可能会失败，而且很容易，一无可取。但这位演讲者发表的态度和写作这篇讲稿的态度一样，带有最为真诚的情感与热诚。难怪这篇演讲稿能够获得"芝加哥杯"一等奖。

让你的演讲具有生命力

对于我们每个人来讲,旺盛的体力是人人向往的。我在雇佣演讲班的演讲者及指导老师时,首先就要看看他们是否拥有活力、活泼、热诚这些美德。人们总喜欢聚集在精力旺盛的演讲者身旁,就如同野雁总喜欢聚集在秋天的麦田里一样。

就在第一次世界大战结束后不久,我曾在伦敦与罗威尔·托马斯共事。他当时正就阿拉伯的劳伦斯发表一连串精彩绝伦的演讲,听众场场爆满。有一个星期天,我到海德公园里闲逛,来到大理石拱门入口附近。在这里,带着各种主义、人种、政治、宗教信仰的演讲者皆可就其主张高谈阔论,而不受法律干预。我听一位天主教徒解释《教皇无谬论》,接着我又走到另一群人的外缘,想听听一位社会主义者对卡尔·马克思有何高见,然后我漫步至第三个演讲者那里,他正阐述为何一个男人应有三妻四妾才算正确、恰当!后来我又走开去,并回首看那三群人。

信不信由你,鼓吹一夫多妻制的家伙,听的人最少,只有寥寥可数的几个。而围绕着另外两个演讲者的人群,却不断剧增。我问自己,怎么会这样?难道是题目有差异的关系?可是,我想不是。我观察着,发现对这种现象的解答在于三位演讲者本身。那位大谈有三四个老婆是多好多好的家伙,自己却不像有兴趣讨三四个太太的人;可是另外两个演讲者,则从几乎全然对立的观点来说理论道,他们完全忘我地融入各自的讲题里。他们是拼着性命和灵魂在论道,他们舞动手臂做着激烈的手势,他们的声音高昂而充满信念,他们散发着热情与生气。活泼、热切、有生命力这三样,我一直认为是演讲者首先应当具备的品质。

如何才能进行这种虎虎有生气的演讲，以保持听众的注意力不会中断呢？下面我将给你提供三个妙法，帮助你把热情和热诚注入演讲中。

1. 选择自己热衷的话题

我们前面曾一再强调，对自己要演讲的题目要有深切的感觉，这一点极为重要。除非对自己所选择的题目怀着特别偏爱的情感，否则就不要期望听众会相信你那一套话。道理很明显，如果你对你选择的题目有实际接触与经验，对它充满热诚——像某种嗜好或消遣的追求；或者你因对题目曾做过深思或关切，因而全身心投入，那么就不愁演讲时缺乏热心了。20多年前，在纽约我的某个班次里有一场演讲，其热诚所产生的说服力鲜明地展现在我的眼前，至今没有出其右者。我听过很多令人心服的演讲，可是这一个——我称它是"兰草对山胡桃木灰"的案例，却鹤立鸡群，成为真诚战胜常识的绝例。

在纽约一家极具知名度的销售公司里，有个一流的销货员提出过一个反常的论调，说他能够使"兰草"在无种子、无草根的情形之下生长。根据他提供的故事情节，他将山胡桃木的灰烬撒在新犁过的土地里，然后一眨眼间兰草便出现了！他坚信山胡桃木灰有一种神奇的力量，而且只有山胡桃木灰是兰草长出的原因。

评论他的演讲时，我温和地对他指出，他这种非凡的发现，如果是真的，将使他一夜之间成为巨富。因为兰草种子每蒲式耳价值好几块钱。我还告诉他，这项发现会使他成为人类史上一位极杰出的科学家。我告知他，没有一个人——不论他是活着还是已死，曾经完成或有能力完成他所声称已完成的奇迹，即还不曾有人自无生命的物质里培育出新的生命。

我神态安详地告诉他这些，因为我感到他的错误非常明显、非常荒谬，无须特别加以驳斥。我说完之后，班上的学生都看出了他论述中的谬误，唯独他自己不见，连一秒钟的领悟也没有。他对自己的观点非常热衷，热衷得简直不可救药。他即刻起立告诉我,他没有错。他抗议说,他并不是在引证某种理论,只是在陈述自己的经验而已。他是深知自己的说话对象的,他继续往下说,扩大了原有的论述,并提出更多的资料,举出更多的证据,他的声音中透出一片真诚与诚实。

我再度告诉他:他的观点正确的可能性渺小之极。没想到他马上又站了起来,提议跟我打赌5美元,让美国农业部来解决这场纷争。

你想知道后来又发生了什么怪事吗?班上有好几个学生都被他争取到他那边去了。许多人开始将信将疑。我若是对此做个明确的表决,我相信班上一半以上的生意人都会倒向他那边。我问他们,是什么动摇了他们原先的论点的?他们一个接一个都说是演讲者的热诚和笃信使他们自己怀疑起常识的观点来。

既然班上的学员们如此易于轻信,我只得写信给农业部。我告诉他们,问这么一个荒谬之极的问题,真觉得不好意思。果然,他们的答复说,要使兰草或其他活的东西自山胡桃木灰里长出是不可能的。他们还附加说明,他们还从纽约收到另一封信,也是问同样的问题。原来那位销售员对自己的主张太有把握了,因此坐下后也即刻写了封信。

这件事使我终生难忘,也给了我一个有益的启示。演讲者若是热切、强烈地相信某件事,并热切、强烈地发表自己的观点,便能获得人们对他的信仰的拥护,即使是他宣称自己能从尘土和灰烬当中培植出兰草也无妨。既然这样,我们胸中所归纳、整理出来的信念,若在常识和真理这边,便会有巨大的驱动力。

几乎所有的演讲者都会怀疑,自己选择的题目能否提起听众的兴趣。只有一个方法能保证他们对此感兴趣:点燃自己对话题的狂热,就不怕它不能激起人们的兴趣了。

前不久,我曾在巴尔的摩的一个演讲班里听到一个人警告听众,如果任由目前在奇沙比克湾捕石鱼的方法继续下去,不出数年,这个品种便会绝迹。他对自己探讨的题目确实感受至深,他对这一问题真是热烈之至,他的内容及态度都显示出了这一点。其实，在他起身讲话之初，我本不晓得奇沙比克湾里有什么石鱼这玩意儿。我猜想多数听众也和我一样孤陋寡闻，并且缺乏兴趣。可是这个演讲者尚未讲完，恐怕我们全体听众已经愿意联名向立法机关请求立法保护石鱼了。

一次，有人问起前美国驻意大利大使理查·乔尔德，他何以能成为一位意趣无穷的作家？成功的窍门何在？他回答说："我非常热爱生命，因而无法静下来不动。我只是觉得必须告诉人们这点而已。"遇上像这样的演讲者或作者，人们由不得不为他所吸引了。

在伦敦，有次我去听人演讲。讲毕，我们一行人中一位著名的英国小说家E·P·本森先生评论说，这场演讲的最后一部分要比第一部分更令他欣赏。我问他何以如此，他回答说："演讲者本身似乎对最后一部分兴趣更大，而我一向都是依赖演讲人来为我提供热情和兴趣的。"

每个人都是如此。你一定要记住这一点。

下面还有一个例子，可以说明慎选题目的重要性。

有位先生，我们姑且称他约翰先生吧，他参加我们在首都华盛顿开设的课程。初上课时，有天晚上他演讲的内容是描述美国的首都。他所选用的事实是从当地一家报社所发行的一本小册子里仓促搜集来的，听起来就令人感到枯燥、不连贯、未经消化。虽然他在华盛顿住了许多年，却没能举出一个亲身的经历说明他为什么会喜欢华府。他只是一味诉说着一连串枯燥无趣的事实。班上同学听着难受，他自己也讲得痛苦。

两星期后发生的一件事情，把约翰先生给害惨了。他有辆新车停放在街上，一位不知名的人开车撞上来，把它撞得稀烂，肇事者事后也不通名报姓，便逃逸无踪。这件事可是活生生的亲身经历了。因此，当他说起这辆撞得稀烂的汽车时，他的演讲便显得情真意切，烈火沸腾，好似维苏威火山爆发。同样是在这个班上，仅两星期的间隔，同学们前次还觉得烦躁无聊，在椅子里扭动不安，现在却给约翰先生报以热烈的掌声。

我曾一再指出,如果题目选择正确,你不想成功都不行。在备选题目中,有一类题目是保证错不了的,那就是谈自己的信念。你对自己生活周遭的某方面一定具有某种强烈的信仰,因此你不必上天入地去寻觅这些题材。它们通常就在你的意识层面,因为你时常会想到它们。

不久以前,电视播出议员就死刑而举行的听证会。许多证人被召出席,对这个被人们争论不休的问题提出正反两方面的意见。其中有位是洛杉矶警署的一员。很明显,他曾对这个问题思考再三。他有11位警察同伴,都死在和罪犯打斗的枪战中。根据这项事实,他心中萌发了对于死刑的必要性的强烈信念。他说得情深意切,打从心坎里相信自己的理由是正确的,所以他的论点得到了很多观众的认可。

历来的雄辩中,其最大吸引力,皆出于一个人深切的信念和感觉。真诚建立在信仰之上,而信仰则出于一心对自己所要说的事情的温馨情感,出于脑子对于要说什么的冷静思考。"此心自有道理,是为道理所不自知。"在众多培训班里,我常有机会验证帕斯卡以上这句锋锐有力的话。我记得,有位波士顿的律师,得天独厚,仪表出众,说话流畅可嘉,但是他演讲完了之后同学们都说:"好个精明的家伙。"他给人一种虚浮的表面印象。在他满口耀眼漂亮的词句之后,似乎没有一点真情实感。在同样这个班里,有个保险公司推销员,个子很小,其貌不扬,还不时地停下来思索着要说什么字句。可是当他说起话来时,没有一个听众怀疑他不是字字出于真心的。

林肯在华府福特戏院的总统包厢遇刺,距今已有百年。但是在他的一生,他的言辞真诚、深挚,万古常在。若就法律知识而言,多少与他同时代的人远远超过他;他缺乏一分优雅、顺畅和精致。然而他在盖茨堡、古柏联盟和在华盛顿国会山庄台阶上发表的演讲,在历史上是无人能够超越的。

有个人对我说,他没有任何强烈的信念和兴趣。你也可能会像他一样这么说,而对于这种情形,我多少感到有些惊异。不过我对这个人说,要使自己忙碌起来,使自己对事情感兴趣起来。

"对什么事,比方说?"他问。

绝望中,我答说:"鸽子。"

"鸽子?"他满头雾水。

"是啊!"我告诉他,"就是鸽子。到广场上去看看它们,喂喂它们,到图书馆去阅读有关它们的书籍,再回到这里讲述它们。"

他照做了。等他再回到班上时,已再无半点犹豫、退缩,一开始便以养鸟者的狂热来谈论鸽子。当我想要他停下来时,他正说到有关鸽子的40本书,而他已经把它们都读遍了!他的演讲是我听过的最有趣味的演讲之一。

这里还有一个建议:对自己目前以为很好的题目设法多知道一点。你对某种事情了解得愈多,你对它便会越热诚、越热衷。《销售的五大法则》的作者帕西·H·怀亭告诉推销员万万不可不去了解自己所售卖的东西。怀亭先生说:"对一项优良产品知道得愈多,便会对它愈热心。"此种情形用之于演讲题目也是如此——对它们懂得越多,你对它们也就越热诚、越热衷。

2.重现自己对题目的感觉

假设你要告诉听众关于一个警察的事情,他因你开车超速而把你拦下来。你以一个旁观者冷静漠然的态度来告诉我们固无不可,然而这事发生在你身上,你会有某种感受,这种感受会使你用十分明确的语言表达出来,但第三人称的方式不能对听众造成多少印象。他们会喜欢知道,那个警员开罚单给你时你心里是什么感觉。所以你越是能让自己描述的情景重现,或是重造当初所感受的情绪,你便越能生动逼真地表达自己。

我们去看话剧、电影的原因之一,即是想要见到、听到感情的表露。我们很害怕自己的感情会当众吐露,因此去看话剧,以满足这种感情流露的需要。

因此,当众说话时,你便会按照自己倾注在谈话中的热心程度而表现出自己的热诚与兴趣。不要抑制自己真诚的情感,也不要在自己真实感人的热情上头加个闭气闸。让听众看看,你对谈论自己的题目有多热诚,这样,他们的注意力便在你的掌控之下。

3. 用热烈的方式表达

当你走上台去要对听众进行演讲时，应是满心期盼的神态，而不是像个要登上绞架的人。轻快跳跃的脚步也许大部分是装出来的，可是却会为你制造奇迹，并令听众觉得你有自己非常热切想要谈的事情。就要开讲之前，深深呼吸一下，不要靠着讲桌或其他东西。头抬高，下颚仰起。你就要告诉听众一些有价值的事情，因此你全身每一部分都应该清楚无误地让他们晓得这点。现在你是大权在握，像威廉·詹姆斯所说的，要表现得好像是如此。若能设法将声音传至大厅的后方，这样的音效会让你更有把握。一旦开始做起手势来时，它们更能振奋你。

杜纳德和艾林诺·雷尔德将之描述为"激起我们的反应"的这项原则，对于需要心灵感觉的一切情况都能适用。两人在他们所著的《有效记忆的技巧》一书中指出，罗斯福总统这个人"活泼愉快地度过一生，带着一份雀跃、活力、冲撞和热情。这些是他的特征。他总是对自己处理的一切事情兴味浓厚，浑然忘我，或者他装得很像如此。"罗斯福真是威廉·詹姆斯哲学的阐释者："表现热烈，这样对自己所做的一切便会自然热烈起来。"

总之，记住这句话：表现热烈，便会使你感到热烈。

与听众共同感受你的演讲

鲁塞·康威尔的著名演讲《钻石就在你家后院》，先后讲过近6 000次。你或许会想，重复这么多次的演讲，应该已经根深蒂固印在演讲者的脑海里了，演讲时，字句与音调该不会再变了吧。其实不然。康威尔博士晓得听众的知识程度与背景各异。他觉得必须使听众感到他的演讲是个别的、活生生的东西，是为这群，而且是专为这群听众而作的。他如何能在一场接一场的演讲中成功地维系着演讲者、演讲与听众间活泼愉快的关系呢？"当我去某一城镇访问时，"他写道，"总是设法尽早抵达，以便去看看邮政局长、理发师傅、旅馆经理、学校校长、牧师等，然后进店里去同人们交谈，了解一下他们的历史与他们拥有的发展机会，然后我才发表演讲，对那些人谈论适用于他们当地的话题。"

康威尔博士非常清楚：成功的沟通，有赖于演讲者使他所引证的素材成为听众的一部分，并使听众亦成为其演讲的一部分。尽管《钻石就在你家后院》成为有史以来最受欢迎的演讲，但我们却连一份真正的讲辞副本都得不到，其原因也在于此。由于康威尔博士聪敏、洞察人性，而又谨慎勤奋，因此同一演讲不会将两次所表述的东西重复，尽管他就相同的题材已对将近6 000场的听众讲过。你可以通过此例有所领悟：准备演讲时，脑海中应想着特定的听众。下面有一些简单的法则，可帮助你建立与听众间强烈的和谐与密切的关系。

1. 根据听众的兴趣进行演讲

艾力克·琼斯顿是前美国商会会长，现为电影协会会长，几乎在他每一场演讲中都使用这种技巧。他惯常在自己的演讲里放入许多当地人的谈话和实例。听众之所以对此很感兴趣，是因为他的谈话内容与他们有关，与他们的兴趣有关，与他们的问题有关。这种与听众最感兴趣之事的联系，也就是与听众本身的联系。如果你这样做了，将肯定能获得听众的注意，并保证沟通线路畅通无阻。且看他在俄克拉荷马大学的毕业典礼上是多么机智地使用了当地人们的兴趣所在：

各位俄克拉荷马人，那些喜欢传播不实听闻的造谣生事者，你们应当是再熟悉不过了。就在前不久，他们还将俄克拉荷马州描述成一块永远没有希望的不毛之地。

据说在30年代，所有绝望的乌鸦都告诉其他的乌鸦说，最好避开俄克拉荷马，除非自己携带了足够多的口粮。

他们把俄克拉荷马的将来，归类为新美洲沙漠的一部分。永远再不会有发展前途。但是到了40年代，俄克拉荷马却成了世外桃源——成为百老汇吟诵赞美的对象，他们称赞这是一块"当雨过天晴，微风吹过，摇摆的麦穗飘送着阵阵芳香"的土地。

在短短的10年之间，这个长久干旱的干燥地带，已成了一大片玉米地，高到大象的眼睛那么高。

这便是信心带来的结果——当然也包括了预先计算种种无法避免的失败可能……

但是我们可以这么说：无论昨日的背景如何，在我们的时代里，一切美好的潜意识都有成为事实的可能。

所以，当我准备前来演讲而阅读了1901年春季版的《俄克拉荷马日报》档案时，我是希望能在这50年前的事实中找到一些实例。

我发现了什么？

我发现了最引人注意的一件事，那就是俄克拉荷马的未来，我也发现了最需要强调的，是我们的希望。

以上便是根据听众的兴趣而发表演讲的最佳例证。艾力克·琼斯顿就是针对听众而特别设计的演讲，因此听众也就会特别注意听。这使得听众觉得他的演讲并非复制品。

不妨问问自己：你所讲的主题对听众究竟有什么好处？能否帮助他们解决问题，达到他们的目标？然后再开始讲给他们听，这样必然会使得他们全神贯注地去听。如果你是个会计师，你的开场白可以这样说："我现在要教你们如何省下50~100美元的税款。"如果你是律师，你告诉听众如何预立遗嘱，一定会让听众兴致勃勃。无论如何，在你特别的专业知识里，一定可以找到对听众有所帮助的话题。

有人问英国报业巨子诺斯克利夫爵士，到底什么话题能够激起人们的兴趣？他回答说："人们自己。"他就是根据这一单纯的事实，建起了自己的报业王国。

在《思想的酝酿》一书里，詹姆士·哈维·罗宾森形容幻想是"一种发端于自然而最受喜爱的一种思想。"他接下去说，在幻想中，我们容许自己的意念遵循它们自己的路径而行，而这些路径完全凭我们的希望和恐惧而设定，凭我们自然的欲望的实现与幻灭而定；凭我们的喜、恶、爱、恨、憎、怨而定。世上再没有什么比我们自己更令我们感兴趣了。

许多人无法成为一名良好的与人交流者，主要是他们只会谈些他们自己感兴趣的事情，而这些事情却令其他人感到无聊透顶。还是把这种过程倒转过来吧。你应当引导其他人谈论他的兴趣、他的事业、他的高尔夫成绩、他的成就——或者如果对方是位母亲的话，谈谈她的孩子。如果你这样做了，并且专注地倾听对方说话，你将会给予对方很多乐趣。最后，你将被认为是一位有效谈话的高手——即使你话说得很少。

来自费城的哈罗德·德怀特在一次上课时举行的宴会上发表了一场非常成功的演讲。他依次谈到围坐在餐桌旁的每个人，谈论此人在课程刚开始如何讲话，以后又如何改进。他一一回忆每位学员所做过的演讲，大家所曾讨论过的题目。他模仿其中一些同学,夸大他们的特点;逗得个个开怀大笑,皆大欢喜。像这样的材料,是不可能令他失败的,而且是最理想的题材。蓝天之下,再不会有别的话题更能使大家感兴趣了,德怀特先生真是懂得了如何去把握人性。

几年以前,《美国杂志》的发展速度极为惊人,销量激增,这是出版界中令人惊讶的一项事实。其中的秘诀何在?秘诀就在于已故的西德达和他办杂志的理念。我初次认识西德达时,他正主持该杂志的"趣味人物"专栏。我替他写了几篇文章。有一天他坐下来和我长谈:

"人的本性都是自私的,"他说,"他们只对自己有兴趣。他们并不十分关心政府是否应该把铁路收归国有,但他们却希望知道如何获得晋升,如何得到更多的薪水,如何保持健康。如果我是这家杂志的总编,我将告诉读者如何照顾牙齿,如何洗澡,如何在夏天时保持清凉,如何找到工作,如何应付所雇佣的员工,如何购买房子,如何增加记忆力,如何避免文法错误,等等。人们总是对旁人的生平故事感兴趣,所以我将邀请一些大富翁谈谈他们如何在房地产事业上赚进数百万美元。我还要找一些著名的银行家及各大公司的总裁,请他们谈谈如何从底层奋斗而达到现在的成功地位。"

过了不多久,西德达当上了该杂志的总编。当时这家杂志的销量很少,算不上是一本成功的杂志。西德达立即按照他上面的构想对杂志进行改造。其反应如何?极为热烈。杂志的销量也急速上升,达到20万份、30万份、45万份、50万份……因为它的内容正是普通百姓所希望阅读的。不久,杂志每月销量达到了100万份,接着是150万份,最后是200万份。但销量并没有就此停住,而是继续上升了好几年。西德达满足了读者们的第一兴趣。

因此,当你下次面对听众时,设想他们急切要听你说些什么——只要能适用于他们。演讲者若不能考虑到听众自我中心的必然倾向,很容易便会发现自己面对的是一些烦躁不安的听众:他们局促不安,不时看一眼手表,并且满怀希望地望着出口。

2. 给予诚恳、真心的赞赏

听众是由很多个体构成的，因此他们的反应就和个人一样。公然批评听众必会导致愤懑。对他们做过的值得称赞的事表示赞美，你就已经获得了通往他们心灵的护照。这需要你自己去研究一番。夸张、肉麻的词句，像"各位是我曾面对的最有智慧的听众"也为大多数听众认为是空洞的谄媚而感到憎怒。

套句大演讲家姜西·M·德普说的话，你得"告诉他们一些有关他们的事，而那是他们没想到你可能会知道的"。举例说，有个人最近要在巴尔的摩基瓦尼俱乐部演讲，却苦于找不到有关该俱乐部的特殊资料，只知其会员中曾有一位出任国际会长，一位出任国际董事，而这些，对于俱乐部里的人来说并非新闻。于是他想来点新花样，于是这样开场：

巴尔的摩基瓦尼俱乐部拥有101 898个成员！"

会员们侧耳倾听，这个演讲人根本错了——因为全球只有2 897个基瓦尼俱乐部。然后演讲者接着说：

可是，就算各位不相信，它仍然是个事实。根据数字统计，俱乐部的确拥有101 898个成员，而不是10 000或20 000个，而确实是101 898个。我是怎样算出来的呢，国际基瓦尼组织只有2897个俱乐部。而巴尔的摩俱乐部过去曾出过一位国际会长和一位国际董事。从数学概率来看，任何一个基瓦尼俱乐部想同时出个国际会长和董事的几率是1比101 898——这个数字，是约翰·霍普金斯大学的一位数学博士告诉我的，其结果应该十分可靠。

讲这类题材的时候，态度要100%的真诚。没有诚意的话语，你也许偶尔会骗过他人，却永远骗不了听众。什么"充满高度智慧的听众……""这些来自新泽西……的美女和绅士""我真高兴来这儿，因为我爱你们每一位。"千万不要这样做！如果你说不出真心的话语，那就不要勉强自己了。

3. 与听众融为一体

在你开始讲话之后，应在第一时间说明你与听众之间存在某种联系。如

果你觉得很荣幸能应邀发表演讲,就照实说吧。当哈罗德·麦克米兰在印第安纳州的德堡大学向毕业班讲话时,他是这样开头的:

我很感激各位亲切的欢迎辞,身为英国首相,应邀前来贵校演讲,也是一次难得的机会。但是我知道,我当前的头衔恐怕不是各位盛邀的主要原因。接着,他提到自己的母亲是美国人,出生于印第安纳州,而父亲则是德堡大学首届毕业生之一。

"我向你们保证,我对能与德堡大学有这样的渊源感到荣耀。"他说,"现在,我很高兴使这个家庭的古老传统再度恢复过来。"

无疑,麦克米兰提到了美国学校以及他母亲和身为先驱的父亲所知悉的美国式生活,这样他即刻就替自己赢得了友谊。

另一种打开交流之道的方法,是叫出听众中的有些人的名字。有一次,我在某个餐会里正坐在当天主讲人的旁边。我很惊异,那位主讲人在进餐时,频频打听某些人的名字,这使我觉得十分奇怪。整个进餐中,他不停地问宴会主人,某一桌上穿蓝色西装的人是谁,那位帽上缀满花朵的女士芳名是什么?等他起身说话时,我立刻明白他这样做的原因了。他非常巧妙地把方才得知的名字编入自己的演讲里,那些在演讲被提到名字的人脸上都显露出无比的快乐,而且我也感到这个简单的技巧已为演讲者赢得了听众温暖的友情了。

再看看通用动力公司总裁小弗兰克·佩斯如何仅用几个名字,便产生了意想不到的效果。他在纽约"美国生活宗教公司"一年一度的晚宴上演讲:

今晚,对我来说,是一个极愉快、又有意义的时刻。首先,我自己的牧师罗伯特·艾坡亚便在听众席里。他的言语、行为和教导,已使他成为我个人、家人以及我们全体人员的一种激励和启示……其次,在座的路易·施特劳斯和鲍伯·史蒂文斯对宗教的热诚,已扩大为对公共事业的热忱……能与他们坐在一起,实在是本人最大的荣幸。

要注意的是,假如你准备提到一个陌生的名字,尤其是刚打听来的名字，要确信没有弄错。要确信自己为何要提到这一名字，并以一种适当、得体的方式提出来。

另外，还有一个办法可以使听众的注意力保持在巅峰状态，那就是采用代名词"你"而不要用"他们"。这种方式可以使听众保持在一种自我感知的状态中。这一点我在前面已经指出，演讲者如想把握听众的注意和兴趣，是不能忽视这一因素的。下面摘录我们纽约某个训练班里的一个学员题为《硫酸》的演讲中的几段：

大多数的液体，都是以品脱、夸脱、加仑或桶等单位来计算的。我们通常说，几夸脱的酒，几加仑的牛奶，以及几桶的蜜糖。在发现一处新油井之后，我们也会说它每天的产量有几桶。不过，有一种液体，由于生产和消耗量太庞大了，必须以吨作为它的计算单位，这种液体就是硫酸。

硫酸和我们日常生活的很多方面都有关系。如果没有硫酸，你的汽车将无法行驶，你必须像古时候那样骑马或驾驶马车，因为在提炼煤油及汽油时，必须广泛应用到硫酸。不管是照亮你办公室的电灯，还是照亮你餐桌的灯光，或是在夜晚引导你上床的小灯，这一切如果没有硫酸，就将成为不可能。

你早上起床后，拧开水龙头放水洗澡。你转的是一种镍质水龙头，在其制造过程中，也少不了要使用硫酸。在制造你的搪瓷浴缸时也需要用到硫酸。你使用的肥皂也可能是用油脂加上硫酸处理而制成的……在你还没有和你的毛巾打交道之前，它就已经和硫酸打过交道了。你使用的毛梳上的梳毛也需要用硫酸处理，你那把赛璐珞质的梳子，如果没有硫酸，一定制造不出来。还有，你的刮胡刀最初在经过锻造后，也一定浸在硫酸中处理过。

你穿上内衣，套上外衣，扣好纽扣。漂白业者、染料制造者，及染布者本人都要使用它。制造纽扣的人可能会发现，要想制成你的纽扣，必须使用硫酸。皮革制造者也要使用硫酸来处理你皮鞋的皮革，而当我们想要把皮鞋擦亮时，硫酸又发挥了它的功效。

你下楼吃早餐。如果你使用的杯子与盘子不是纯白色的,那更是少不了它。因为硫酸一向被用来制造镀金及其他装饰性材料。你的汤匙、刀子、叉子如果是镀银的,一定要在硫酸中浸过。

制成你的面包或卷饼的小麦,可能是使用磷酸盐肥料种出来的,而这种肥料的制造更需要硫酸。如果你享用的是荞麦饼与糖浆,糖浆也少不了它⋯⋯

就像这样,在一整天当中,在每一方面,硫酸都会影响到你。不管你到哪儿去,都无法逃过它的影响力。没有了它,我们不但打不了仗,也过不了和平的生活。因此,这种对人类极为重要而又基本的硫酸,实在不应该被一般民众所完全忽视⋯⋯但很不幸的是,事实却是如此。

这个演讲者巧妙地使用了"你",并把听众带入自己演讲的话题之中,因而维持了听众热情不辍的注意。不过有些时候使用代名词"你"是很危险的,这可能不是在听众和演讲者之间建立桥梁,而是造成分裂。在我们似乎以行家居高临下的口吻对听众讲话或对他们说教时,这种情形便会发生。这时最好说"我们",而不要说"你"。

美国医药协会的健康教育组组长,W. W. 鲍尔博士常在无线电台和电视演讲中采用这个技巧。"我们都想知道怎样去选个好医生,对不?"他有次在演讲里这么说:"那我们既然想从我们的医生那里获得最佳服务,我们是否都该知道怎样做个好病人呢?"

4. 在演讲中与听众互动

你是否想过,用点小小的表演技巧,便可使听众亦步亦趋地注意着你的每个词。当你挑选听众来协助你表明某个论点,或将某个意念戏剧化地表现出来时,听众对你的注意便会显著得到提升。由于觉着自己是听众,当听众之一被演讲者带入"表演"中时,听众们便会很敏锐地感知所发生的事。假使像许多演讲者说的,讲台上的人和讲台下的人之间隔有一堵墙,那么利用听众的参与便可打通这堵墙。我记得有个演讲者说明汽车在使用刹车以后还须走多大距离才能够停住。他请前排一位听众站起来帮他展示汽车在不同速度之下这个距离会做怎样的改变。这个听众握着一条钢卷尺的一端,顺着走道把它拉出45英尺。当我看着这个过程时,我无法不注意到全场听众是如何全神贯注地倾注于演讲之中。我对自己说,那条卷尺除了生动地展现演讲者的论点而外,还真是听众与演讲者一条沟通的线路呢。若不是用上那么一招表演术,听众们关心的恐怕还是晚饭吃什么,或者晚上的电视节目是什么!

我有一些自己最喜爱的方法,可以让听众参与我的演讲,其中之一便是问些问题和获取回答。我喜欢请听众站起来跟着我重复一句话,或举手回答我的问题。帕西·H·怀亭有本书:《如何在演讲和写作中增加幽默》,其中就听众参与提供了一些有价值的忠告,书中建议让听众表决一些事情,或邀请他们帮助解决一个问题。"你对某些事情的态度要正确,"怀亭先生说,"要知道,演讲和背诵不同,演讲的用意在于获得听众的反应——要让听众在整个事件中变成参与者。"我喜欢他把听众描述为"整个事件的参与者"。这也是我们所讨论的一切的关键所在。如果你能让听众参与,他便成了你的好伙伴。

5.采取低姿态

最容易招致听众反感的方法,就是让听众觉得你高高在上。当你演讲时,就如同展示在橱窗里,你个性中的每一个方面都呈现在观众眼前,稍有自夸或吹牛,便会导致失败。就另一方面而言,谦虚可以激发自己的信心与亲和力。你可以谦虚,却不必显得患得患失、唯唯诺诺的模样。只要显出自己是决心要尽力讲好,何妨略提自己才识有限,听众会喜欢你、尊敬你的。

当然,在讲者与听众的关系里,真诚是无可替代的。诺曼·文森特·皮尔曾经给一位牧师朋友提出过一些很有用的忠告。这个牧师简直无法使听众专注地听他讲道。皮尔博士要这个牧师问问自己,对于每个星期天早晨都要面对的听众有什么感觉——他是否喜欢他们,是否愿意帮助他们,是否认为他们智力不及自己等。皮尔博士说,他登上讲道坛时,没有一次不是对自己即将面对的男男女女有着强烈的情感的。演讲者自认在智力或社会地位上高高在上,听众一听便知。的确,演讲者欲得听众的爱戴,最佳的方法之一便是采取低姿态。

爱德蒙·S.穆斯基在缅因州参议员任内,曾对在波士顿的美国辩论协会讲话,其中,便展示了这种技巧:

今天早晨我迟疑着不知是否该接下这份演讲的任务。"他说道,"首先,我知道来的听众都是具有专业水准的人士,于是我不免自问:如此班门弄斧,在各位锐利的眼光面前暴露自己的愚拙,是否明智。其次,这是个早餐会,通常是人们最没有警觉性的时刻,因此,如果我表现得不好,这对于一位政客而言,其后果是十分严重的。再者,我今天要讲的主题是:身为一名公仆,究竟有什么影响力?关于此点,只要我继续在政界活动,则对于此影响力的好或坏,我的选民似乎有显著不同的意见。

面对这些怀疑,我觉得自己很像一只蚊子,无意间闯入了天体王国,简直不知从哪开始好。

穆斯基参议员继续讲了下去,结果整个演讲十分成功。

亚德莱·E.史蒂文生在密歇根州立大学毕业典礼致辞时,也表现得十分谦逊。他在开场白中如此说道:

在这些场合里我总有一种力不从心之感,这使我想起一次人家问塞缪尔·巴特勒如何善用生命时他的回答。我想他的回答是:"我连如何善用以下的15分钟都不知道呢。"我现在对于以下的20分钟便有相同的感觉。

美国电视界要求极为严格,每一季里收视率最高的演员们都要陷身于焦头烂额的竞争中。年年得以捡回性命的演员之一,是艾德·苏利文。他不只是电视业的专家,而且是个新闻从业人员。他在竞争激烈的电视圈里是个业余者。他之所以能够活命,是因为他并不以为自己该怎么样,而只认定自己是业余的。他在镜头前那些不自然的举动，换上任何人都会成为一种缺陷，不能如他那样自然感人。他手握下巴，耸起两肩，拉扯领带，说话结巴。可是这些缺陷都于他无害，人们批评他这些缺点，他也不以为然。每一季，至少有一次他要请一位模仿高手上电视屏幕，让他把自己模仿得惟妙惟肖，把自己的缺点夸大渲染。他欢迎批评，观众就喜欢他这一点，观众都是喜欢谦逊的言行的，他们厌恶那些自大的卖弄者。

  亨利及丹纳·托马斯，在他们的《现代宗教领袖传》一书里，这样评论孔子："他从不以自己独有的知识去向别人炫耀。他只是以自己包容的同情心，去设法启迪人们。"我们如果也能有这种包容的同情，我们便已掌握打开听众心扉的钥匙。

第四章

不同类别的演讲概念

卡耐基语言的突破与沟通的艺术

以简短的演讲获得良好回应

第一次世界大战期间，一位著名的英国主教在厄普顿营中对军人们进行演讲。他们将被派往前方作战，当然他们只有少数人了解自己为什么被派往前方。可是这位大主教却全然不顾这些背景，反倒对他们大谈"国际亲善"，以及"塞尔维亚民族在太阳底下应有权占一席之地。"的观念令人感到好笑的是，他们之中竟有半数的人连塞尔维亚是一个城镇还是一种什么疾病都不知道。面对这样一群听众，他倒不如用精深的"星云学说"给他们来一段响亮的颂辞。这样效果完全一样。好在整个演讲过程中没有一个骑兵开溜，这倒不是因为他们听得入了迷，而是因为每个出口都有宪兵把守，以防止他们溜掉。

我无意贬抑这位主教，他是一名不折不扣的学者。如果是在一群宗教人士面前，他发表这样的演讲很可能会显得先声夺人，功力尽现；但他眼下面对的是即将上前线的军人，遭遇失败，而且是全军覆没，就可想而知结果了！他为何如此？显然他不了解他的听众，也不知道自己演讲的真实目的，这也就使他不知如何达成自己的目的了。

那么，演讲的目的到底是什么呢？概括起来，任何演讲，不论自己是否清楚，一般都包含四个目标，它们是：

a. 说服别人采取行动。

b. 说明情况。

c. 增强印象，使人信服。

d. 让人们感到愉快。

第四章　不同类别的演讲概念

下面让我们以林肯总统演讲生涯里一连串的具体实例，来说明这些吧。

很少人知道林肯曾经发明过一种装置，并还获得过它的专利。这种装置，可将搁浅在沙滩或其他障碍物中的船只吊起。他还曾在自己律师办公室附近的技工店里，制造过这种器械模型。当偶尔有朋友来办公室瞧见这一模型时，他便会不厌其烦地讲解它的构造。进行这种讲解的主要目的，便是说明情况，以让对方了解有关的更多的信息。

当他在盖茨堡发表那篇不朽的演讲时，当他发表第一次和第二次总统就职演讲时，当亨利·克雷过世时由他就其一生致悼词时，他在所有这些场合，演讲的主要目的就是增强听众的印象，使人信服。

当他在自己的律师生涯中，每次对陪审团声辩时，其目的是想赢得对他有利的判决。而他在作政治演讲时，则是在致力于赢得选票。他在这些场合演讲的目的便是为了让听众付诸行动。

林肯在当选总统的前两年，曾准备了一篇有关发明的演讲。当然他作这一演讲的目的是想要欢娱人们，至少，他初始的目标是如此。可惜的是，他这次没有成功。他本想成为一个大众化的演讲家，其结果在这方面却挫折连连。他有一次在一个小镇的演讲，甚至没有任何人去听。

与他在这方面的演讲形成鲜明对照的是，他在别的方面的演讲却出奇的成功，其中一些已经成为人类语言的经典之作。原因何在？主要是，他在进行这些演讲时明白自己的目标，并知道如何去达成。

许多演讲者未能把自己的目标与演讲对象的目标相匹配，以致到了讲台上手忙脚乱，言语混乱，错误百出，从而不可避免地招致失败。

这里仅举一例。一个美国国会议员曾在旧纽约马戏场进行演讲，他还没讲够，观众席上就发出一阵吼叫声和嘘声，致使他迫不得已离开了讲台。原因何在？因为他十分不明智地选择了在这种场合做说明性的演讲。他告诉听众，美国正在如何备战。他的听众可不愿意在这里挨训，他们现在要的是娱乐。他们起初还耐心而有礼貌地听他讲了10分钟，15分钟，希望他的表演赶快结束。可是他仍然喋喋不休,扯个没完。观众的耐心没有了,他们不愿再忍耐了。有人开始喝倒彩以对他表示嘲讽,其他人接着跟进,一刹那,就有千人吹起口哨,有的人甚至吼叫了起来。但这个演讲者真是极其愚蠢、麻木,他对观众此时的心情竟毫无知觉,仍然闷着头在继续往下讲。这下可惹恼了他们,于是一场混战粉墨登场。观众的无奈,升腾为怒火。这位仁兄居然毫不识相,还试图劝观众安静下来。于是,狂烈的抗议声越来越大。最后,观众的号叫与怒吼淹没了他的话语。到了这个地步,他也只能放弃努力,承认失败,羞辱难当地离开了会场。

请以上面这位议员的事例为借鉴吧,使自己演讲的目的适合你的听众与所面临的场合。这位议员如果事先曾斟酌过自己演讲的目标是否合乎前来参加政治集会的观众的目标,他就不会遭受如此惨败了。只有把听众和演讲的场合分析得当,你才可以从以上四种目的中选出一种作为你演讲的目的。

为了帮你完成"如何搭建演讲架构"这个重要部分,以劝说别人采取行动,本节将全部笔墨用于讨论如何"以简短演讲获得良好回应"。在接下去的另外三节,则侧重于讨论演讲的另外几个重要目标:说明情况;增强印象,使人信服;使人们愉快。每一个目标都需要采取不同的策略,它们都有各自不同的组织方式,都各有其易犯的错误和必须要克服的障碍。

那么,如何组织演讲素材,以使听众乐意采取行动呢?是否有什么方法可以使我们通过演讲材料的安排,使我们有绝佳的机会,能一语中的地打动我们的听众,使他们乐意按我们的要求去行事呢?

我记得,我曾于1930年与同事们讨论过这个问题。当时,我的演讲课程正开始在全国各地受到欢迎。由于一个班级容纳的人数太多,我们只得对学生的演讲限制在两分钟内。如果演讲者的目标只是在于欢娱或说明情况,这个限制对演讲还不至造成影响。但是,等我们进行到要鼓励听众采取行动的演讲时,就不一样了。我们若是采用老套的演讲格式,即从绪言、正文和结论这一自亚里士多德以来为众多演讲家所遵循的范式,便会使演讲达不到激励听众采取行动的效果。显然,这需要我们注入一些新的和与众不同的东西,以便能在设定的两分钟内达到预期的目的,并让听众付诸行动。

我们分别在芝加哥、洛杉矶和纽约举行过座谈会,向我们所有的老师请教。他们当中有许多人是在名牌大学演讲系执教的;有些人在事业上已取得了显赫的成功;还有些人则来自扩张迅速的广告促销界。我们希望能综合不同的背景,利用这些背景各异者的智慧,为演讲的结构设计出一种新的方法,使这一方法能十分合理地反映出我们时代的需要、合乎心理学的规则,并能以此来影响听众,让他们采取行动。

真是功夫不负苦心人。从这些讨论当中,一个用于构建演讲框架的"魔术公式"终于诞生了。它一问世,我们就在演讲培训班上采用它,而且从那以后至今就一直为我们所采用。这个"魔术公式"是什么?实际上很简单,可说是一点就破,具体而言是这样的:一开始便把你要讲的主题以实例的形式告诉听众,通过这个例子,生动地说明你希望传达给听众的意念是什么。接下来则以详细清晰的言辞表明你的论点;第三,陈述缘由,也就是向听众强调,如果他们依你所言去做,会有什么好处。

这个公式,非常适合如今快节奏的生活方式。演讲人切不可再沉溺于那种冗长、闲散的绪论。现在的听众都是由忙碌的人们组成的,他们希望演讲者能以率直的语言,开门见山地说出要说的话。他们已习惯于消化过的、浓缩了的新闻报道,使他们不必转弯抹角便能直接得到事实。他们都已适应了类似于麦迪逊大道那些咄咄逼人的广告环境。这些广告的一个明显特点就是,借助各种招牌、电视、杂志和报纸,通过一些鲜明有力的词语,把发布媒体想要表达的信息一股脑儿地全部端出。这些广告词都是经过字斟句酌的,没有半点浪费。

我们确信,只要你利用这个"魔术公式",必能博得听众的注意,而且可以使听众将关注的焦点对准你演讲的重点。它也能使你舍弃那些啰唆乏味的开场白,诸如,"我没有时间把这场演讲准备得很充分",或"当主持人请我谈论这个题目时,我还一时纳闷,他为何要挑选我?"要记住,听众对你在台上的道歉或辩解不感兴趣,不论你在说这些话时是出于真心还是一种台面上的客套话。他们需要的是行动。而在"魔术公式"里,你一开口便给了他们行动。

这套公式对于那些简洁的谈话非常适用,因为这里面也设置了一些悬念。当你以这种方式论述你的观点时,听众便会被你的故事所吸引,面临演讲的重点也不需要一开始就和盘托出,而是让他们先听你讲两到三分钟的故事,待故事快接近尾声时,才晓得你演讲的重点所在。如果你希望听众照你的要求去做,这一招就更为必要了。试想,若演讲者做的是一场募捐演讲,他期望听众为某一弱势群体慷慨解囊,而且这群人急需这笔钱,假如我们的演讲者这样开口:"各位先生,各位女士,我来这儿是要向各位收取5块钱。"你会给吗?包管不会有人有所行动。众人一定会以为你是一个骗子,他们将争先恐后地夺门而逃。相反,如果演讲者一上来就向听众描述自己去探访"儿童医院"的情形,并深情地讲述你在那儿见到的一个迫切待援的病例:一个幼童现在正住在一家偏远的医院里,他因缺乏经济援助而无法动手术。如果在下各位能献出您的爱心,向他伸出援助之手,这个孩子便可以起死回生了。试比较一下,这种表述是否能使他获得听众更大的支持机会?由此可见,为期望中的行动铺路的,正是故事,正是实例。

下面再来看看尼兰·斯通是如何利用事件或事例来打动听众,以唤起他们对联合国儿童救援行动的支持的:

我祈祷自己再也不必为此而奔走呼号了。想一想,一个孩子的生死之间仅差一粒花生大的子弹之遥,这个世界上还有比这更凄惨的吗?我也希望在座的各位也永远不必因为这些事去做什么,也不必在事后永远活在如此悲惨的记忆里。但是,世界上发生的这些无情的事件却让我们无法停住自己的脚步,就在一月份的雅典,一个被炸弹炸得千疮百孔的工人区里,我曾亲耳聆

第四章 不同类别的演讲概念

听到了他们的声音，见到了他们悲伤惶恐的眼睛……造成这一惨景的，仅仅只是半磅重的一罐花生而已。当我费力地打开手中的援助物时，成群衣衫褴褛的孩子把我团团围住，疯狂地伸出了他们的手。更有大批的母亲，怀抱婴儿推挤争抢……她们都把婴儿推向我，只剩皮骨的小手抽搐地伸张着。我尽力使我所带的那点点救助物发挥最大的功用，多救活哪怕是一个饥饿的孩子。

在他们疯狂地拥挤之下，我几乎被他们撞倒。眼睛只可见到数百来只手：乞求的手、抓握的手、绝望的手，全是一双双瘦小得可怜的手。我费尽心机在这里分一点，又在那里分一点。再挪个地方，在这里分一颗，又到那里分一颗。数以百只手伸向我，向着我请求着。当他们得到我的分发物时，数以百双的眼睛闪出了希望的光芒……最后，我无助地站在那里，手中只剩下那个蓝色的空罐子……哎，我希望这种情形永远不会再发生，永远地远离我们身边。

这套"魔术公式"也可运用于写商业书信，以及对员工及属下作指示。母亲也可以利用它来激发孩子，而孩子们反过来也会发现，借用这一套路可以更如意地得到父母的礼物。你会发觉，它真是一柄心理利器，在每日生活当中，你可以用它把自己的意念传达给别人。

即使是在广告界，"魔术公式"也是每天都用得着的。伊弗雷迪电池公司最近在收音机和电视上做了一系列广告，广告代理人就是根据这套公式设计的。下面就是这一广告的真实场景：刚开始的一幕是，主持人焦急地诉说某人在一个漆黑的深夜被困在一辆倾翻的汽车内。待他把这起意外事故绘声绘色地详述一遍以后，进入广告的第二幕：主持人将车里的受害者请出来把故事说完，叙述他是如何由使用伊弗雷迪电池的手电筒发出的光亮及时得到援助的。接着进入广告的第三幕：主持人言归正传，点出此广告的重点，即，购买伊弗雷迪电池，你便可以在类似的紧急事件中活命。这一故事本身就源于该电池公司的档案资料，全都是真人实事。我无法确切知道这套广告让该公司多卖了多少电池,但有一点是可信的,即从这一广告效果我们可以确信"魔术公式"真是很管用的方法,它可以让你有效地向听众陈述你要他们去做、或避免去做的事情。下面让我们一步步来讨论吧。

1. 举出例证——那些来自于生活中的实例

在演讲中,描述曾给予你一个启示的经验,应占去你演讲的主要部分,占用你的时间也最多。在这个阶段,你要把你从中得到某些启示的事件向听众描述出来。心理学家认为,我们的学习方式主要有两种:一是采用"锻炼法则"(Law of Exercise),就是利用一系列相类似的事件,导致某种行为模式的改变;二是采用"效应法则"(Law of Effect),即某单一事件因其惊人的效果而导致行为的改变。我们每个人都应有过这些不同寻常的经验,而且在自己记忆的表层中不难找到许多事例。我们的行为习惯于受到这些经验的引导,所以我们可以对这些经验重新归纳整理,并用这些经验来影响他人。因为一般人对言辞的反应和对实际发生状况的反应都差不多。在举例的时候,你必须使自己的亲身经验能产生一种有益的效果,以此来影响听众,就像当初影响你一样。为了达到这个效果,你必须把自己的经验叙述得十分详细清楚,突出其特点,并产生一种戏剧性的效果,以吸引听众的兴趣。以下是几个建议,希望能帮助你达到这些效果。

A. 用单一的个人经验做例证

假如你所采用的例证是用单一的个人经验为基础,并具有很强的戏剧性效果,则其威力会十分惊人。也许这一事件发生的时间前后只不过几秒钟,却会使你得到终生难忘的启示。前不久,有位训练班的学员谈到一件可怕的经历,他讲述了自己如何从翻覆的小船旁企图游到岸边的经过。我相信在场的所有听众听了他的叙述之后,一定暗下决心——假如以后自己也碰到类似的状况,最好就像那位演讲人所建议的:留在原地,等候救援。我还记得另一个人所讲的经历,与一个小孩和翻覆的电动割草机有关,至今仍在我的记忆里留下了深刻鲜明的印象。直到如今,假如有任何小孩靠近我的电动割草机，我就会分外小心，生怕发生任何事故。许多训练班里的讲师们也表示，在听了班上学员的许多宝贵经历之后，一旦在自己家中碰到类似情况，都能迅速采取行动，防止意外事故发生。比方有人听了因煮饭不小心而酿成火灾的经过之后，便在家中厨房准备了一个灭火器。也有人把家中含有毒物的瓶瓶罐罐都贴上标签，并且放在小孩拿不到的安全地方，这是因为听了一名学员的简短演讲，叙述她如何发现自己的孩子不省人事地躺在浴缸里，手里握着一个含有毒物的瓶子。

这些使你终生难忘的教训，是说服性演讲首先必备的东西。利用这些例证，你可以让听众采取行动——即使这件事发生在你身上，但你要让听众知道，这些事很可能也会发生在他们身上。因此，他们最好了解并接受你的意见，像你一样采取相应的行动。

B. 在演讲开始时就详细叙述例证

在演讲一开始就进入举例阶段，这样可以立刻吸引听众的注意力。有些演讲人就不能在一开始便抓住听众的注意，他们常常喜欢引用一些陈词滥调，或琐碎的道歉这一类无法引起听众兴趣的东西。如"我一向不习惯在大众面前演讲"之类的话，就很让人生厌。还有许多陈腐的老套也不适宜于用作开场白，以免让听众失去兴趣。此外，喋喋不休地说明自己为何选择了这个题目，或表示自己准备得并不够充分（听众其实很快就会发现这个事实），或像牧师布道般地宣扬自己的主题，等等，都是应当尽量避免的方式。

我们不妨从一流报纸杂志的作者群中找到一些秘诀：直接开始你的例证，听众便会被吸引住。

以下是颇吸引我的一些开场白："在1942年，我发现自己躺在医院的病床上……""昨天早餐的时候，我太太正在倒咖啡，这时……""去年7月，我开着我那辆跑车在42号公路上快速飞驰……""我办公室的大门猛地被打开，我看见我们的工头查理·范慌慌张张地闯进来……""我正在湖边钓鱼,一抬头,却见到一艘汽艇朝我快速驶过来……"

假如你的开场白能回答"五个W"和"一个H"中的一个问题,即"谁(who)""什么时间(when)""什么地点(where)""什么事(what)""为什么(why)""怎么办(how)"你便是在运用最古老的沟通方式引起他人注意——就好像说故事,"很久以前……",这是引发孩童想象之泉的神奇字眼。利用同样的原理,你可以在演讲一开始时便用自己的故事吸引听众的心灵。

C. 描述例证的相关细节

细节本身并不有趣,一间堆满杂乱家具或装饰品的房间并不吸引人,一幅涂满过多毫不相关的细节的图画也不会令人赏心悦目。同样,演讲时过多的细节描述——琐碎、不重要的细节,也会让听众难以忍受。描述细节的诀窍在于:必须选择与主题有关联的部分,并且能加强主题所阐述的理由与观点。假如你想告诉听众"在长途旅行之前应详细检查汽车的性能"这个观念,则在举例阶段的细节说明就必须集中在"由于你在长途旅行之前忘了检查汽车性能,因此发生了某种意外"这个主题之上。假如你扯到如何欣赏途中风景,或到达目的地后去了哪里等细节,则一定只会引起混淆或分散听众的注意力。

与主题有关的、措辞又十分具体生动的细节描述,能使你所举的例子栩栩如生,让听众感到如临其境。假如你说明一起车祸发生的原因只是"疏忽",这听起来一定十分单调无趣,而且不可能引起听众想去检查车子的念头。但假如你生动地描述发生车祸的经过,利用能引起多重感觉的语句去影响听众,其效果则必定不同。以下是训练班某位学员所举的例子。他生动地指出,在寒冬开车时要多么小心谨慎。

1949年冬天,就在圣诞节之前的某个早上,我在印第安纳州沿着41号公路开车北上,妻子与两个小孩都随我同行。车子在镜片般的冰上缓慢爬行了好几个钟头,我小心翼翼地握着方向盘,生怕一点小动静便会使整部车子滑得失去控制。只有少数几个驾驶者胆敢离线超车,而时间也好像车速般缓慢向前滑行。

不久,车子来到一处较宽阔的马路,路上的结冰也被太阳融化了,我于是踩动变速器,企图赶出一些时间。其余的车子也纷纷加速,一刹那,好像每个人都急着想赶快抵达芝加哥。孩子们开始在后座唱起歌来,一点也不知道灾难即将来临。

忽然,马路的上坡处伸入一处林地。当疾驶的车子开到顶处的时候,只见山坡北边的低洼处,因林木遮掩而照不到阳光,仍然是冰雪一片。我这时想减速已来不及。两部在我前面的车子已疯狂地滑下山坡,我也控制不住地急滑而下。我们滑过路面,停在一处雪堤上面,幸好车身还没有翻覆。但紧跟着我们滑行而下的车子,却不偏不倚地撞向我们车子的侧身。不但撞坏了车门,破碎的玻璃更好像落雨般洒在我们身上。

这个例证的细节描述十分详尽,使听众很容易进入情境之中。总而言之,你的目的是要使听众看见你所看到的,听到你所听到的,感受到你当时的感觉。你想达到这个目的,就得运用许多丰富的词汇去描述细节。正如我们在前面章节曾提到的,准备一场演讲的作业,就是回答如下种种问题:何人?何时?何地?如何?为什么?你必须用丰富的词汇和特定的语气去引发听众的想象力。

D. 将你的经历再现给听众

除了利用翔实的细节描述之外,演讲人还必须在描述事件时,使自己的经历得到重现,这样才有可能达到促使别人采取行动的目的。伟大的演讲家都具有表演天才,这并非是特别稀有的品质,许多小孩就富有这种才能。在我们所熟识的许多人当中,有的人天生具有节奏感、脸部表情、模仿或演哑剧等禀赋,这都是表演的可贵资质。其实我们每个人也部分地具有这种能力,只要你努力练习,相信能获得改进。

在你举述例证的时候,你所采用的动作和激励成分愈多,就愈能给听众留下印象。假如演讲人缺乏这种再创作的热忱，则无论所举的例证描述得多么详尽，仍然不能产生有效的力量。你想描述一场大火吗？那就想想我们在救火员与火焰奋战的时候，你如何与群众从火里逃生。你想告诉我们你如何与邻居发生争吵吗？那就让这段经历重现，并且强调某些特点。你有过在水中死里逃生的经历吗？那就告诉听众，你在那段恐怖时刻，心里如何感到绝望。你要想办法让谈话显得特殊，这样听众才会记住你所讲的话。只有让听众记住你所讲的话，你才可能要他们采取行动。我们会记住乔治·华盛顿诚实的品格，因为威姆在华盛顿的传记里提到砍樱桃树的故事。《新约·圣经》里也处处充满了加强道德行为的例证，如《善良的撒玛利亚人》等故事。

为了让你所举的例子能铭刻在听众心里，这种"实际经验为例证"的演讲会显得更有趣、更具说服力、也更容易理解。你从生活中得到的经验，此时刚为听众所接受，也正准备对你要他们去做的事有所反应，这时就到了"魔术方程式"的第二个阶段。

2. 说出重点，期望听众做什么

在说服性的演讲里，举例的部分约占全部时间的3／4。假定你全部的时间是两分钟，则现在你要促使听众采取行动，说明采取行动对他们有什么好处等的时间，只剩下二三十秒。这时已不需要描述细节，而应直截了当地把自己的主张陈述出来。这与新闻报道的技巧正好相反。报道新闻的时候，是先把要点用大字标题显现，然后再详述新闻内容；而演讲则是先陈述内容，然后再用你的论点加以强调，最后再要求行动。这个阶段要注意以下三个规则。

A. 简短有力地陈述重点

要十分明确地告诉听众，你要他们做些什么。人们通常只有在清楚理解事情之后，才会采取正确的行动。因此你最好先问自己，你究竟要听众在听了你的例证之后，他们应采取什么行动？把你的主张写下来，句子愈简短愈好，就像电报文一样。尽量让文字简洁、清楚、明确。不要说："请帮助我们孤儿院的病人"，那太不着边际了。应该说："今晚就登记参加下个星期天的郊游野餐，我们有25名孩童需要照顾。"要求采取公开行动是很重要的——一个见得到的行动要比无数的精神行动好得多。举例来说，"不时要想念你们的祖父母"，这样的话实在太不明确，不知该如何采取行动。如果改成："在本周末拜访你的祖父母"，就清楚多了。而像"要具有爱国情操"这类语句，也该改成："请下星期二前往投票。"

B. 使重点明确易于操作

无论你所谈论的主题是否会引起争论，演讲人都必须把自己的主张陈述出来，以便使听众能容易理解并采取行动。最好的方法便是让你的主张明确而又具体。假如你要听众加强记忆姓名的能力，不要说："现在开始加强你们对姓名的记忆力。"那样实在虚无缥缈，让人很难去实践。最好改成："下次你见陌生人的时候，要在5分钟内，把这人的姓名重复默念5次。"

能够把付诸行动的主张详尽告知听众的演讲人，要比那些只泛泛提及的演讲人更能鼓励听众采取行动。比如说："请各位到讲堂后面，在慰问卡上签名"，就比只提醒听众送张卡片或寄封信给住院的班上学员要有效多了。

至于陈述主张时到底是采取肯定还是否定的说法，则需看你如何从听众的角度去看这件事。并不是所有否定的说辞都效果不好。像要规劝听众避免某些态度或做法，否定的说法说不定就更具说服力。像几年前一则促销灯泡的广告："别当一个抢灯泡的人"，采用的就是否定的说法，效果也相当不错。

C. 满怀信心地陈述你的主张

所谓"主张"，就是指你整个谈话的主题，或是观点、要点。因此，你必须竭力推销自己的某个主张，尽力说服听众接受它。就像报上的标题使用醒目的黑体字一样，你的主张也该通过声调和有力的语气来加强听众的印象。这是你留给听众的最后印象，所以要尽量使听众能感受到你的诚意。在陈述主张的时候,绝不能显出犹豫或胆怯的态度。这种说服性的态度要一直持续到最后,这就到了"魔术方程式"的第三阶段。

3.讲出理由或听众可以获得的利益

在这个阶段要陈述理由,简明扼要仍是主要的原则。这时你要给予听众动机,并让他们得到回报,使他们愿意接受你的论点,做你要他们去做的事。具体来说要注意以下几点。

A. 使理由与事例紧密相关

我已经多处提及当众讲话的动机。这是个大题目,而且对任何"劝说听众采取行动"的谈话都极为有用。在这里,我们所谈的只是有关简单的谈话,因此你所要做的,只是利用一两句话来强调听众可以从中获得的好处。但最重要的是,你所提及的好处必须与所举的例子有关。举个例子,假如你告诉听众,自己如何因买二手车而省下一笔钱的经历,因此你要鼓励听众买一部二手车。这时,你必须强调的是,假如他们买了二手车,会在经济上有什么好处。如果你谈的是二手车的设计如何好过新近的车型,等等,那就文不对题了。

B. 你的理由有且只有一个

许多推销人员可以告诉你一大堆理由,以说服你必须买他们的产品。所以你也应当可以准备许多与例证有关的理由,以随时准备补充你的论点。但最好是找出一个最适当、最特殊的理由来作为你整个论点的证据。你向听众所讲的最后几句话,应该就像一份高水准杂志上的广告词一样干净利落。假如你能好好研究这些经由许多智慧结晶的广告,相信一定能增进你如何陈述主张和理由的技术。通常情况下,一次广告只能推销一种产品或一个观念。在发行量很大的杂志里,很少有广告一次使用很多理由来说服读者购买产品。同样的公司很可能会在不同的媒体上做不同的宣传,但很少在同一则广告当中做不同的宣传。

假如你仔细地研究这些广告,而且分析其内容,你会很惊奇地发现,这些广告时时都应用"魔术方程式"在说服受众购买产品。

　　当然你还可以采用许多方法来列举例证，如展示样品、示范表演、引用权威人士的言论、比较、引用统计，等等。在短时间的劝说性演讲中，截至目前，"魔术方程式"仍是最简易、最有趣、最富戏剧性因而也最具说服力的演讲方式。

说明情况的演讲

有一次,某位高层政府官员应邀到参议院的一个调查委员会做报告。他没什么演讲技巧,只是不停地讲了又讲,不但语意模糊,思路不清,而且讲话没有重点,让人听了不知所云。各位委员听得一头雾水。最后有位来自北卡罗来纳州的议员萨莫尔·欧文抓住机会站起来讲了一席话。他说,这位官员使他想起了一对夫妻的故事。

有位先生通告律师为他办理离婚手续。当然,他不否认这位妻子长得漂亮,烹饪手艺也不错,还是个模范母亲。

"那你为什么要同她离婚呢?"律师问道。

这位先生回答道:"因为她整天话说个不停。"

"她都说些什么呢?"

"问题就在这里。"先生又说,"她从来没讲清楚什么。"

这就是问题所在。许多演讲者,不分男女,常常没有使听的人弄清楚他们到底在说些什么,他们从来没有把自己的意思表达清楚。

现在,我就要告诉你如何在向他人告知某一信息的时候,能准确而清楚地将之表达出来。

每天,我们都要发表好几次通告式的谈话,以指示别人如何做某件事、说明或报告某件事,等等。能清楚表达自己思想的能力,其实比劝服别人采取行动的能力更为重要。美国著名企业家欧文·杨便极力强调,在现代社会里,能清楚表达自己思想的能力已成为一种必要。他曾说,当一个人想竭力促使别人了解自己的时候,其实也打开了通向实用的大门。不错,在当今这个社会里，人愈来愈需要与他人合作，因此，也愈来愈需要彼此了解。语言是传递信息、增进理解的主要工具，所以，我们必须懂得如何去运用它——不仅是简单地运用，而应是有区别地、视情形而定地灵活使用。

拉威格·韦泽斯坦曾说过：一件事，若能被思考，必能被思考得很清楚；一件事，若能被讲出来，也必能被讲得很清楚。

下面将提供一些建议，以帮助你领会语言的运用，使听众能充分了解你。

1. 限制时间以配合演讲主题

威廉·詹姆斯教授在对教师们的谈话中指出，在一场演讲当中，最好限定自己只讲一个论点。他所指的一场演讲，是指持续达1个小时的演讲。但最近，我听见一位演讲人在开始时便宣称，他要在指定的3分钟内，提到11个论点，也就是每个论点只分配到16秒半！这真是难以想象！有谁会觉得这个主意不错，但是这个例子很特别，如果情况没有这么严重，对任何新手来说，论点太大也注定要出差错的。这就好像旅行导游想在1天之内带领观光客游遍整个巴黎一样。

当然这也不一定不可能，我们当然可以在30分钟之内走遍"美国历史博物馆"，但是其结果一定是既看不清楚，又无乐趣可言。许多演讲之所以讲不清楚，就是因为演讲人企图在指定的时间内创下世界纪录。他急切地从一个论点跳跃到另一个论点，好像高山上的羚羊一样，非常敏捷快速。

假定你现在应邀到"劳工联盟"发表演讲，千万别想在短短的3分钟或6分钟之内告诉他们，联盟何以诞生、如何雇佣员工、完成了些什么任务、做了些什么不对的事，或是解决了哪些纷争，等等。不，这样不行！假如你执意如此，那么没有人会对你所讲的东西有十分清楚的概念，他们甚至会被弄得糊里糊涂，对每个主题都只有模糊的轮廓，没有清楚的内容。

所以，假如你只选择一个主题，而且仅此一个，这不是要显得更聪明些吗？你可以就劳工联盟的题材选出一个问题来谈，然后收集尽可能多的资料，描述得详尽一些。这样的讲话可让听众留下更深刻的印象，如此不但能使主题清晰明了，而且更容易记在心里。

有一次，我到一家公司拜访他们的总经理，发现他办公室门上标着一个奇怪的名字。那家公司的人事主任是我的老朋友，便告诉了我那个名字的由来。

"他的名字可以说与他本人相得益彰。"我朋友说道。

"他的名字？"我问道，"难道他不是控制这家公司的琼斯家族中的一分子吗？"

"我指的是他的外号。"我朋友回答，"我们都叫他'在何方'先生。因为我们常常找不到人，不知他在哪里。他的职位是琼斯家族给他的，他根本不用操心去了解整个公司的经营状况。他每天留在公司里的时间总是很长，但都在做些什么呢？他一下跑到这里，一下又跑到那里，每个地方都去。他认为有些事很重要，比如，看看营销部人员修理电灯，或看速记员如何挑选纸夹等，而不去研究销售计划这一类的事，他不会经常留在办公室里，因此才得到'在何方'这样的雅号。"

"在何方"不禁使我想起，有许多演讲人不也正是这样吗？他们原本可以做得更好，只因没有抓住原则，反而弄得吃力不讨好，就像"在何方"先生什么琐碎事都管一样。你有没有听过这样的演讲呢？你是不是会在这样的演讲当中疑惑地问："他现在究竟在何方呢？"

许多有经验的演讲人也时常犯下这种错误，也许是因为他们在其他方面的能力使他们忽略了这些错误的严重性。你千万别像他们一样，一定要把握主题。假如你要使听众对你所讲的东西清楚明了，一定要让他们随时想到："我了解这个人，我知道他现在在何方！"

2. 把概念弄得有条理

差不多所有的题材都可以因恰当的安排而增强演讲的感染力。这包括时间、空间，或特殊话题的安排等。

举例来说，在时间安排方面，你可以把题材就过去、现在、未来的顺序进行安排；或是先选定一个日期，然后就这个日期向前或退后叙述。此外，所有对事件的说明必须由第一手资料开始，然后经过各种制作过程而生产出成品。当然这其中到底应安排多少细节，应视你所拥有的时间而定。

在空间安排方面，你可以把自己的概念先由中心点开始，然后逐渐向外拓展，或是依着方向，如东、西、南、北等逐次介绍。比如你想介绍美国首都华盛顿，不妨由白宫谈起，然后依着方向，按顺序说明每一个值得介绍的地方。又假如你想介绍飞机引擎或汽车，最好也是按照它们的零件构造，逐一说明。

有些题材具有一种"既定关系"，比如你现在想介绍美国政府的组织设置，则最好依着这个组织的习惯构架来讨论，如行政机关、立法机关、司法机关等。

3. 依次说出自己的要点

要想让整个演讲在听众心中留下鲜明简洁的印象，最简单的方法就是，在你说明的过程当中，把要点一个个地列举出来。

"我的第一个要点是……"你可以像这样简单明了地说出来。在你讨论自己的论点的时候，可以明白地向听众宣示这是你的第一个论点，然后是第二、第三……一直到结束为止。

拉尔夫·布切博士在担任联合国秘书长助理的时候，有次应邀到纽约罗切斯特的市政俱乐部发表演讲。他直截了当地这么说道：

今晚，我被选来讲述"人际关系的挑战"，"其理由有二。第一……"然后，他又接着说："第二……"在整个演讲过程中，他都极其注意地让听众逐一了解他的论点，然后才步入结论。

因此，我们千万不要对人类行善的潜在力量失去信心。

经济学家保罗·道格拉斯也喜欢采取同样的方法。只是有点小小的改变：

"我的主要重点是……"他这样开始,"刺激经济复苏最简捷有效的方法是:减少中下阶层的课税——因为这些阶层通常都会用尽所有的收入。"

"尤其……"

"接着……"

"还有……"

"其中有三个主要原因。第一……第二……第三……"

"总而言之,我们必须加紧减少对中下阶层的课税,如此才能增加群众的购买力。"

4. 用大家熟悉的观念阐述新观念

有时候你会觉得自己很难向听众解释某些观点。这些观念对你来说,毫无疑问是相当清楚的。但对听众来说,却需要你花费一番口舌才能使他们弄明白,甚至有的怎么也弄不明白。这该怎么办呢?最好的方法是用听众熟悉的东西来作参照,这样听众就更加容易接受、也更加清楚了。

假定你现在要讨论一种化学品——催化剂对工业的贡献。这种物质能促使其他物质发生变化,而本身却不受影响。这是我们对它通常的解释方法。但假如你换成另一种解释,岂不是更容易懂吗?你可以说,这就好比有个男孩,在学校操场上捉弄、殴打或欺负其他的小孩,自己却从来没有挨过别人一拳。

有些传教士在异地传教的时候,经常发现很难把圣经上的某些词句妥帖地用当地语言讲述出来。如在赤道非洲地区,以下的句子若仅照字面解释,就很难让当地土著人完全明了:"虽然你们的罪孽如血一般殷红,仍可以将它洗涤得如雪一般洁白。"那些传教士是否照着字面来翻译呢?那些生长在热带丛林的土著,怎么可能知道雪是怎样的白呢?但是,那些土著却常攀上椰子树去摘取椰子果,因此传教士便把上面的句子改成了这样:"虽然你们的罪孽如血一般红,却可以将之洗净得如椰肉一样白。"

作了这样的改变以后,其说服力不是更强吗?

5. 用图像表达使事件通俗易懂

月亮离地球有多远呢？还有太阳呢？其余的星球呢？科学家通常喜欢用数字来回答许多太空遨游之类的问题。但是，谈论科学题材的演讲人或作家，却知道这很难使一般听众和读者有个清晰的概念，因而最好把这些素材图像化。

著名的科学家詹姆斯·吉恩斯博士对人类渴望探索太空的心理特别感兴趣。身为一名科学专才，他也知道数学在这方面的重要性。所以在写作有关这方面的文章，或演讲有关这方面的题材时，也都会偶尔使用一些数字进去。

太阳（恒星）和其他环绕着我们的星球，由于距离我们很近，因此，使我们很难体会其他非太阳系的星球究竟离我们有多远。吉恩斯在其著作《环绕我们的宇宙》一书中指出："甚至连距离我们最近的恒星，也距离我们有250 000亿英里之遥。"然后，为了使这个数字更具体一些，他如此解释：假如一个人用光速（每秒18.6万英里）从地球出发，则只需用40年便能到达该恒星。

好几年前，有位训练班的学员描述过在高速公路上所发生的惊人伤亡记录："你从纽约开车到洛杉矶。一路上，高速公路上的路线标记不见了。想象地面上耸立的是一具具的棺木，里边躺着的是去年在公路上因车祸致死的人。你开车向前走，每隔5秒钟便发现一具棺木，一直从大陆的这一头码到另一头。"

自从听了这个描述之后，我以后开车从不敢离家太远。

为什么会如此呢？因为我们单从耳朵听来的印象并不容易留存。但眼睛的印象呢？几年前，我在多瑙河畔见到一颗炮弹，嵌在河堤上的一座老房子上——那是拿破仑在"乌尔姆之役"时所发射的炮弹，视觉印象就如同那颗炮弹一样，会产生可怕的冲击力，嵌入我们的记忆里，并驱逐所有不利的建议，就像拿破仑驱逐当时的奥地利人一样。

6. 尽量避免使用专业术语

假如你是专业性的技术人员，如律师、医师、工程师，或从事特殊的商业买卖，在你面对一般听众演讲的时候，请记住用一般的日常用语，必要时还需详细解释一下。

你一定对此要加倍小心，因为我听过无数次专业性的演讲，有许多人就是没有注意到这一点而导致失败。这些演讲人完全没有注意到一般大众并不清楚那些特别用语，于是他们的演讲弄得听众满脑子糊里糊涂、不知所云。

那么，当你做专业性演讲的时候，该怎么办呢？以下是印第安纳州前参议员比威利齐的建议，你可以作为参考。

当你开始演讲的时候，不妨从听众当中选出一位看起来最不聪明的人来当做对象，然后努力使那个人对你所谈论的东西发生兴趣。我想，只有把你的论点讲得通俗明白，才会收到良好的效果。还有个更好的办法，就是从听众当中选出一个小男孩或小女孩，这样效果会更好。

告诉自己，若是大声讲出来让听众知道，你要尽量使那个小孩明白你所讲的话，并记住你对许多问题的种种解释。而且在演讲之后，还能说出你究竟讲了些什么话。

在训练班里有位医师，他有一次就"腹部呼吸对肠蠕动有何帮助，以及对身体健康有何益处"这个题材发表演讲。他正滔滔不绝地从一个医学名词讲到另一个医学名词，却马上被老师制止。老师要他先调查班上的学员当中，究竟有多少人知道腹部呼吸，腹部呼吸与一般呼吸有什么不同；何谓肠蠕动，腹部呼吸与肠蠕动有什么关系等问题。调查的结果使那位医师大为吃惊。于是他不得不重新来过，把一些医学名词用简单明了的日常用语解释清楚。向听众说明专业性用语时，最好的方法就是用简单的例子来做比较。举个例子：你现在要向一群家庭主妇说明冰箱除霜的原理。以下的说法显然过于深奥难懂：

冰箱的功能是建立在"由蒸发器把冰箱内部的热气抽出"的原理上的。一旦热气被抽出，伴同热气的水蒸气便附在蒸发器上，以致逐渐堆积成霜，而形成绝缘体。此时，蒸发器就必须加速引擎的转动，才能弥补因结霜所造成的绝缘后果。

如果把上面的说法改成一般家庭主妇所熟悉的用语，相信就更容易明白了：

你们都知道冰箱内放肉的冷冻库，也都知道冷冻库里常常结霜。这些霜会愈结愈厚，最后就必须清除，以保持冰箱的冷冻效果。冰箱里所结成的霜，就好像你在床上所盖的毯子，或像房屋墙壁里用来隔绝温度的石棉一样。现在，一旦冰箱里的霜愈结愈厚，里面的热气就愈来愈难抽出来，冰箱也就愈来愈难保持冰冷的状况。这时，冰箱的马达就必须更用力才能把热气抽出。假如你的冰箱有自动除霜装置，冰箱也就能维持更久的生命。

亚里士多德曾说："思考时，要像一位智者；但讲话时，要像一位普通人。"假如你不得不使用专业用语，就得先详细说明一下，并确定听众都明白那些用语的意思。尤其是碰到一再使用的关键字，那就更得留意了。

有一次，我听一位股票经纪人向一群妇女发表演讲，介绍有关银行的业务和一些投资项目。他用简单朴实的语言解释，而且采用对话方式，使整个谈话显得十分轻松，内容也很详细清楚。只是他有些基本用语仍然十分专业，如"票据交换""特许权的买卖""长短期股票买卖"等。由于这位股票经纪人没有察觉到听众并不清楚这些专业用语，致使原来应该很成功的演讲，打了很大的折扣。

当然，你没有必要故意免去一些关键的专业用语。只要在用到的时候，记得说清楚便是。

7. 利用视觉辅助工具

由眼睛通向大脑的神经，要比由耳朵通往大脑的神经多上好几倍。而且科学也证明，我们经由眼睛所赋予的注意力，要比经由耳朵所赋予的注意力超过25倍。

日本有一句古谚语："见一次，要比说上一百次有效得多。"

所以，假如你想让听众能有一个清楚的概念，就要把你所说的内容直观化。国家现金登记公司的创始人简·帕德森便一向主张如此。他为《系统杂志》写了一篇文章，告诉读者他是如何向同僚与员工讲话的。

我认为很难单靠讲话而让人清楚了解你的意思，或长期保持注意力。我们需要利用一些工具。无论什么时候，尽可能用图片来显示你的观点和内容。一般说来，统计表要比文字更加直观，而图画又比统计更具说服力。理想的说明方法是把题材图像化，文字仅用来串联组合那些图像。这是我长年与人接触所发现到的方法。一幅图画，有时要比千言万语有用得多了。

假如你采用图表或统计图，一定要准备得大一点，使每人都能看得清楚。但也不要做过头了，接二连三的图表往往让人生厌。假如你是一面讲解一面画图表，一定要动作迅速简洁，别慢慢吞吞、拖泥带水。听众们需要的是简单易懂的图表，而非精致的艺术品。尽量使用简称，文字要大，不过于潦草；可一面讲一面画和写，并不时转过头来面对听众。

当你采用这种展示性的演讲时，请记住以下这些建议，可使你大大地吸引听众的注意力：

a. 把准备展示的东西拿开，直到用时才拿来用。

b. 展示的东西要让后排的每个人都看得清楚。

c. 别在讲话当中传递展示品，那会使听众转移注意力。

d. 展示物品时，要直立高举起，务必使每个人都见得到。

e. 动态的展示要比静态的展示让人印象深刻。示范表演便是很好的展示方法。

f. 别看着展示品讲话。记住，你要沟通的对象是听众，而非展示品。

g. 如果可能的话，展示品一展示完毕，便立刻收起来。

h. 在使用展示品之前，不妨略具"神秘性"。可将展示品置于身旁的桌子上，用东西盖起来，如此可引发听众的好奇心和兴趣。

第四章 不同类别的演讲概念

视觉器材在加强演讲的明确性方面，越来越显得重要。要想让听众了解你心中所想的，与其用言词告诉他们，不如用展示的方法更加有效。

有两位前任的美国总统，都是善于演讲的大师。他们都认为，要把事情讲得清晰有条理，唯有靠不停的苦练。林肯说，我们必须具有一种追求明确的热忱。他曾告诉诺克斯大学的校长格利弗，说明他是如何在孩提时代追求这份"热忱"的：

在我的孩提时代，每当有人同我讲话，而我却不明白他的意思时，就会使我苦恼万分。没有别的事比这更让我生气。记得每天傍晚，在听过邻居与我父亲谈过话之后，我独自回到我的小房间时，整个晚上都翻来覆去睡不着觉，就是想要弄清楚那些大人的谈话究竟是什么意思。我把一些谈话内容想了又想，直到能用一般男孩所能理解的语言说出来为止。这就是我追求明确的热忱，至今仍丝毫不减。

另一位杰出的总统是伍德·威尔逊，我也把他的话节录于下：

我父亲是个精力很旺盛的人，他丝毫也不能忍受含糊不清的谈话。我所受的最好训练都得自于他。也就是从那时起，我开始练习写作，直到1903年他去世时为止。父亲死时享年81岁，所有我写给他的东西，至今仍都保存着。

父亲常要我把写出来的东西大声念给他听，这是我最感痛苦的事。因为他常常会打断我的话，问我："这句话是什么意思？"我于是得用更简单的话把纸上的文字解释一番。父亲就会问我："那么，你原先为什么不这么写呢？"他还说："开枪别用打鸟用的散弹，效力不大又弄得满村皆知；要用来福枪，然后一枪打中。讲话也是如此。"

说服性演讲

一次,一群男士和一群女士竟发现自己置身于风暴的通路上。其实,倒不是真正的风暴,但也可以这么比喻了。说简单些,这个风暴就是一个叫毛里斯·高伯莱的人。以下是那群人的讲述:

我们围坐在芝加哥的一张午餐桌旁。我们素闻此人大名,听说他是个雷霆万钧的演讲者。他起立讲话时,人人都目不转睛地盯着他。

他安详地开始演讲了(他是个整洁、文雅的中年人)。他首先感谢我们的邀请,他说他想谈一件严肃的事,如果打扰了我们,请我们原谅。

接着,他像龙卷风一样吹起来。他倾身向前,双眼将我们牢牢地盯住。他并未提高声音,但我却觉得他像一只铜锣一样轰响。

"往你四周瞧,"他说,"你们彼此互相看一下。你们可知道,现在坐在这间房里的人,有多少将死于癌症?55岁以上的人中每4个人就有1个。4个人中就有1个!"

他停下来,脸上光亮起来。"这是件平常却很严肃的事,不过却不会持续下去,"他说,"我们可以想办法,这个办法就是谋求进步的癌症治疗方法以及研究他的肇因。"

他凝重地看着我们,眼光绕着桌子逐一移动。"你们愿意协助朝向进步努力吧?"

在我们脑海中,这时除了"愿意"之外,还会有别的回答吗?别人也有同我一样的感觉。

1分钟不到,毛里斯·高伯莱就赢得了我们的心。他已经把我们每一个人都拉进他的话题里，他已经使我们站在他那一边，投入到他为人类幸福而进行的运动中去。

无论何时何地，获得听众赞同的反应，是每位演讲者的目标。高伯莱先生有极佳的理由让我们产生这种反应。他与自己的兄弟那桑，白手起家，成就了一项连锁性百货销售事业，年收入超过1亿美元。经历常年艰辛之后，他们终于获得了神话般的成就，不料那桑却只病了很短的时间，就因癌症离开了人世。事后，毛里斯特意安排，让高伯莱基金会捐出了首次的100万美元，给芝加哥大学的癌症研究计划，并将自己的时间——他已自商场退休，全数致力于对抗癌症工作的关注。

这些事实加上高伯莱的个性，赢取了我们的心。真诚、热切、热诚——这是火样的决心，使他把自己给我们几分钟，就如他长年累月地把自己献给一个伟大的目标。所有这些因素横扫过我们，让我们产生一种同意于演讲者的感情，一种对他的友谊与一种心甘情愿、甘为所动的愿望。

1. 以真诚赢取信心

古罗马雄辩家昆提连称演讲家是"一个精于讲话的好人"，他说的是真诚与性格。本书已经说过和将要说的一切，无一能取代这种必要的性质。皮尔庞·摩根曾说，性格是获取信任的最佳方法，而它同时也是获取听众信任的最佳方法。

"一个人说话时的那种真诚，"亚历山大·伍科特说，"会使他的声音发出真实的异彩，那是装模作样的人装不出来的。"

当我们谈话的目的是在说服时，尤需发出坚定不移的内在光辉来宣示自己的意念。我们必须先让自己被说服，然后才能设法说服别人。

2. 得到听众的赞同的方法

前西北大学校长沃尔特·斯科特说过："一个新的想法、观念或结论往往在刚提出来的时候被视为真理，除非它得到一种对立观念的阻碍。"这句话说明了我们应该如何让听众对你产生一种认同心理。我的好朋友哈利·奥维奇博士,曾在纽约社会研究学校发表演讲,探讨这个说法的心理背景:懂得说话技巧的人,会在一开始就从听众那儿得到许多"是"的反应。这样可以引导对方进入肯定的方向。就像撞球一样,原先你打的是一个方向,但只要一稍有偏差,等球砸回来的时候,就完全与你所期待的方向相反了。

在这里,心理的转变方式可以看得很清楚。当一个人真正说"不"的时候,他不仅仅只是说一个"不"字而已,他全身的所有组织——内分泌腺、神经、肌肉,都会进入一种拒绝状态。但假如他说"是",这些拒绝状态便都消失,全身的组织则都呈开放、接受的态度。因此,假如我们能在谈话一开始获得越多"是"的反应,则越有可能使对方接受你的整个意见。

获得听众的"是"反应,这是个很简单的技巧,却为大多数人所忽略。也许有人以为,一开始便提出自己的相反意见,正可以显示出自己的重要与主见。事实上,这有什么好处?假如你只是想得到一些斗嘴的乐趣,或许可以这么做,但假如你想达到某些目的,这么做便显得愚不可及了。

无论是学生、顾客、小孩、丈夫或妻子,一旦开始说了个"不"字,就是智慧天使也很难把逆势扭转过来。

那么,如何在谈话开始便得到观众的赞同反应呢?十分简单。林肯曾说道:"我的方法是,首先你得先找出一个彼此都会同意的基准点。"林肯发现,即使在讨论极为敏感的奴隶问题时,这个方法仍然有效。在一份描写林肯谈话的报告书曾提到:"在最初的半个钟头,他的对手都同意他所说的每个字。从那时起,他便开始一点点把话题引至他所要涉及的方向,而且完全在他掌握之中。"

所以,与听众持不同说法,只会诱发他们原本固执的个性,并开始进行自我防卫,一旦这样你就很难改变他们的想法了。假如你一开始便说:"我要证明这个或那个。"听众就会产生反感并在心里说:"让我们走着瞧吧。"

假如你一开始就强调你和听众都相信的事实,然后逐渐提出一些适当的问题,使每个人都愿意回答,这不是更为有利吗?引导听众回答这些问题,与他们一同寻找答案,在共同寻求答案的过程当中,使他们不知不觉地接受你的结论，这样他们会对你所提出的事实更具信心。"最好的争论方法，看起来就只像是一场说明。"

在许多争论当中、无论双方的差异有多大，通常都可以找到双方同意的基准点。例如，1960年2月3日，英国首相哈罗德·麦克米伦到南非联邦的国会发表演讲。那时，南非仍然实施种族隔离政策，因此麦克米伦首相在南非的立法院表露了英国对种族政策的看法。他是不是一开始就反对这种政策呢？不。他一开始便强调南非在经济上所取得的许多成就，对世界其他地区的贡献，等等。然后才极富技巧地把问题引至不同的观点上。即使如此，他还是不断表示，这些差异点都是基于彼此不同的信念。以下是他演讲内容的节录。

身为大英王国的一位公民，我们极其愿意对南非献出我们的支持和鼓励。但恕我直言，你们有许多政策实在很难让我们支持和鼓励你们。在我们的国土上，我们一向致力于谋求政治地位的平等。我知道我们不该彼此居功或互相责难，而应以朋友相互对待。事实是，在当今这个世界，我们彼此仍存在着许多见解上的差异。

无论你的看法与演讲人有多大不同，上面的讲法，由于演讲人所表现出来的公正态度，应该很有可能使你接受他的观点。

假如麦克米伦首相当初不是先寻找共同点，而是一开始便大肆强调双方的差异，那结果会如何呢？詹姆斯·罗宾森在其《制造中的心灵》一书中，针对这个问题提出了心理学上的答案：

有时候，我们发现自己可以毫不困难地改变自己的思想。但是，假如别人跑过来告诉我们错了，我们必定要起来表示愤慨，并且更加坚定我们的决心。

关于许多信仰，我们对其形式或组织其实并不大注意。但假如有人极力想改变或破坏，我们就会发现自己竟然对这些信仰充满热忱。很明显，倒不是这些信仰的内容多么吸引我们，而是我们的自尊不容受到伤害……"我的"这两个字，是人类事务当中最重要的词汇，可能也是人类智慧的起源。无论你是讲"我的"晚餐、"我的"狗、"我的"房子，或"我的"父亲、

"我的"国家、"我的"神,等等,这两个字都具有同等的威力。不仅是别人指出我们的手表出了差错,或我们的汽车破旧不体面等引起我们的愤慨,甚至像某些观念,如火星上面的线条、某某字的发音或是水杨酸的药效等,若有人指出"我的"看法不对,同样会引起我的愤慨。我们喜欢相信一些习以为常的东西,若有人对这些信仰提出质疑,不但会引起不快,我们还会找尽各种理由去维持我们固有的信念。

3. 以带有感染性的热诚来讲述

假如演讲人在介绍自己的观念时能更加富有感性,并把自己的热忱传递给听众,通常是不会引起对立看法的。我所谓的"传染性的热忱"指的就是这一点。这种热忱会把一切否定和对立的观念搁置一边。假如你的目标是在说服听众,请记住,鼓励大家的情绪要比引发思考有用得多。情绪要比冷静的思维更具威力。要想把群众的情绪鼓动起来,演讲人必须把自己的热情传递给听众。无论他讲的是否虚构,无论他的内容是否东拼西凑,无论他的声音与手势是否运用得当,假如他讲得不够真诚,一切便都显得空洞而虚有其表。如果你想给听众留下一个好的印象,你必须先给他人留个好印象。你的精神会通过眼睛发出光芒,通过声音释放热情,也经由一举一动展现自己,与听众直接沟通。

每次你开口讲话,而且目的是要说服对方,则你的所有表现都会影响到对方的态度。假如你表现得不起劲,你的听众也不会起劲;假如你的态度随便或不够包容,你的听众也会如此。亨利·华德·比彻曾说过:"假如教徒在听道的时候睡着了,只有一样事情可以做——给教堂管理员一根尖细的木棒,要他马上给传道人戳上一记。"

我曾应邀到哥伦比亚大学颁发一个演讲比赛的奖牌。当天连我在内,共有3个裁判。参加比赛的大学生约有六七名,每个人都受过良好的训练,并且准备在当天好好表现一番。美中不足的是,他们的全副精力都用于去赢得那面奖牌,却忽略了真正去说服听众。

他们所选择的题目显然并非个人的兴趣,而是基于演讲技巧的发挥。因此一系列的谈话只不过是演讲艺术的操练而已。

只有一位来自祖鲁的王子是个例外。他演讲的题目是《非洲对现代文明的贡献》。他所讲的每个字都充满强烈的感情，而不仅仅是演讲技术的操练。他所讲的都是活生生的事实，完全出自内心的信念和热忱，他好像成了祖鲁人民的代表，在为自己的土地发言。由于他的智慧、高尚品格和善意，他向我们传达了那块土地人民的希望，并祈求我们的了解。

我们把奖牌颁发给了他。虽然他在演讲技巧上还不能跟其他二三个人相比，但他的谈话充满了真诚，燃烧着真实的火焰。同这一比，其他人的演讲都只不过像煤气炉微弱的火苗而已。

4. 向听众表示尊敬和关爱

诺曼·文森特·皮尔博士曾如此说道：

人的性格当中，都有一个共性：需要得到他人的爱和尊重。每个人的内心深处都有一份价值意识，他们希望被看重，希望维护自己的尊严。如果你伤害了这些特质，你就永远失去了这个人。因此，假如你用自己的爱和尊重对待一个人，不但能使他变得茁壮，他也会以爱和尊重来回报你。

有一次，我和一位娱乐界人士参加一个节目。我与这位娱乐界人士相交并不深，但自从参加那次节目之后，我知道他颇难相处，也知道原因何在。

那天，我一直安静地坐在他旁边，等候演讲的时刻来临。"你很紧张，是吧？"他问道。

"是啊！"我回答，"每次我要站起来演讲的前几分钟，都会有点紧张。我一向尊重每一位听众，也尽量不让他们失望，因此不免就会紧张。难道你不会吗？"

"没什么好紧张的。"他回答，"听众很容易爱上各种东西，他们只不过是一群笨蛋！"

"我不这么认为。"我说，"他们是你至高无上的裁判，我还是尊重他们每一个人。"

后来,皮尔博士听说这人的名气逐渐衰退。他知道,那是由于此人本身的态度所致。

这对一个准备开始演讲的人来说,是个多么有益的警示!

5. 以友善的方式开始

有位无神论者要威廉·佩里承认,宇宙中并不存在什么超自然现象存在。佩里一语不发地取出随身佩戴的挂表,打开盒面,然后说道:"假如我告诉你,这些杠杆、齿轮和弹簧都是自己形成的,而且自己聚合在一起,开始很有规律地运作,你一定会以为我疯了。现在看看那些星星,每一颗都按照一定的轨道运行——卫星和行星环绕着恒星运行,每天的速度超过了100万英里。每一颗恒星都有一群环绕着它的星群,自成一个星系,就好像我们这个太阳系一样。它们如此有规律地运行,不会互相碰撞,不会互相妨碍,更不会走错地点。一切是那么安静、有秩序、有效率。你比较相信这是偶然的存在,或是有一种超自然力使它们如此呢?"

假如佩里先生一开始便用话反驳这位无神论者,如:"什么,没有神?别蠢得像只驴一样。你知道自己在胡说些什么吗?"你想结果会如何?毫无疑问又是一场唇枪舌剑,既暴烈,又无效。那位无神论者会像一头暴怒的野猫一样,用恶毒的话回敬一番,尽力想维护自己的主张。为什么呢?因为就如同奥维奇教授所指出的:那是"他的"主张。他宝贵的、绝对必要的自尊受到了伤害,他的尊严濒临危机了。

尊严在人的本性中是个极富爆炸性的特质。所以,假如我们能使这个特质与我们合作,不是比让它与我们作对要好得多吗?但要怎么做呢?就像佩里教授所说的,向你的对手显示,你的意见和他信仰的某些观念很类似,他便不会拒绝你的意见了。这个方法一般不会引起对方产生对立的情绪和意见。

佩里教授对人类心灵的运行相当理解。一般人通常缺乏这种敏感性,以致很难进入对方充满防卫力量的根据地。一般人通常有个错误观念,以为要进入那个根据地,就必须发动正面的攻击,猛烈摧毁那块基地。但结果如何呢？对方会开始产生敌意，心灵也开始关闭封锁起来了。然后穿着铠甲的武士抽出长剑——一场言语之战就开始了，双方都不免伤痕累累。结果通常是两败俱伤，谁也没法说服谁。

我所主张的方法并没有什么新意，古时的圣保罗便采用了这个方法。他在马斯山向雅典人发表的那篇有名的演讲，便很熟练、很巧妙地引用了这个方法，因而得以永垂不朽。

保罗是个受过系统教育的人，改信基督教之后，他的演讲才能对传播教义大有助益。一日，他来到雅典，那时，雅典已经度过了鼎盛时期，开始衰落。圣经上描述这时的情形是这样的：雅典人和住在那里的异乡人都不顾别的事，只喜欢说说或听听新近发生的消息。

没有收音机，没有电讯设备，没有传播新闻的渠道，那些雅典人不得不每天下午到处去打听消息。这时，保罗来了，这正是他们喜欢的新事务。他们围绕着保罗，既新鲜又好奇，便把他带到阿罗巴古去。他们向保罗说："你所讲的这些新道，我们也可以知道吗？因为你有些奇怪的事传到我们耳中，我们愿意知道这些事是什么意思。"

换句话说，他们是邀请保罗发表演讲，保罗当然很愿意。事实上，这正是他来到此地的目的。于是，他可能站到一块木板或在石头上面，而且就像许多优秀的演讲家一样，一开始都有点紧张。他也许搓搓手，清清喉咙，然后开始发言。

由于保罗并不十分同意那些雅典人邀请他上台演讲的理由，"新道……奇怪的事……"那是有毒的，他必须把这些观念清除掉。这是一块能接受任何不同意见的土地，但保罗仍不愿把自己的信仰描述成一种奇怪、异质的事务。他要把自己的信仰和他们原有的信仰结合起来，这样就能更好地消除对立，让对方接受自己。但要怎么做呢？他想了片刻，灵机一动，便开始了这篇不朽的演讲："众位雅典人哪，我看你们凡事都很敬畏神。"

有些《圣经》版本是这么写的："你们都非常虔诚。"我以为这样说比较好,也比较正确。这些雅典人敬拜许多神祇,而且非常虔诚,他们也十分以此为荣。保罗称赞他们,使他们听了心生欢喜,便与他亲近了一步。这正是有力演讲艺术的重要法则之一。保罗又说:"因为我行经这里的时候,观看你们所敬拜的,我见到一座坛,上面写着:给未识之神。"

"看,这证明了雅典人是非常虔敬,生怕疏忽了任何一位他们所不认识的神祇,便将一座祭坛献给未识之神。这就像某些综合保险囊括了所有可能的保险一样。"保罗提到那座祭坛,表示他的赞美并非阿谀之辞,而是通过观察所得出的结论。

接着,保罗便十分巧妙地引入正题:"你们所不认识而敬拜的神,我现在告诉你们。"

"新道……奇怪的事……"一点也不。保罗只提出一些简单事实,便使得自己的信仰与雅典人的原有信仰联结起来,这种技术实在非常高妙。

他又提到救赎和耶稣复活的事,也引用了一些希腊的诗句,演讲便很圆满地结束了。当然有人不免说些嘲弄的话,但也有不少人说:"我们还要再听你讲这些事。"

所以说,要想说服别人,或想让别人对你的话留下印象,最好的方法就是:把你的观念移植到他们的心灵里,并且避免让对方产生对立的思想。能这么做的人,必能在演讲时发挥极大的力量去影响别人。

你几乎每天都得面对和你意见不同的人,并且就某些话题与人们相互讨论。你是不是想尽力去影响这些人,使他们同意你的看法?无论是在家里、办公地点或其他社交场合都如此?你所使用的方法,是否还有改进的余地?要怎么开始?是要采用林肯模式或麦克米伦模式?果真这么用心,你就真是兼具外交手腕和敏锐判断能力的可贵人才了。请记住伍德·威尔逊总统的话:"假如你对我说:'让我们坐下来讨论讨论。如果我们意见不同,不同之处在哪里,问题症结在哪里?'我们就会发现,其实我们只是在少部分观点上不同,大部分还是一致的。只要彼此有耐心,开诚布公,还是可以步调和谐的。"

即兴演讲

不久之前，一群商界领袖和政府官员，同到一家药商刚落成启用的新药厂去。那里的研究主任指派了六七名部属，一个个站起来介绍他们的研究工作和成果。他们最近刚研究出一种新疫苗，可以抵抗传染性疾病，新的抗生素可以杀死过滤性病毒，还有新的镇静剂可以解除紧张等。这些成品都先用其他动物来实验，然后再用到人身上，效果都十分不错。

"这太好了！"一位官员对研究主任说道，"你这些部属都像神奇的魔术家。但是你为什么不也上台讲几句话呢？"

"我只可以同脚讲话，而不是听众。"研究主任快快不乐地回答。

没过多久，主席道出了一件惊人的事。

"我们还没有听到研究主任发言。"主席说道，"他不喜欢发表正式的演讲，但我相信他一定可以跟我们说几句话。"

这场面真是尴尬。主任只好站起来，简单地说了几句话，并且还向大家道了歉，这就是他整个发言的大概。

像这位研究主任，在他的专业领域里可说是极有成就，却和普通人一样不敢在众人面前开口。实在不该如此，他应该多少学会站起来面对大众即席谈话。在我们训练班里，我还没见到有人会做不到这一点。刚开始的时候，还有人断然拒绝开口。但没多久，只要他下定决心，则无论有什么困难，也一样可以完成任务了。

"假如我好好准备，并且经过练习的话，站起来演讲倒是没什么问题。"你可能会这么说，"但假如是临时被叫起来发言，我就不知道该讲些什么了。"

能把自己的思想整理组合好,甚至比准备冗长的演讲还重要。因为在这个现代化社会里,甚至一般的休闲场合,都愈来愈需要口头上的交流。因此,能够迅速动员自己的思想,并且流畅地用语言表达出来,这种能力确属必要。今天,许多产业或政府的重要计划,通常不是由一个人来决定,而是由许多人在会议桌上决定的。所以,每一个人都必须发言,要站起来陈述自己的意见,如此才能凝聚成团体意见,这就显现出即席谈话能力的重要及其造成的影响。

1. 即兴演讲需要经常练习

每个智力正常并且能适度控制自己的人,通常都能发表得体的、甚至十分出色的即兴谈话。所谓即席谈话或即兴谈话,是指"不假思索地说出来"的意思。有好几个方法可以加强你在这方面的能力,可以让你在临时被要求讲几句话的时候,能很流畅地表达自己的意思。其中有个方法我觉得十分有用,是一位名叫道格拉斯·费班克的电影明星在《美利坚杂志》上发表出来的。它原本是影星间用来训练机智应对的游戏,现简介如下:

我们每个人都在纸条上写下一个题目,然后把纸条折好放进盒子里用力摇。我们请一个人来抽题目,然后立刻上台就抽到的题目发表1分钟的演讲。我们从不用相同的题目。有个晚上,我抽到的题目是《谈灯罩》。你以为这没什么可谈吗?试试看就知道了。

最重要的是,我们每一个人都因这个游戏而获益匪浅,大大增进了我们即席谈话的能力。我们由许多不同的题目增加了不少知识。但更重要的是,我们学会了如何在短时间内,就一个题目去组织思想——我们学会了如何站起来思考。

在我们的训练班里,有好几次机会让学员起来发表即兴演讲。长时期的经验,使我了解这一类的训练有两种效果:

a. 证明班上的学员可以站着思考。

b. 即席演讲的经验,使他们对有准备的谈话更具信心和安全感。他们发现，假如在有备演讲中不幸发生"脑子中空"的意外事故，他们还可以运用即席演讲的技巧来弥补，直到重上轨道为止。

是的，每隔一阵子，班上每个学员都会听到这样的宣布："今晚你们每个人都会拿到一个不同的题目，但要在上台前一刻才知道要讲什么。祝你好运！"

结果如何呢？有个会计师发现自己抽到"谈广告"的题目，而广告推销商则发现自己的题目是"谈幼儿园"；有个老师抽到"谈银行"的题目，而银行家很可能必须谈"学校教学"；一名书记员被分配到的题目是"谈生产"，而生产专家则可能要讲的题目是"谈交通"。

他们会面露难色，表示放弃？不，从没有。他们也并不假装自己是权威，只就自己知识所及，讲些自己比较熟悉的部分。当然，刚开始的时候，大家讲得并不怎么好，但他们毕竟都站起来，都开口讲话了。对某些人来说，这也许不难，但对某些人来说，则的确是桩不容易的事，只是他们都没有放弃，都发现自己讲得比想象中要好得多。他们甚至难以相信自己也能培养出这种能力。

我相信，假如这些人可以做得到，其他人也一样可以做得到——只要具有意志力和信心，而且，你越常练，事情就越变得容易。

另一个用来训练即兴谈话的方法，叫做"接龙"。先由一个学员开始讲故事，然后再由其他人继续接下去。举例来说，第一个学员可能这么开始："有一天，我正驾着直升机，忽然发现一群飞碟逐渐向我飞来。我开始下降，但离我最近的一个飞碟，有个体格瘦小的人开始向我开火，我……"

这时，铃声响了，表示讲话的人到此为止，接下去由第二个学员继续把故事讲下去。等到每个学员都接上自己的部分，往往故事的结局就变成了火星上的水道，或众议员的大厅，等等。

这也是训练即兴谈话技巧的方法。像这一类的练习越多，等到实际需要开口讲话的时候，就越能应付自如了。

2. 随时做好即兴演讲的心理准备

当你应邀做即兴演讲的时候，通常你得就某个主题发表较权威性的谈话。问题在于，你得面对当时的状况，而决定在那么短的时间内要讲些什么。要想在这方面成为能手，最好的方法之一便是随时做好心理准备。当你参加一个会议，你就要想着，假如这时有人要你临时发表谈话，你该讲些什么，你该如何表示拒绝或同意？

所以，我在这里要给你的第一个建议是：在每个场合或每种状况下，随时做好上台讲话的心理准备。

首先，你得要思考，这是困难的一部分。但是，我相信任何一个即兴谈话的能手在准备参加一个聚会之前，都会花上好几个钟头的时间，去分析、研究那个场合的需求。这就好像飞机驾驶员要随时做好准备，一旦飞机发生紧急状况，他就知道该如何处理。即兴演讲的能手，平时就常做练习，这样其实是"非即兴"的了，因为事先都稍有准备。

其次，由于你已经知道了主题，剩下的问题便是如何组织材料，以配合时间和现场状况。即兴演讲的时间通常很短，所以要尽快决定你要用的材料，以配合当时的情况。不用因没有准备而讲道歉的话，这是大家都明白的事，所以，不妨尽快进入主题。

3. 直接进行举例

为什么建议你如此去做呢？主要有三个理由：

a. 你不用再为措辞大伤脑筋。因为来自经验的东西，描述起来比较容易。

b. 你马上可以进入演讲状况，忘掉"第一分钟的焦虑"。

c. 吸引听众的注意。就如我在本书中所讲的，来自实际生活的例证，绝对可以立刻吸引住听众。

听众的注意力，在你开始演讲的第一分钟非常重要。因为沟通的过程是双向的，演讲人对听众的注意力十分敏感，一旦感受到被接受或有期待，就像由听众脑部发出电波一样，演讲人就会尽其所能继续讲下去，以回应听众的注意和期待。如此，演讲人和听众之间便建立起一种融洽关系，这正是演讲能否成功的关键——也是所有沟通过程的关键。所以我要求你们要以举例证开始，便是这个道理。

4. 语言有力而富有生气

本书在前面也提过多次，假如演讲人很有精神，声音强而有力，则你外表的生气会影响到内在的精神力量。你有没有见过有些人在演讲时喜欢用手势？当开始用手势之后，通常讲话也变得流利，甚至语言机智，很吸引听众的注意。生理活动与精神状况关系十分密切，举例来说，我们常用同一个字眼来描述身体或精神上的活动。如："捕获一个观念""抓住某个思想"等。廉·詹姆斯也曾指出，一旦我们的生理充好电，有了力气，也很快就会使我们的精神开始起作用。所以，演讲的时候要完全投入，要讲得活泼有力量，这样必受听众欢迎。

5. 此时此地，马上开始

当有人拍拍你的肩膀，同你说："讲几句话好吗？"或可能事先一点信号也没有——你可能正欣赏节目主持人的言谈，忽然间，你发现他谈的正是你。所有人的目光都朝你的方向投射过来，你还没搞清楚是怎么一回事，却已被选定为下一个即兴演讲人了。

在这种情况之下，你很可能会漫无头绪，不知从何开始。就像史蒂文·李卡克的那位糊涂骑士一样，当他一跃上马背，就"到处乱窜"。现在，这是极需要镇定的时刻。不妨先深吸一口气，并且注意聚会的性质和特点，以决定你要讲些什么。通常，听众最感兴趣的是自己本身。所以，至少有三个方向可以作为你谈话内容的来源：

第一是听众本身。请记住，这是最简易的方法。讲一些与听众有关的事：他们是什么样的人，都做些什么事，尤其对社区或人类有什么贡献，等等，用具体的例子来说明。

第二是场合。你当然知道这个聚会因何举行？是纪念会？颁奖典礼？年度聚会？还是政治性聚会？

第三是假如你在这之前曾注意听讲，提及或赞美其他演讲人也是很好的材料。凡是最成功的即兴演讲家，他们讲的都真正是即兴而起，与现场状况有关的。例如听众、场合或其他演讲人的说法等，其贴切有如手与手套一般。他们的东西是特制品，是专为这个场合而做的，因而成功是预料中的事。

6. 是即兴而谈，非随兴而讲

这句话的意思是，即兴谈话并不是信口开河，琐琐碎碎讲些毫不连贯的东西。你仍然必须把所要传达的意思，很有条理地表达出来。你所举的例子要能符合你的中心思想，而且，假如你讲得很热忱，便会发现这种没有经过事前准备的演讲，其实更活泼、更有力量。

如果能把本章所提的这些建议记牢，并找机会练习，你便能成为一个令人满意的即兴演讲家。

第五章

有效沟通的艺术

发表演讲的合适态度

就一场演讲来讲,最重要的有三件事:是谁在发表这场演讲,他如何进行这场演讲,以及他说了些什么。在这三件事中,排在最后面的,重要性也最低。因此,演讲者最宝贵的资产,就是他的个人特色。

有四种方式,而且只有四种,使我们与世界发生接触。信不信由你。人们正是以这四种接触方式来对我们加以评介,并进行归类。这四种方式是:我们做了些什么,我们看起来是什么样子,我们说了些什么,以及我们怎么说。我们先讨论最后一项,即我们怎么说。

当我最初教演讲课程时,曾花费很多时间在发声练习上,主要是教导学生们利用共振,训练他们增大音量,并使尾音更加轻快活泼。但是,我不久便发觉,教导成年人如何把音调置于鼻窦中,以及如何形成"透亮"的母音,完全是徒劳的。这项训练,对那些靠花上三四年时间来改进声音表达技巧的人而言,诚然是一种极好的方法。然而我却明白,我的学生也只有将就使用自己天生的发音装置了。然而我发现,假使把先前用以协助学生练习"横膈膜式呼吸"的时间和精力用在更重要的目标上——帮助他们从死也不敢放手去做的自我抑制中解脱出来,将会达到十分明显且恒久的惊人效果。感谢上苍,赋予我力量能如此明智地这样去做。

1. 打破羞怯不安的心态

我的课程安排中,有几堂课的目的旨在解除人们内心的拘谨与紧张。我跪下来——这可绝不是夸张,请求我的学生从害羞的龟壳里钻出来,见识一下自己。只要他们肯出来,这个世界是会以热情的姿态欢迎他们的。我承认，这需要花点工夫，然而却是值得的。正如法国富希元帅在谈论战争的艺术时所阐明的：战争的艺术作为一个概念极为简单，然而它执行起来却很复杂且非常困难。当人们从害羞的龟壳中爬出来时，其最大的绊脚石，自然是拘谨局促，它不只表现在身体上，而且也表现在心理上，并且这种感觉会随年龄增长老而弥坚。

要在听众面前自然、流畅地演讲的确不是一件容易的事，你必须进行多次的练习，才能达到这种境地。演员们也许最能体会这一点。

不过，当你还是一个孩子时，比如说4岁吧，你也许可以不知畏惧地登上讲台，并且非常伶俐自然地向听众讲话！可是等你到了24岁或45岁时再登台说话，你的表现会怎样？你还保有自己4岁时在台上的那种全然不顾周围人反应的自然吗？也许是，也许不是。但据我的观察，到了大一些的年龄，你多半会变得更加拘谨、矜持而又机械。有的人甚至会像一只乌龟一样，头刚一伸出来，在外面张望一下后，便很快又缩回到壳里去了。

在指导或训练成人发表演讲时，其重点并不是放在帮他们在身上添加某些特性，而是主要放在协助他们排除障碍，让他们出于本能对所要面对的情境自然地作出反应。

不知有多少次，我在演讲人讲至中途时就打断他们，请他们"讲得像一个人一样"。也记不清有多少个夜晚，我为训练学生自然说话而绞尽脑汁，弄得自己回家时精神和神经都处于衰竭状态。请相信我，这件事做起来确实不像说起来的那样容易。

在一堂课里，我要学生把对话里的某些部分表演出来，其中有的甚至还是方言。我要他们尽情地投入到这些戏剧性的故事里。当他们在这样做时，都非常惊讶地发现，尽管自己的表现也许像一个傻子，可是他们在这样做的兴头上时，感觉还真不赖！而且全班同学对某些人所显现出的表演能力更是惊叹不已！因此，我认为，一旦你能在人群面前显得安适随意，你就不可能再退缩。而且此时你不论是面对个人或在人群面前，都能以极为正常的、习惯的方式来表达自己的意见。

你此时忽然感到的这种自由,正像是一只小鸟从拘禁的笼里逃脱而能展翅高飞一样。你瞧!人们为什么会蜂拥着去剧院或去上电影院呢?因为在那里他们可以见到自己的同类在银幕或舞台上毫无拘束地尽兴表演呀!在那里他们还可以见到人们一览无余地袒露自己的胸怀和情感。

2. 要做好自己

我们都对有些演讲家非常羡慕。他们能在演讲中嵌入表演术,能够毫无惧色地表达自己的观点,能够灵活自如地用非常独特的、个性化的、富于幻想的方式道出听众们想听的话。

第一次世界大战结束不久,我在伦敦见到了罗斯·史密斯和凯恩·史密斯两兄弟。他们刚刚驾机完成了伦敦至澳洲的首次飞行,这一创举在大英帝国上下引起了巨大轰动。他们赢得了澳洲政府颁发的5万澳元奖金,并荣幸地赢得了英皇颁赐的爵位。

在他们这次飞行的壮举中,有一位知名的风景摄影家胡雷上尉,曾伴他们飞行过一段路程,并为他们拍摄了许多场景。为了扩大这次飞行的影响,英国政府专门安排他们在伦敦的"爱乐厅"作专场演讲。我则十分荣幸地协助他们通过画面来解说这次行程的经历,重点是训练他们如何表达。

他们俩在伦敦的"爱乐厅"每日演讲两场,早、晚每人各1场,这一活动共持续了4个月之久。

令人不可思议的是,这兄弟俩尽管有着完全相同的经验,因为他俩曾并肩飞行绕过了半个地球,而且他们的演讲词也几乎逐句逐字是相同的,可是听众听起来感觉的差异是如此之大!

要使讲话成功,除了用于表达词句以外,尚有其他的重要因素,那就是在词句表达时所采取的特有风味,也就是演讲时的态度。说什么和怎么说是两码子事,切不可混为一谈。

在一次公开演奏会上,我正好坐在一位年轻小姐的身边。当著名钢琴家

第五章　有效沟通的艺术

潘德列夫斯基弹奏肖邦的一首马祖卡舞曲时，她也对着曲谱在看。从她的面部表情来看，她感到很困惑，因为她无法理解：她与这位钢琴家曾弹奏过同一首舞曲，而且所敲击的音符也完全一样，然而，他们俩的表现力却有天壤之别，她的表现极为普通，而这位钢琴家则表现得如此吸引人，他能将此曲子弹奏得如此美妙，以致感染了全场的听众。原来一首曲子要弹奏得引人入胜，其关键并不仅在于是否弹对了音符，而在于他所弹奏的方式！这位钢琴家之所以能将同一首曲子弹奏得如此感人，主要是因为在弹奏时加进了自己的感觉，体现了自己的艺术才能和鲜明的个性。正是这一切，构成了凡人与天才之间的差别。

一次，俄国大画家布鲁洛夫对一名学生的习作进行了些微的修改。当学生看到修改了的图画后非常惊奇，竟情不自禁地大叫道："呀！你才动了那么一点点，整幅画给人的感觉就完全不一样了呀！"布鲁洛夫答曰："艺术不就是开始于那么一小点点吗！"

以上演奏和绘画的例子，向我们讲述了"功夫在诗外"的道理。同样的道理也适用于人们在说话时的表现。在英国国会里流传着一句老话：一切事情的结果听凭演讲的方式而定，而不是根据事情本身而定。

"所有的福特轿车从性能到款式完全相同，"它们的制造商曾经这样说过，"但是，对于它的使用者来说，我们却找不出完全一样的两个人。每一个人都是一条新生命，他们都是沐浴在太阳下面的一种有血有肉的存在。在他或她诞生之日起，他或她就是上帝的一种前无古人后无来者的创造。年轻人应该培养出这种观念，他应当寻求独特的个性，使他自己与众不同，并且挖掘出他自己的价值。社会及学校可能企图会改造他，它们习惯于把每个个体放在同一模式中，但我们不会让每个人内心所潜藏的那点充满个性的火花消失。这是你作为一个人之所以具有重要性的唯一而且真实的凭证。"

对演讲而言，上面这段话更是正确无比。在这个世界上，你是找不出另外一个人与你相同的。是的，数以亿计的人确实都有两只眼睛、一个鼻子和一张嘴,但他们之中是没有一个人与你完全相同的,从他们之中也找不出一个人具有和你完全相同的思想及想法。也很少有人以与你完全相同的方式来谈话及表达自己的意见。换句话说,你所表达的观点完全是个人化的,是十分独特的。身为一名演讲者,这种独特性就是你最宝贵的财产。抓住它!珍惜它!发挥它!就是这点火花将使你的演讲产生无穷的力量,并表达出对听众无比的真诚。这是你个人具有重要性的唯一而且真实的凭证。拜托了,各位,我恳请你们,千万别把自己装入某个被人设计的模子里,而使自己失去了个性。

有些人的演讲之所以表现得与众不同,因为他自己就是与众不同的人物。他说话的态度,就是他个人特点的基本组成部分,就如同他的胡子与秃头是他的独特"商标"一样。相反,我们设想一下,如果他企图模仿劳伊德·乔治,那么他的表现将是虚假的,他也将注定失败。

美国有史以来最著名的一场辩论发生在1858年,地点是伊利诺大草原的一个镇上,辩论的双方分别是道格拉斯参议员和林肯。林肯个子高而笨拙,他的对手道格拉斯则矮而优雅。这两个人不但在外表上迥然不同,他们在个性、思想、立场和见解上也完全不一样。

道格拉斯身处上流社会,林肯则有"劈柴者"的绰号,他常常穿着短袜子就走到大门口去接见民众;道格拉斯的姿态十分优雅,林肯则显得比较笨拙;但道格拉斯完全没有幽默感,而林肯则是有史以来最伟大的讲故事专家;道格拉斯不苟言笑,林肯则经常引用事实及例子来打动听众;道格拉斯骄傲自大,林肯则十分谦逊且宽宏大量;另外,道格拉斯的思考速度很快,林肯的思想过程则是慢条斯理的;道格拉斯说起话来犹如狂风暴雨,林肯则显得比较平静,而且表达思想时非常深入,且十分从容不迫。

这两个人虽然外表与内在迥然不同,但他们都是不同凡响的演讲家,因为他们都具有无与伦比的勇气与超乎常人的感知。如果其中任何一个人企图模仿对方,他一定会在这场辩论中败得很惨。幸运的是,每一个人都把自己的独特才能发挥到了极致,因而使自己既显得与众不同,又具有说服力。

"发挥自己的长处",这句话说起来很容易,但是否容易遵循呢?很不容易。正如富希元帅在分析战术时所表明的:概念极为简单,遗憾的是,执行起来却很复杂、很困难。

3. 培养良好的演讲态度

在演讲的重要组成部分中,用以表达的字句只是其中一部分,它还包括发表演讲时的态度。与你在演讲时说了什么相比,你怎么说显得更为重要。

一个好的演讲态度,可以使一件很简单的事情发挥出长远的影响力。我注意到,在大专院校的演讲比赛中,获胜者并不是演讲题材最好的人,而是那些演讲态度很好的人,道理很简单,因为他可以使演讲题材发挥最佳效果。

英国政治家及著名作家摩尔利爵士在谈到演讲时,曾以略带讥诮的语气说道:"就一场演讲来讲,最重要的有三大要素:是谁发表这场演讲,他如何进行这场演讲,以及他说了些什么。在这三大要素中,排在最后面的,重要性反而最低。"这是不是太夸张了?也许!但是,只要你在它的表面刮下一道薄薄的痕迹,你将会发现隐藏在其中的真理正在冲着你闪闪发光。

英国政治家爱德蒙·伯克所写的演讲稿,不管是从逻辑、论理或文章结构来看都是最佳的作品。因此,即使到现在,全世界一半以上的大专院校,仍然把他的演讲稿当做经典范本来加以研习。令人感到不可思议的是,伯克本人却是一名失败的演讲者。原因何在?原来是由于他没有将他的杰出作品表达出来的能力,也没有能力使他的演讲具有吸引力及震撼力,因此,他被人戏称为英国下议院的"晚餐铃"。只要他一站起来发表谈话,其他议员们就又是咳嗽、又是洗牌,不然就是睡觉,或成群结队地离开现场。

你可以尽全力将一枚包着铁壳的子弹射向某人,但它也许根本无法在那人的衣服上留下任何痕迹。但你若把火药放在一根蜡烛后面,然后将它发射出去,它将会穿透一块松木板。因此,我只得斗胆说一句:有火药推动的蜡烛似的演讲,要比没有外力推动的钢铁般的演讲,给人留下更为深刻的印象。

因此，你一定要倍加注意你的演讲态度。

A. 什么是演讲态度

当某家店铺的伙计将你所购买的货物送到你家里时，他们是怎么做的呢？那名送货司机是否只是把那件货物丢进你家后院里，然后一走了之？把东西从自己手中扔出去，与把东西送到对方手中，是一回事吗？想一想，电报局为什么一定要派专人把电报亲自交到指定的收报人手中？相比之下，所有的演讲者都将自己的意思直接传达给听众了吗？我举个例子，可以说明一般人对待谈话的态度。

有一次，我在瑞士阿尔卑斯山的避暑胜地穆伦停留，住在由一家伦敦公司经营的旅馆里。通常，这家旅馆每周都有从英国邀请来的两位演讲家向宾客发表演讲。这一次，他们请到了一名著名的英国小说家，她演讲的题目是：小说的前途。她承认，这个题目不是由她自己选的，最糟糕的是，对于这个题目，她觉得没有什么话可说。由于她对此题目并不真的关心，因此也就顾不得自己的演讲是否会精彩。在演讲前，她只是匆忙准备了一些提要，当她站在听众面前时，竟全然无视他们的存在，甚至连正眼都不瞧他们一下。她有时抬头望着前方，有时候低头看着自己的笔记，有时候又望着天花板。她照着笔记逐条地念着那些空洞的言词，眼中充满恍惚的神情，语音缥缈，将所有听讲者带入枯燥乏味的虚幻之中。

看看她的这种表现，这还谈得上是表达吗？这简直就是在表演个人"独白"，和听众之间毫无沟通感可言。而好的演讲首要的条件就是：有沟通感。作为演讲者，你一定要让听众感觉到，有一股信息从你的脑海及心中直接传达到了听者的脑海与心田。而上面那位小说家的那种表演，也许只适宜在荒凉干涸的戈壁大沙漠里举行，因为它听起来就像是茫茫沙漠中的沙粒，她也就是把面对她的听众当成了一颗颗毫无情感的沙粒，浑然不觉得自己是在面向一群人发表演讲。

因此，发表演讲是一个很简单的问题，即用正确的态度面对你的听众，但它也有一套很复杂的程序，那就是你要对你要发表的演讲精心准备，投入激情，真诚面对听众。因此，以上两方面很容易被误解及滥用。

B. 如何保持良好的演讲态度

关于演讲的表达技巧，已有无数的南郭先生写过许多荒谬而且拙劣的评论，使得这一问题一直被笼罩在各种规则、仪式与人为的神秘之中。那种老式的"演讲术"一向为人们所憎恶，它经常将演讲一事弄得极为荒谬。当一些想学会演讲技巧的生意人到图书馆或书店去找寻有关"秘籍"时，图书馆馆员立刻会给他搬出一大套被冠以"演讲术"的长篇巨著给他。遗憾的是，我要告诉你，这些东西对你所用无几。有些学生尽管在很多学科方面都成绩卓著，然而他们却被迫去练习及背诵韦伯斯特和英格索的"演讲术"——这种演讲术已相当落伍，而且也违背了我们这个时代的精神，这种风气就好比英格索夫人和韦伯斯特夫人所戴的帽子还在今天被当做时尚一般。

自从内战结束以来，已出现了一派完全崭新的演讲理论。为了与时代精神合拍，这种新式的演讲就像电报一般直截了当。曾经一度流行的华丽讲词，已不再为现代的听众所接受。

现代的听众，有怎样的嗜好呢？他们不管是仅有15人的商业聚会，还是上千人齐聚一堂，都希望演讲者能像在私底下聊天时那般直截了当地说出他要表达的内容。相应地，就演讲态度而言，他们也期望演讲者能如正在同听众私下交谈一样那般亲切。

当然，你在当众演讲时的态度可以同你与朋友私下聊天那样亲切，但你在这种场合表达语气的力度却不能像在窃窃私语一样，否则，大部分听众可要听不见你的声音了。为了显得自然，你在向40个人发表演讲时，必须花上比你在向一个人谈话时更大的力气，就如同建筑物屋顶上的雕像必须选得很大，才能使人们在从底层望上去时觉得那座雕像和真人一般大小。

有一次，马克·吐温在内华达州的一处矿场发表演讲。演讲完之后，一名年迈的探矿员走上前来，问他道："你平常说话的声调是这样的吗？"

这正是在演讲会上听众们所期待的:你的声音比平常说话的声调要稍微提高一点。

如何才能学得这种既要提高嗓门而又显得自然的演讲技巧呢?唯一的法子就是练习。在练习时,若发现自己的表达有些矜持别扭,就请停下来,并在心里毫不留情地对自己说:"呀!哪里不对?快点清醒!要有人性,要自然一点。"然后假想你从听众中挑出了一个人——也许是坐在后座的人,也许是听众中最不专心的人,并同这个人闲聊了起来,同时想象他问了你一个问题,你现在正在回答他,而且你是唯一能回答他问题的人。他站起来同你说话,而你也回应了他的话。通过这个练习过程,必然能立即使你的演讲更加平和,越来越像你平日与人交谈一样,显得更为自然,更加直截了当。因此当你在进行这种练习的时候,就假想它就是正在发生的真实事情吧。

通过这种不断的练习,你的进展也许会很顺利。到最后,你将感觉你在十分逼真地提出问题,并逐一予以回答。例如,在你的谈话当中,你也许会问:"你们各位是不是有此疑问:我这样说,是不是掌握了什么证据?当然,我确实掌握了充分的证据,我现在说明如下……"然后,你接下去回答你自己提出来的这个想象中的问题。这样做会显得十分自然,从而打破一个人唱独角戏的单调局面,并使你的演讲显得更加直接、愉快,而且更像在与朋友闲话家常。

当你在向社区委员会发表谈话时,其态度应该和你向老朋友约翰聊天时一样。社区委员会有什么特别的呢?它不就是一大群如约翰差不多的人聚在一起的团体吗?你在单独对付这些人时奏效的方法,在你用来对付他们这个群体时也同样奏效。

在本章前几页,我们曾叙述过一位小说家失败的演讲方式。数个晚上之后,也就是在她曾演讲的那个大舞厅里,我们有幸聆听了奥立佛·罗基爵士的演讲。他演讲的题目是"原子与世界"。这个题目对奥立佛来说可谓驾轻就熟,因为他曾在此领域献出了半个世纪的思考、研究、试验与探究。其中有些方面已从根本上成为他自己心灵、思想与生命的一部分，在这个题目上，他感到自己有一些非说不可的东西。在讲台上，他早已忘了自己是在演讲，他可以说对此毫无顾忌。他唯一上心的是要告诉听众有关原子的事情，并力求用正确、明畅且感情丰富的方式告诉他们。你瞧，他在讲台上满腔热忱，一心努力使我们与他一起分享他所看到的，所感受到的。

结果怎么样呢？他做了一场超凡绝俗的演讲，他简直魔力四射、威势慑人。他的演讲给听众留下了深刻的印象。他的演讲简直到了出神入化的程度。然而我确信，他从未想过自己是一个演讲家；我也确信，凡听过他演讲的人，压根儿就没把他当成是一名"公众演讲家"。

如果你在公开发表演讲后，听众都在怀疑你曾受过当众演讲的训练，那可不是什么表扬，你切不可以为是在给你的老师挣面子。作为你的老师，我对你的要求是要你以自然的、无比轻松的态度去讲话，使听众已无暇顾及你曾经接受过"正式"的训练。一扇好的窗户，它本身不会招人注意，它只是在默默地放入光线。好的演讲家也是如此。他是那样的自然而不设置任何屏障，听众也从未留意他讲话的神态，他们只会把心思放在咀嚼他所论述的观点上。

4. 全心投入演讲之中

真诚、热心与高度的热诚也可以助你演讲成功。当一个人受到自己的感觉支配时，他真正的自我就会浮出水面；他的热烈情绪能够将一切障碍扫除；他的行为举止将回归自然；他的谈话也将自然如初；他的表现也就能自然地达到其本来面目。

因此，归根结底，如果说演讲还有什么表达技巧的话，那也就是回到本书所一再强调的：全身心地投入到演讲之中。

布朗院长在向耶鲁大学神学院的学生布道时说："我的一位朋友曾向我描述过他在伦敦参加过的一次教堂仪式的情形，它让我永远也不会忘记。这位朋友告诉我，那天布道的主讲人是著名布道家乔治·麦克唐纳。在那天早上,他先念了《新约·希伯来书》第十一章的经文。到了讲道时,他说了以下一段意味深长的话:'你们各位都听过有关这些人笃诚信仰的事迹了。我不必告诉你们信心是什么,因为神学教授在这方面所做的解释,要比我强得多。我到这儿来只是要帮助你们建立信心。'接着,他又以简括、真诚及高贵的方式,说明了他个人对那些不可见的永恒物的信念,希望以此协助他的教友在脑海及内心建立起信心。他全心全意专注于他的工作,他的讲道产生了不同凡响的效果,这是不言而喻的,因为他的演讲完全源自于他自己的内在生命,有一种真正的美感。"

上面提到的"他全心全意专注于他的工作"就是他成功的秘诀,同时它也适用于任何人。但就我所知,这项忠告并未受到人们的广泛关注。它之所以未达到应有的效果,可能是由于它的表达似乎显得有点儿含糊,而且也不够明确。一般人都希望自己得到的忠告是简单易行,而且是很明确的,必须是他用手都可以触摸到的,这类忠告最好就像汽车驾驶手册那般精确。

这既是一般人所期望的,当然也正是我希望自己能够提供给他们的。希望它对他们来说更加容易,对我来讲做起来也比较容易。但是,我只得遗憾地告诉诸位:这种忠告或规则在这个世上并非没有,但它们只有一点不对劲:那就是毫无效果。它们会使你的演讲完全没有自然气息、毫无生命力,而且也极其无趣。我自己对此就有亲身体验,因为我年轻时就曾浪费了很多精力去练习这些所谓的规则。它们当然不会在本书中出现,就如同乔希·比利斯以其一贯轻松的口吻所说的:"知道了这么多无用的东西,也还是没有用啊!"

5. 练习使声音有力且富有弹性

当我们用自己的思想与听众沟通时,要充分利用自己的许多发声组织及身体的各个部位。我们可以耸耸肩、挥动手臂和肩膀、皱起眉头、增大音量、改变高低调门和音调,并依场合与题材的不同而有时说快一点,有时又放慢说话的速度。不过,你最好要记住,这些都只是你练习的结果,而不是其内在的变因。实际上,我们的音调在转换与调节时,其实直接受我们的精神与情绪状态的影响。这就是为什么当我们在听众面前讲话时，一定要选择我们自己所熟悉的题目并对之有强烈兴趣的缘故，同时也是为什么我们要与听众热切交流自己所讲议题的缘故。

随着年龄的增长，多数人都会失去幼时的纯真和自然，我们会不知不觉地落入某种固定的身体与声音沟通模式中。我们的说话会愈来愈无生气，也愈来愈不肯用手势，我们也越来越不善于抑扬顿挫地提高或放低自己的声音。简言之，我们已失去了真正交谈中所具有的那种鲜活与自然。也许久而久之，我们就养成了说话太快或太慢的习惯，同时我们在用词上，若不小心注意，便会变得散乱和疏忽大意。

我一再告强调要表现自然，也许你会误以为我可以宽恕你使用一些拙劣的遣词造句，或利用单调无聊的表达方式，完全相反！我这里所说的自然，是说要把自己的意念用全副精神完整地表达出来。还有一点不要忽视，一个好演讲家绝不会认为自己的词汇已经用尽，无法扩充，已经无法再使之具有更加丰富的想象，也无法找到更完美的表达形式，也无法使其表达的效力再增强一些了。作为一个优秀的演讲家，这些恰恰是你要精益求精地去追求并加以自我砥砺的。关于如何改善辞藻，我们将在下一章详细说明。

你最好能够测评一下自己的音量、调门的变化和速度。你可以利用录音机。另外，请朋友评估一下也很有用。若是能获得专家的指点当然更佳。不过你可要记住，这些练习还没有把听众包容进来。注意自己在听众面前的表达技巧，对于有效表达自己的意念，应该更为重要。一旦你已站在听众面前，就要使自己全身心投注于演讲中，集中全副精神以对听众产生心理与情感上的冲击，那么，你的表达就会比从书本上得到的更为强劲，更加有力。

6. 让你的演讲更加自然

演讲要自然，就是使你的演讲更为清楚，也更为生动。在讲述这些要点之前，我还有点儿犹豫，因为一定有人会这样说："呀，这些你不说我也会明白，不就是让我强制性地按你所说的去做吗？"不是的，我也绝不会如此！如果强迫你自己这样去做，那你将会像木头一样僵硬不堪，更会像机器人一样毫无表情。

事实上，这些东西也没什么神秘的，当你与人交谈时，你实际上已经使用过这些原则中的绝大部分，而且你也许还一点也没有感觉到你曾使用过它们，就如同你将晚餐进食的食物消化掉那般自然。但这正是你使用这些原则所要采用的方法，并且也是唯一的方法。在演讲方面，要想达到这种境界，事实上也别无他法，唯有练习别无他途，这一点我们在前面也多次提到过。具体建议如下。

A. 对重要的要点不断重复，将不重要的部分跳过去

在日常谈话中，我们应将一些重要的字加强语气，对其他的字则匆匆跳过去。对整个句子的处理也是这个办法，这样就能将一些重要的字词句突显出来。

我所描述的这种处理办法其实极为普通，也毫无特殊之处。只要稍微留意一下，你便能发现，你四周的人在谈话时就是这样做的。你自己昨天可能也是这样去表达的，而且你过去已上百次，甚至上千次地这样做过。毫无疑问，你明天还将会这样继续下去。

请让我举个例子，朗读拿破仑将军所说的下面这段话，引起来的词读重一点，其他的词则迅速念过去。你感觉一下效果如何？

我只要是决定去从事的工作都能"成功"，因为我已"下定决心"。我从不"犹豫不决"，因此我能超越世界上其他的人。

当然，这并不是朗读这段话的唯一方法，换一位演讲者也许会念得跟你不一样。如何强调语气，并没有一定的模式，需视情况而定。

以热情的态度大声念念下面这首小诗，试着使诗中的含义明确表达出来，并且要具有说服力。看看你自己是否会对那些重要的词句加以强调，同时将一些不重要的词句快速念过去？

如果你认为你已被打败，不错。

如果你认为你未被打败，你就不会失败。

如果你希望胜利，却又认为胜不了，

可以肯定，你一定不会取得胜利。

在生活中并不一定是强壮或速度快的人获胜，

最后获胜的一定是那些自认为自己一定能获得胜利的人。

在一个人的个性中，也许没有比坚定的决心更为重要的了。一个小男孩若想将来成为一名伟大的人物，或是打算日后出人头地，你必须下定决心：

不仅要排除成百上千道障碍，而且要在历经上千次挫折与失败之后，仍能坚信自己必胜无疑。

——罗斯福

B. 改变你的声调

当我们在与人交谈时，声音往往从高到低，并且这种高高低低的状态会不断重复下去，就像大海的表面一般起伏不定。这是为什么呢？恐怕没有人知道，而且也没有人对此表示关心。但这种方式令人感觉愉快，而且也是一种很自然的方式。我们永远不必去学习，就会这样表达。我们从孩提时代起就已经会这样起伏着说话了，我们用不着去追求，就这样不知不觉地学会了。但是，一旦要我们站起来面对观众，我们的声音却一刹那会变得枯燥、平淡而且单调乏味，就如同内华达州的沙漠一般。你若发现自己正以一种单调的声音——通常是又高又尖的声音。发言时，不妨停下来歇一会儿，对自己说道："我现在说话的样子就像木头雕成的印第安人。对台下的这些人说话要有人情味，要自然一点。"

已经到了如此窘迫的情景还对自己说这些话是否有任何帮助呢？可能有一点。至少稍微停顿一下，会对你有所帮助。但你平时必须多加练习，以研究出自己的解决之道。

你可以将你挑选出的任何句子或单词突出出来，就让它们像你门前院子里的那棵青绿的月桂树那般突出。你只要在说到这些突出的句子时突然提高或降低声调，就可以达到这个目标。纽约布鲁克林著名的公理教会牧师卡德曼博士就经常这样做，奥利佛·罗吉爵士、布里安及罗斯福等人也经常这样做。几乎每一位著名的演讲家都会这么做——这是演讲中一条千古不变的法则。

下面列出三段名人语录，你可以试着念一遍，但在念到引号内的字时，要把声音降得特别低。看看效果如何？

我只有一项长处，那就是"永不绝望"。

——福熙元帅

教育的最大目标并不在于知识，而是"行动"。

——史宾塞

我已活了86岁，我曾亲眼看到人们登上成功之巅，这些人达几百人之多，他们获得成功的重要因素很多，"但最重要的就是信心"。

——吉朋斯主教

C. 变化说话的速度

小孩子说话的时候，或是我们平常与人交谈时，总是不停地变换我们说话的速度。这种方式令人听了很愉快，很自然，不会令人有奇怪的感觉，而且具有强调的作用。事实上，这正是把某项要点很突出地强调出来的最好方法。

沃特·史蒂文斯在他那本由密苏里历史学会发行的《记者眼中的林肯》一书中告诉我们，以上所说的这种方法也就是林肯在强调某一要点时最喜欢用的方法之一：他会以很快的速度说出几个字，当来到他希望强调的那个单词或句子时，他会让他的声音拖长，并一字一句说得很重，然后就像闪电一般，迅速把句子说完……对于他所要强调的单词或句子，他会把时间尽量拖长，说这一句话的时间几乎和他在说其余五六句不重要句子的时间一样长。

用这种方法演讲必然会引起听者的注意。再举个例子说明一下。我经常在演讲时引述下面一段吉朋斯主教的谈话。我希望在引述时能强调勇气，所以我在谈到那些重要的字时，总是尽量把声音拖长，还特别把它们提出来加以强调，就如同我本人也被它们深为感动一般——而且我确实也深受感动。请你不妨大声念一遍，试一试这种方法，看看效果如何。

再试试下面一个实验：很快说出3 000万美元，口气要显得平淡，这样让人听起来就像这只是一笔数目很小的钱。接着，再说一遍3万美元，速度要慢，而且要充满沉重的感觉，仿佛你对这笔金额庞大的钱感到印象极为深刻一般。这样听起来，是不是觉得3万美元反而比3 000万美元更多呢？

D. 在要点前后停顿一下

林肯经常在谈话途中停顿一下。当他说到一项他认为的重要之处，而且也希望他的听众在脑海中留下极为深刻的印象时，他会倾身向前，直接对视着对方的眼睛，足足达1分钟之久，但却一句话也不说。这种突如其来的沉默，此时无声胜有声。即，它能够吸引人们的注意力。这样做，会使得每个人提高注意力，变得警觉起来，并注意倾听对方下一句将说些什么。

在林肯与道格拉斯那场著名的辩论快接近尾声之际，所有迹象都表明他已失败，他为此而感到很沮丧，他那种痛苦的神态侵蚀着他，这反倒为他的演讲词增添了不少悲壮感人的气氛。在他的最后一次演讲中，他突然停顿下来，默默站了1分钟，望着他面前那些半是朋友半是旁观者的群众的脸孔，他那深陷下去的忧郁的眼睛跟平常一样，似乎满含着未曾流下来的眼泪。他把自己的双手紧紧并在一起，仿佛它们已太疲累了，无法应付这场无助的战斗，然后，他以他那独特的单调声音说道："朋友们，不管是道格拉斯法官或我自己被选入美国参议院，那是无关紧要的，一点关系也没有；但是我们今天向你提出的这个重大的问题才是最重要的，远胜过任何个人的利益和任何人的政治前途。朋友们，"说到这儿，他又停了下来，听众们屏息以待，唯恐漏掉了一个字，"即使在道格拉斯法官和我自己的那根可怜、脆弱、无用的舌头已经安息在坟墓中时，这个问题仍将继续存在、呼吸及燃烧。"

替他写传记的一位作者指出："这些简单的话，以及他当时的演讲态度,深深打动了每个人的内心。"

林肯在说完他所要强调的话之后,经常也会停顿一下。他以保持沉默的方式来增强这些话的力量,同时也使它们的含义进入了听者的内心,对对方产生巨大影响。

奥利佛·罗吉爵士在演讲当中也会经常停顿下来,这种时候一般被放在一些重要的段落前后。有时,一个句子可能被停顿三四次,而且他在这样做时往往表现得很自然,不易被人察觉。没有人会注意到这一点,除非是有人在专门分析罗吉爵士的演讲技巧。

大诗人吉卜林说:"你的沉默,道出了你的心声。"在说话中聪明地运用沉默,可使沉默发挥最大的功用。它是一种强而有力的工具。它太重要了,你切不可忽视。然而,初学演讲者却往往将其忽略了。

下面这一段是从荷曼的《生动活泼的谈话》一书中摘录出来的,我已经注明了应在哪儿停顿。我并不是说,我所标的这些地方是演讲者应该停顿的唯一地方,或者说是停顿的最佳地方。我只是说,这是停顿的方式之一。应该在什么地方停顿,并不是一成不变的,应该视其意义、气氛及感觉来确定。你今天演讲时在某一个地方停顿了,但当你明天再作相同的演讲时,可能就要在另一个地方停顿了。

先把下面这段话大声念一遍,不要停顿。然后再念一遍,在我所注明的地方停顿一下。看一看,停顿到底有什么效果呢?

"销售货品是一场战斗?"(停顿,让"战斗"这个念头深入听众脑海中),"只有战斗者才能获胜。"(停顿,让这一点深入听众脑海中)"我们也许不喜欢这种情况,但我们既无力创造它们,也无法改变它们。"(停顿)"当你踏入销售界时,要鼓起你的勇气。"(停顿)"如果你不这样做,(停顿,把悬疑的气氛拉长1秒钟)每一次你出击时,都将被三振出局,除了一连串的零蛋,什么分数也得不到。"(停顿)"对投手心存恐惧的打击者,永远到不了三垒。"(停顿;让你的说词深入听众心中)"这一点要切切记住。"（停住，让它更深入一层）"能够把球击得老远，或甚至让球飞过网子，造成全垒打的人，通常是这样子的球员；他在踏上打击位置时，（停顿，且把悬疑的时间拉长一点，使大家聚精会神地聆听你将如何介绍这位杰出的打手）心中已坚强地下定了决心。"

把下面几段名人语录大声而有力地念一遍。注意你在什么地方会很自然地停顿下来。

美国的大沙漠并不位于爱达荷、新墨西哥或亚利桑那，而是位于普通人的帽子底下。美国大沙漠是一种心理上的大沙漠，而不是实质的大沙漠。

——I. S. 克洛斯

世界上没有治疗百病的灵丹妙药，它们只是与广告词略微接近而已。

——福士威尔教授

我必须对两个人特别好——上帝和加菲尔德。我此生必须与加菲尔德共同生活，死后则和上帝在一起。

——詹姆斯·加菲尔德

一个演讲者如果遵循了我在本章中提出的这些指导，他的演讲很可能仍会有100个缺点。他的演讲可能和他平常与人谈话时完全一样，因此，他的声音可能令人听了不舒服，而且还犯有文法上的错误，态度粗鲁无礼。另外，那可能还有些令人不愉快的举动。一个人日常生活中的无拘束谈话，可能本身也需要进行很多的改善。因此，先使你的日常谈话达到完美自然的境界，然后把这个方法带到讲台上。

卡耐基语言的突破与沟通的艺术

改善你的语言表述

在这个世界上，全新的事物实在太少了。即使是伟大的演讲者，也要借助阅读的灵感及书本的资料。想要增加及扩大文字储存量的人，必须经常让自己的头脑接受文学的洗礼。

一位英国人，在他失业时口袋里已空空的，他只得走在费城的街道上去找一份工作度日。他走进当地一位大商人保罗·吉本斯的办公室，要求与吉本斯先生见面。吉本斯先生以不信任的眼光打量着这位陌生人。他的外表显然对他不利。他衣衫褴褛，衣袖底部已经磨光，全身上下到处显出一副寒酸样。吉本斯先生一半出于好奇心，一半出于同情，答应接见他。

一开始，吉本斯只打算听对方说几秒钟，但话腔一打开这几秒钟就变成了几分钟，接着几分钟又变成了1个小时，而谈话依旧进行着……谈话结束之后，吉本斯先生打电话给狄龙出版公司在费城的经理罗兰·泰勒。泰勒先生是费城的大资本家之一，在接到吉本斯的电话后，泰勒盛情款待了这位陌生人，并为他安排了一个很好的工作。

这个外表看上去十分潦倒的男子，是靠一种什么魔力在这样短的时间内影响了如此重要的两位人物的？此中秘诀可以用一句话来概括，那就是他对英语的表达能力。原来，他是牛津大学的一名毕业生，他到美国来是为了完成一项商务活动。不幸的是，这项计划失败了，使他被困在美国，有家难归，他此时既没有钱，也没有朋友。好在他的母语说得非常标准，而且极其漂亮，他的语言立刻打动了听他说话的人，而且使听者完全忘了他穿的那双沾满泥土的皮鞋，他那褴褛的外衣，以及他那满是胡须的脸孔。正是他美丽的辞藻成为他进入最高级商圈的护照。

　　这名男子的故事多少有点不同寻常，但它也说明了一个广泛而基本的真理，那就是：我们的言谈，随时会被别人当做评判我们的依据。我们的说话，显示了我们的修养程度，它差不多能让听者判断出我们究竟是何出身。它也是我们所受教育及文化程度的证明。

　　前面曾经提到过，我们——你和我，与这个世界只有通过四种方式接触。旁人正是根据这四种方式来评判我们，并将我们进行分类：我们做了什么，我们看起来像什么样子，我们说了些什么，我们怎么说。然而，有很多人却糊里糊涂地度过了自己的一生。在离开学校后，他们不去努力增加自己的词汇，也不勤于掌握各种字义，更不去花心思进行正确而肯定的说话。他已对流行于街头及办公室里那些既不规范又不严谨的词句习以为常。这也就难怪他的谈话既含糊不清又不具鲜明的特点了。这也难怪他经常发音错误，或是将文法弄错了！我甚至听到很多大学毕业生口操市井俗人的一些口头语。如果连大学毕业生也变得如此没有涵养，不注重自己的操行，我们又怎能期盼那些因经济能力不足而不得不缩短受教育时间的人不这样呢？

　　几年以前的一个下午，我曾站在罗马的古竞技场里遐想。一位陌生人向我走过来，他是一位来自英国某个殖民地的游客。他先自我介绍一番，然后开始大谈他在这个"永恒之城"的游历经验。他说了不到3分钟，"You was""I done"之类表述就开始纷纷出笼。那天早晨，当他起身时，他特地擦亮了脚下穿的皮鞋，穿上了一尘不染的漂亮衣服，企图以此来维护自己的自尊，并博得旁人对他的尊敬。遗憾的是，他却无法擦亮自己的词汇，使自己说出来的话毫无瑕疵。当他在与某位女士搭讪时，他所说的话，如果他未脱下帽子的话，可能会感到很惭愧，但是，他却不会惭愧——不，他甚至连想都未曾想过，他弄错了文法，冒犯了听他说话的人的耳朵。从他所说的来看，他等于是站在那儿暴露自己，接受着旁人的评判及归类。他使用英语的能力是如此可悲，等于是在不断地准确无误地向世界宣示：他是一个没有文化修养的人。

艾略特博士在担任哈佛大学校长长达1/3世纪之后宣称:"我认为,在一位淑女或绅士的教育中,只有一项必修的心理技能,那就是正确而优雅地使用他(她)的本国语言。"这是一句意义深远的声明,值得各位深思。

但是,你也许会问:我们如何才能同语言发生亲密的关系?我们如何才能以美丽而且正确的方式把它们说出来?我要很轻松地告诉你,我们所要使用的方法没有任何神秘之处,也没有任何障眼法。这个方法是个公开的秘密。林肯就是使用这个方法获得了惊人的成就。除了林肯之外,还没有其他任何一位美国人曾经把语言编织得如此美丽,也没有人像他那样说出如此具有无与伦比的音乐节奏的短句:"怨恨无人,博爱众生。"从林肯的身世看,他可没有如此高贵,他的父亲只是位懒惰、不识字的木匠,他的母亲也只是一位没有特殊学识及技能的平凡女子,难道是因为他特别受上苍垂爱,赋予了他善用语言的天赋?

我们没有证据支持这种推论。当他当选国会议员后,他曾在华府的官方纪录中用一个形容词"不完全"来描述他所受的教育。在他的一生当中,受学校教育的时间不超过12个月。那么,谁是他的良师呢?有的,他们是肯塔基森林内的萨加林·伯尼和卡里伯·哈吉尔,印第安纳州鸽子河沿岸的亚吉尔·都赛和安德鲁·克诺福,他们都是一些巡回的小学教师。他们从一个拓荒者的屯垦区流浪到另一个屯垦区,只要当地的拓荒者愿意以火腿及玉米来交换他们教导小孩子们读、写、算,他们就留了下来。当然,林肯也只从他们身上获得了很少的帮助及启蒙,他的日常处境对他的帮助也不多。

此外,他在伊利诺伊州第八司法区所结识的那些农夫、商人、律师及诉讼当事人,也都没有特殊或神奇的语言才能。好在林肯并未有把他的时间全部浪费在这些才能与他相等或比他低的同伴身上——你必须记住这一重大事实。相反,他和当时一些头脑最好的人物——一些跨时代的最著名歌手、诗人,结成了好朋友。他是怎样与这些并不同处一个时代的人结交的呢?看了

第五章　有效沟通的艺术

下面的故事，你就明白了。

他可以把伯恩斯、拜伦、布朗宁的诗集整本整本地背诵出来。他还曾写过一篇评论伯恩斯的演讲稿。他在办公室里放了一本拜伦的诗集，另外还准备了一本放在家里。办公室的那一本，由于经常翻阅，只要一拿起来，就会自动摊开在《唐璜》那一页。

当他入主白宫之后，内战的悲剧性负担消磨了他的精力，在他的脸上刻下了深深的皱纹。尽管如此，他仍然经常抽空拿一本英国诗人胡德的诗集躺在床上翻阅。有时候他会在深夜醒来，随手翻开这本诗集，当他凑巧看到使他得到特别启示或令他感到高兴的一些诗，他会立刻起床，身上仅穿着睡衣，脚穿拖鞋，悄悄到白宫各个房间一一寻找。他甚至还会叫醒他的秘书，把一首一首的诗念给他的秘书听。在白宫时，他也会抽空复习他早已背熟了的莎士比亚名著，还常常批评一些演员对莎剧的念法，并提出自己对这部名著的独特见解。他曾写信给莎剧名演员哈吉特说："我已经读过莎士比亚的某些剧本了。我阅读的次数可能和任何一个非专业性的读者差不多一样多。《李尔王》《理查第三》《亨利八世》《哈姆雷特》，特别是《麦克白》，我认为，没有一个剧本比得上《麦克白》，真是写得太好了！"

林肯热爱诗句。他不仅在私底下背诵及朗诵，还公开背诵及朗诵，甚至还试着去写诗。他曾在他妹妹的婚礼上朗诵过他自己写的一首长诗。在他的中年时期，他就曾把自己的作品写满了整本笔记簿。当他对这些创作还不是信心十足时，甚至他最好的朋友也不允许去翻阅。

罗宾森在他的著作《林肯的文学修养》一书中写道："这位自学成才的伟人，用真正的文化素材把自己的思想包扎起来。他可以被称之为天才或才子。他的成长过程，同爱默顿教授描述的文艺复兴运动领导者之一——伊拉斯莫斯的教育情形一样。尽管他已离开学校，但他仍以唯一的一种教育方法来教育自己，并获得成功。这个方法就是永不停止地研究与练习。"

林肯是一名举止笨拙的拓荒者，年轻时候经常在印第安纳州鸽子河的农场里剥玉米叶子及杀猪,以赚取1天31美分的微薄工资。但就是这样一个貌不惊人的人,后来却在盖茨堡发表了人类有史以来最精彩的一篇演讲。当时曾有17万大军在盖茨堡进行一场大战,有约7 000人阵亡。著名演讲家索姆奈在林肯死后不久曾说过,当这次战斗的记忆自人们脑海中消失之后,林肯的演讲仍然活生生地深印在人们的脑海处。而且即便这次战斗再度被人们回忆起来,最主要的原因还是因为人们想到了林肯的这次演讲。我们有谁能够否认索姆奈这段预言的正确性呢?

著名政治家爱维莱特也曾在盖茨堡一口气演讲了两个小时。他所说的话早已被人们所遗忘,而林肯的演讲却不到两分钟,有位摄影师企图拍下他发表演讲时的照片,但等这位摄影师架起他那架老式的照相机及对准焦距之时,林肯已经结束了演讲。

林肯在盖茨堡的演讲全文已被刻印在一块永不腐朽的铜板上,陈列于牛津大学的图书馆,作为英语文字的典范。研习演讲的每一位学生,都应该把它背下来:

87年前,我们的祖先在这块大陆上创设了一个新的国家。她孕育于自由之中,并且献身给了一种理论:所有人生来都是平等的。

现在,我们正从事于一场伟大的内战,以考验这个国家,我们正在做一种试验:究竟这个国家,或任何一个有这种主张和这种信仰的国家,是否能长存下去。我们在那场战争的一个伟大的战场上集会。我们来此集会,是为了把那个战场上的一部分奉献给那些在此地为那个国家的生存而牺牲了自己生命的人,以作为他们的永久安息之所。我们这样做,是十分理所当然且恰如其分的。

可是,从更为广泛的意义来说,我们无法奉献,无法圣化,无法神化这块土地。那些曾在这里奋斗过的勇敢的人们,生者和死者,已经将这块土地圣化,这远非我们这点微薄的力量所能增减的。世界上的人们不大会注意,更不会长久地记住我们今天在此地所说的话。然而,全世界的人们则永远不

第五章　有效沟通的艺术

会忘记这些勇士在这里所做过的事。相反，我们这些活着的人应该把自己奉献于勇士们，以崇高的精神向前推进尚未完成的事业。更应该把自己奉献于依然摆在我们面前的伟大任务——我们要从这些可敬的死者身上汲取更多的献身精神，来完成他们为之献出全部忠诚的事业；我们要在这里下定最大的决心，不让烈士们的鲜血白流；要在上帝的保佑下，使我们的国家获得自由的新生；要使我们这个民有、民治、民享的政府永世长存。

　　一般认为，这篇演讲稿结尾的那个不朽的句子是由林肯独创出来的。真的是由他自己想出来的吗？事实上，林肯的律师合伙人贺恩登在盖茨堡演讲的几年前，就曾送过一本巴克尔的演讲全集给他。林肯读完了全书，并且记下了书中的这句话："民主就是直接自治，由全民治理，它属于全体人民，并由全体人民分享。"不过巴克尔的这句话也有可能是从韦伯斯特那里借用来的，因为韦氏在巴克尔讲这句话的4年之前曾在一封给海尼的复函中说过："民主政府是为人民而设立的，它由人民组成，并对人民负责。"如果进一步追根溯源的话，韦伯斯特则可能是从门罗总统那里借用来的，因为据考证，门罗总统早在韦氏讲此话的1/3世纪之前就发表过相同的看法。那么门罗总统又该感谢谁呢？在门罗出生的500年前，英国宗教改革家威克利夫就已在圣经的英译本前言中说："这本圣经是为民有、民治、民享的政府所翻译的。"远在威克利夫之前，在耶稣基督诞生的400多年前，克莱温在向古雅典的市民发表演讲时，也曾谈及一位统治者应用"民有、民治及民享"的制度来治国。至于克莱温究竟是从哪位祖先那儿获得的这个观念，那就已无从考证了……

　　在这个世界上，真正货真价实的所谓全新的事物实在是太少了。纵使是最伟大的演讲家，也要借助阅读的灵感及得自书本的资料。

　　从书本中学习！它就是取得成功的秘诀。一个人要想增加及扩大自己的文字存储量，他就必须经常让自己的头脑受文学的洗礼。约翰·布莱特说："我一进入图书馆，就会感到一阵悲哀：因为自己的生命太短暂了，我根本不可能充分享受呈现在我面前的如此丰盛的美餐。"布莱特15岁时离开学校，到一家棉花工厂工作，从此就再也没有机会上学了。令世人惊奇的是，他却成为他那个时代最光辉灿烂的演讲家。他以善于运用英语文字而闻名。他对那些著名诗人的长篇诗句反复阅读，潜心研究，还详细地做笔记，并能将其中的一些精彩句子倒背如流。这些诗人包括拜伦、弥尔顿、华兹华斯、惠特尔、莎士比亚、雪莱等。他每年都要把弥尔顿的《失乐园》从头到尾看一遍，以增加他的词汇及文学素养。

英国著名演讲家福克斯靠高声朗诵莎士比亚的名剧作来改进他的风格。格雷斯通戏称自己的书房为"和平圣殿"，里面有15 000册藏书。他自己就坦率地承认，他因为阅读圣奥古斯丁、巴特副主教、但丁、亚里士多德和荷马等人的作品而获益匪浅。荷马的希腊史诗《伊利亚特》和《奥德赛》更使他着迷，他写过6本书来评论荷马的史诗及其这些作品产生的时代背景。

英国名政治家及演讲家庇特在年轻的时候，就经常每天阅读1~2页的希腊或拉丁文作品，然后把这些段落翻译成英文。他每天这样做，持续了10年之久。这种努力使他获得了一种无与伦比的能力，即在不需要预作思考的情况下，就能把他的思想化作最精练且排列最佳的话语。

古希腊名演讲家及政治家狄摩西尼斯曾亲笔将历史学家修西狄底斯的历史著作抄写了8遍之多，希望以此能学会这位著名历史学家那种华丽高贵而又感人的措辞。效果如何呢？还真是功夫不负有心人，他自己磨砺出的一流写作技巧，使自己的作品成为后人学习的范本，甚至在他去世2 000年后，威尔逊总统为了改进自己的演讲风格，还专门去研究过狄摩西尼斯的作品，与之具有异曲同工之妙的是，英国名演讲家阿斯奎斯也发现，阅读大哲学家伯克莱主教的著作，是对他自己最好的训练。

英国桂冠诗人丁尼生每天研究圣经，大文豪托尔斯泰把《新约福音》读了又读，最后可以长篇背诵下来。罗斯金的母亲每天逼他背诵圣经的章节，又规定每年要把整本圣经大声地朗读一遍，甚至每个音节，一词一句，从创世纪到启示录，一点也不能遗漏。罗斯金把他自己的文学成就归功于母亲对他的这些严格的训练。

RIS被公认为是英国文字中最受人喜爱的姓名缩写，它代表了苏格兰名作家史蒂文森。他可以说是作家中的作家。那么，他到底是如何发展成那种得以闻名的迷人风格的呢？好在他把自己的故事亲自告诉了我们：

每当我读到一本特别令我感到愉快的书或一篇文章时——这本书或文章对一件事进行了很恰如其分的叙述，它或者给我们留下了某种印象。它们之中有的含有一股显而易见的力量，有的则是在风格上表现出一种让人愉悦的特征。我一定会立刻坐下，要求自己把这些特点模仿下来。第一次不会成功，我知道；于是再试一次，又不成功，而且经常连续多次不成功；但至少，从这些失败的尝试里，我对文章韵律、和谐、各部分的协调与构造方面，获得了一些练习的机会。

我以这种勤勉的方式模仿过哈兹利特、兰姆、华兹华斯、布朗爵士、笛福、霍桑及蒙田的作品。不管喜欢与否，这就是我学习写作的方法；不管我是否能从中获益，这就是我的方法。大诗人济慈也是以这种方法学习的，恐怕无人会否认，在英国文学史上再也没有比济慈更优美的气质了。

这种模仿方法最重要的一点就是：学生所模仿的对象，总是有一些学生所无法完全模仿的特点。让他去试试看，他也许会失败，好在"失败是成功之母"这句古老而正确的格言给了我们继续下去的勇气。

我们已举出了太多的成功人士及一些非常特殊的例子。这个秘诀已经完全公开。林肯在写给一位渴望成为名律师的年轻人的信上说："成功的秘诀就是拿起书来，仔细阅读及研究。工作、工作、工作才是最重要的。"

到底读什么书呢？你可以从贝内特的《如何度过一天24小时》开始。这本书将如同你在洗冷水浴时一样具有刺激的作用。它将告诉你很多你最感兴趣的事情——那就是，你自己。它将向你显示，你每天浪费了多少时间，并告诉你如何停止这种浪费，以及如何利用你节省下来的时间。这本书只有100

多页。你可以在1周之内轻松地把整本书看完。每天从书上撕下20页来,把它们放在你的口袋中。然后,把每天早上看报的时间缩短成为10分钟,而不是习惯性地一看就是20或30分钟。

杰弗逊总统写道:"我已经放弃了阅报的习惯,而是改为阅读古罗马历史学家塔西佗和古希腊史学家修西狄底斯的著作。我发现,在做了这一调整以后我自己也变得快乐多了。"如果你也学学杰弗逊的做法,把阅报的时间至少缩短一半,几周之后,你也将发现你自己比以前更快乐、更聪明了。你相信吗?你难道不愿意如此尝试1个月,并把你由此省下来的时间用来阅读更有持久价值的一本好书?你在等待电梯、巴士、送餐、约会的时候,何不取出你随身携带的那20页书来看看呢?

你在读完这20页书之后,把它们放回书本中,再撕下另外的20页。当你以这种方式读完全书之后,用一根橡皮筋套住封面,以避免那些脱落的书页四处散落。以这种方式来肢解及拆开一本书,岂不是比把它原封不动地摆在你书房的书架上毫无用处更好吗?

在你读完《如何度过一天24小时》以后,你可能会对同一位作者的另一部著作产生兴趣。那就试试《人类机器》。这本书将可使你学会如何更圆熟地与他人打交道。它也将协助你将自己潜藏着的镇静与泰然自若的优点发掘出来。

我们在此推荐这些书,不仅是推荐它们的内容,也推荐它们的表达方式,因为它们一定能增加及改进你的词汇。

另外几本有帮助的书也一并介绍如下:弗兰克·诺里斯的《章鱼》和《桃核》。这是美国有史以来最好的两本小说。前者叙述发生在加利福尼亚的动乱与人类悲剧;后者描述芝加哥交易所股票市场经纪人的明争暗斗。托马斯·哈代的《苔丝》,这是写得最美的一本小说。希里斯的《人的社会价值》,以及威廉·詹姆斯教授的《与教师一席谈》,是两本值得一读的好书。法国名作家摩路瓦的《小精灵,雪莱的一生》,拜伦的《哈洛德的心路历程》以及史蒂文森的《骑驴行》，这些书也都应该列入你的书单中。

请爱默生每天与你做伴。你可以先阅读他那篇评论《自恃》的著名论文。让他在你耳边轻声念出像下面一些如行云流水般的句子：

说出隐藏在你内心深处的信念，它应该是世界性的；因为，最内部的通常会成为最外部的——我们最初的思想经由最后审判的喇叭声传回我们身上。思想的声音对每个人都是很熟悉的，我们认为，摩西、柏拉图和弥尔顿等人的最大功绩就是，他们不受制于书籍及传统，他们不仅说出人们所说的，也说出他们所想的。每个人都该学会侦测及注意自内部闪现过他脑海的光芒，而不必去注意所谓贤者及智者的开导。然而，他却不知不觉地放弃了他的思想，因为那是他的思想。在每一位天才的作品中，我们往往会发现被我们遗弃的思想：他们带着某种疏远的高贵气质又回到我们眼前来。伟大的艺术作品不会对我们构成比这更有影响的教训。它们教导我们，以良好脾气的不妥协态度忠于自然地出现在我们脑中的印象，而不是像我们大多数时间那样，将来自我们脑海深处的声音置于一旁。否则，明天就有一位陌生人以良好的感性，正确说出我们所想的一切，同时，我们随时要被迫羞辱性地从别人那儿去获知我们自己的意见。

每个人的教育过程中，总有一段时间他会发现，嫉妒是无知的行为；模仿是自杀；不管是好是坏，他必须自己承担；虽然这个世界慈悲为怀，但每个人必须辛勤耕种分配给他的那块土地，才能获得粮食。存在于他身上的那股力量，是自然界的新事物。除了他自己之外，没有人知道他能够干什么，而他自己也要亲自尝试过之后，才会知道。

但我们把最好的作者留在最后。他们是谁呢？有人请亨利·欧文爵士提供一份书单，列出他认为最好的一百本书，他回答说："面对这一百本好书，我只会专心去研究其中的两本——圣经和莎士比亚。"亨利爵士说得对。你必须到英国文学的这两个伟大的泉源取水喝。要经常去喝，而且要尽量多喝。把晚报丢到一边去，说道："莎士比亚，到这儿来，今晚和我谈谈罗密欧和他的朱丽叶,谈谈麦克白以及他的野心。"

如果你这样做,你会得到什么回报呢?逐渐地,不知不觉地,但必然地,你的辞藻将会开始变得美丽而优雅。慢慢地,从你身上将开始反映出你这些精神伙伴的荣耀、美丽及高贵气质。德国大文豪歌德说:"告诉我,你读了些什么,我将可说出你是哪种人。"

我上面所建议的这项阅读计划,只需要花费很少的意志力,而且只需利用谨慎节省下来的少数时间……你只需每本花上5美元,就可买到爱默生论文集及莎士比亚剧本集的普及版。

马克·吐温如何发展出他对语言文字的灵巧而熟练地运用能力的呢?他年轻时,曾搭乘驿马车,一路从密苏里州旅行到内华达州。旅程缓慢,且相当痛苦,必须同时携带供乘客及马匹食用的食物——有时候甚至还要准备饮水。超重可能代表了安全与灾祸之间的差别,行李是按每盎司的重量收费的;然而,马克·吐温却随身带了一本厚厚的《韦氏辞典大全》。这本大辞典伴他翻山越岭,横渡荒凉的沙漠,走过土匪及印第安人出没的一片广袤土地。他希望使自己成为文字的主人,凭着独特的勇气及常识,他努力从事达成这项目标所必须做的工作。

庞特和查特罕爵士曾把辞典念过两遍,而且是逐页逐词都读了两遍。白朗宁也是每天翻阅辞典,并从辞典里面获得了乐趣及启示。替林肯写传记的尼可莱和海伊说,林肯常常"坐在黄昏的阳光下","翻阅着辞典,直到他看不清楚字迹为止"。

这些例子并不特殊。每一位杰出的作家及演讲家都有过相同的经验。威尔逊总统的英文造诣极高。他的一些作品——对德宣战宣言的一些部分,在文学史上必定能占有一席之地。以下是他口述的他学会运用文字的方法:

我的父亲绝对不准家中的任何人使用不正确的字句。任何一位小孩子说溜了嘴,必须立即更正;出现任何生词要立即予以解释;他并鼓励我们每一个人把生词应用到日常的谈话中,以便将它确实牢记下来。

A. 一天一个新词

纽约有一位演讲家,他一向以其句子结构严密、文辞简洁美丽而受到很高的评价。他在最近的一次谈话中,透露了他选择正确而有力文字的秘诀,那就是,每当他在谈话或阅读当中发现不熟悉的单词时,就立刻把它抄在备忘录上。然后,在晚上就寝之前他要先翻翻辞典,以彻底弄清楚那个生词的意思。如果他在白天没有发现任何生词,他在晚上就改而阅读一两页由费纳德所著的《同义词、反义词及介词》,注意研究每一个词的正确意义,以便日后当做最好的同义词使用。

这就是他的座右铭。这也意味着,在1年当中,他至少可获得365件额外的表达工具。他将这些新词全都记在一个小的笔记本上,白天一有空闲他就溜出来复习它们的词义。他已经发现,一个新单词只要使用过3次之后,就会成为他词汇中永恒的一分子。

使用辞典,不仅只是为了了解某个单词的正确意义,也是为了找出其来源。在英文辞典里,每个单词的历史及其来源,通常都列在其定义后面的括弧内。你可不要认为,你每天说的这些单词只是一些枯燥、冷漠的声音而已。其实,它们充满了色彩,拥有浪漫的生命。例如,你说"打电话给杂货店,叫他们送些糖来,"即使是在如此平淡的两个句子里,我们仍然使用了许多向不同文字及文明借用来的单词。"telephone"(打电话)这个词就是由两个希腊字组成的,"tele"这个词的意思是"远方的",而"phone"则意味着"声音"。grocer(杂货商)是从法文中一个历史悠久的单词grossier借用过来的,而法文又是从拉丁文grossarius演变而来的。它的意思是指零售及批发商人。sugar(糖)这个词来自法文;法文又系来自西班牙文,西班牙文又是从阿拉伯文借用过来,阿拉伯文又脱胎于波斯文;而波斯文的这个单词shaker又是自梵文carkara一词演变而来的,意思是指"糖果"。

你可能是在某家公司上班,或是自己开了一家公司。"公司"(company)这个词系脱胎自法文的一个古字,意思是伙伴companion。而

companion这个词又由com（与）和panis（面包）这两个词组成，这样你的伙伴companion就是要和你共享面包，一家公司company实际上就是由一群想要共同赚取面包的人所组成的。你的薪水salary就是指你用来买盐salt的钱。古罗马士兵可以领到买盐的一些津贴。后来有一天，某位阿兵哥把他的整个收入称作salarium（买盐钱），而成为一个广为流传的俚语单词，但最后甚至成为一个非常受尊敬的英语单词。你现在手中拿着一本书book，这个单词的真正意思是指一种树木beech（山毛榉）。因为在很久以前，盎格鲁撒克逊人把他们的字刻在山毛榉树干上，或是刻在用山毛榉木做成的桌面上。放在你口袋中的美元dollar，实际上的意义是valley（山谷），因为最早的钱币是于16世纪在圣卓亚齐姆的山谷中铸造的。

　　Janitor（看门人）和January（一月）这两个词都借用自意大利西部古国伊楚里亚的一名铁匠的姓氏。这位铁匠住在罗马，专门制造一种特殊的门锁及门闩。他死后，被奉为一名异教徒的神，且被塑造成拥有两张脸孔、能同时看到两个方向的神，代表了门的开启与关闭。因此，介于一年的结束以及另一年开始之间的那个月份，就被叫做January，或是称之为Janus（这位铁匠的姓氏）。因此，当我们谈到January（一月）或是一位janitor（看门人）时，我们等于是在纪念一位铁匠，他生于耶稣诞生的1 000年以前，还娶了一位名叫Jane的妻子。

　　一年的第七个月份，July（七月），是根据古罗马的Julius Caesar恺撒大帝的名字而命名的。而奥古斯都大帝为了不让恺撒一人作美，也把下一个月份命名为August（八月）。但是，在当时，八月份只有30天，奥古斯都大帝不甘心以他的姓氏为名的月份竟然比以恺撒为名的月份少了一天，于是，他从二月抽出一天，把它加进八月去。这种自负心理的偷窃痕迹很明显地显示在你现在所挂的月历上。真的，你将会发现，每个单词都具有迷人的历史。

　　试着从大辞典里寻找这些单词的来源：atlas（地图册）、boycott（抵制）、cereal（谷类食品）、colossal（巨大的）、concord（和谐）、curfew

（宵禁）、education（教育）、finance（财政）、lunatic（疯人）、panic（惊慌）、palace（皇宫）、pecuniary（金钱）、sandwich（三明治）、tantalize（诱惑）。找出它们背后的故事，这将会使这些词的意义更加多姿多彩，更加有趣，而在使用它们时你也将会更加觉得有滋有味、其乐无穷。

B. 一个句子改写了104次

试着正确说出你的意思，表达你思想中最微妙的部分，这不见得是容易办得到的——即使是有经验的作家也不一定办得到。美国著名的女作家芳妮·赫斯特曾经对我说，她有时候把写好的句子一改再改，通常要改50~100次。她说，有一次她还特地计算了一下，发现一个句子竟被她改写了104次之多。另一位名女作家沃伦坦诚地对我说，为了从一篇即将在各报纸联合刊登的短篇小说中删去一到两个句子，有时甚至要花掉整整一个下午的时间。

美国政治家莫里斯曾经述说过美国名作家戴维斯为了找出最合用的词是如何辛勤地工作的：

他写的小说中的每一个词，都是他从他所能想到的无数单词中精挑细选出来的。他所选用的词，都是依据他一丝不苟的判断，且都必须是最能经得起考验的词。每个词，每个句子，每一段落，每一页，甚至整篇小说，都是写了一遍又一遍。他采用的是一种"淘汰"的原则。如果他希望描述一辆汽车转弯驶入某院大门，他首先要作冗长而详细的叙述，任何细节都不放过。然后，他开始一一删除他痛苦思索出来的这些细节。每做一次删除，他都要问问自己："我所要描述的情景是否仍然存在？"如果答案是否定的，他就把刚刚删除的那个细节又放回原处，然后，试着去删除其他的细节，如此一一删节下去。在经过如此千辛万苦的努力之后，最后呈现在读者面前的就是那些简洁而明澈的片断。正是有了这一过程作铺垫，他的小说与爱情故事才会一直受到读者的喜爱。

我们大多数人，都没有花如此多的时间，也没有如此尽力、辛勤地寻找那些合意的字眼。我们之所以在此举出这些例子，是要向你表明，成功的作家是十分重视用正确的语言来表达自己的思考的。我们同时期望，这样做能够鼓励学习演讲的学员们对语言及文字的运用更感兴趣。当然，一个演讲者不应该到了演讲途中停顿下来，支支吾吾地，以求找出他渴望表达的意义的正确语言。不过，他应该每天练习，以对自己的意思做最正确的表达，一直到这些语言能够很自然顺畅地从头脑中涌出为止。要想成为一名成功的演讲家，你是应该这样做的，但你这样做了吗？没有。

大文豪弥尔顿在他的作品中共使用了8 000个单词，莎士比亚作品使用的词汇达15 000个。一本标准的辞典词汇为45万个。但根据最普通的估计，一般人只要认识2 000个词，在讲话时就足以运用自如了。一般人通常只懂得一些动词，以及把它们串联起来的一些连接词，再加上一些名词，以及一些被已经滥用了的形容词。一般人在精神方面也相当懒散，或是太过于专心于事业，因此无暇学习如何将意念做最正确的表达。其结果怎样呢？且让我举个例子吧。我曾经在科罗拉多的大峡谷边度过终生难忘的几天。在有一天下午，我听见一位女士竟以一个相同的形容词来形容一只狗、一段管弦乐曲和一位男士的脾气，以及大峡谷本身，那就是，他们全都很"漂亮"。

那么，她到底用的是哪一个形容词呢？因为英国语言学家罗杰在"beautiful"（漂亮）下面列出了许多的同义字。你能猜得出她所使用的到底应该是其中的哪一个吗？

C. 避免使用老掉牙的表达方式

你不仅要努力做正确的表达，也要尽量使自己的表达具有新鲜感与创意。要有勇气把你对事情的看法说出来，因为"事情本身就是上帝"。例如，在圣经记载的诺亚大洪水之后不久，一些最富创意的人首先使用了这个比喻："冷得像条胡瓜。"这个比喻真是太好了，因为它极具新鲜感。即使是在后来的贝尔夏加的著名盛宴上，这个比喻仍可保有它的原始新鲜感，并值得在一场宴会后的演讲中使用。但是到了今天，我们这些以拥有创造力而自负的人，如果还在重复使用这个比喻，你难道不感到羞愧吗？

下面是12句用于表示寒冷的比喻。它们岂不跟那个陈腐的"胡瓜"比喻具有同样的效果，不仅更新鲜，也更能为人所接受吗？

冷得像青蛙。

冷得像清晨的热水袋。

冷得像步枪的通条。

冷得像坟墓。

冷得像格陵兰的冰山。

冷得像泥土。

冷得像乌龟。

冷得像飘雪。

冷得像盐巴。

冷得像蚯蚓。

冷得像黎明。

冷得像秋雨。

趁你现在还有这份兴致，可以想想你自己的比喻，用以表达寒冷的感觉。要有与众不同的勇气，并把它们写在下面。

我曾经请教女作家凯瑟琳·诺利斯，如何才能发展出自己独特的风格来。她回答说："阅读古典散文与诗集，并严厉地删除你的作品中无意义的词句及陈腐的比喻。"

一位杂志编辑有一次告诉我，每次当他发现投来的稿子中有两三处陈腐的比喻时，他就立即把稿子退还给作者，以免浪费时间去看它！在他心目中，一个没有表达创意的作家，将无法表现任何有创意的思想。

台风与个性

台风与个性,是决定演讲成败的重要因素。唯有自然、真诚,才能赢得听众信任。有一次,卡耐基技术研究所曾对100位著名的商界人士进行过智力测验。这次测验的内容与战时对陆军所进行的测试相似。该研究所最后将测验结果郑重对外公布:在一个人事业成功的各种因素中,个性的重要性远胜过他智力的高低。

这是一项意义极为重大的结论:对商人而言,极为重要;对教育而言,极为重要;对专业人员而言,十分重要;对演讲者而言,更是十分重要。

对于成功的演讲来讲,除了事前的准备之外,个性可能是最为重要的因素了。著名演讲家阿尔伯特·哈伯德就曾说过:"在演讲中,赢取听众信任的,是演讲的态度,而不是讲稿的词句。"我要对他的这句话略作修正,应该是态度加上观念。但个性是一种模糊而且难以捉摸的东西,就像紫罗兰的香气一般,即使是最能干的分析家也无法把握。个性是一个人的全部组合:肉体上的、精神上的、心理上的,还包括遗传、嗜好、倾向、气质、思想、精力、经验、训练,以及全部的生活境况。它就像爱因斯坦的相对论那般复杂,同样几乎只有极少数人能够理解它。

个性是由遗传和环境所决定的,而且极难更改或改进,但我们可以使之强化到某种程度,使它变得更有力量,更具吸引力。无论如何,我们都可以努力对大自然赐予我们的这项奇异的事物作最大的利用。这个目标,对我们每个人都具有相当的重要性。改善的可能性尽管微乎其微,但我们仍然可以进行讨论及分析。

1. 演讲之前要充分休息

如果你希望将自己的特点发挥到极致，必须先要得到充分的休息。一位显出疲态的演讲者在讲台上是没有吸引力的。千万不要犯这种最常见的老毛病，即把你的准备工作及计划一直拖延到最后1分钟，然后再匆匆忙忙赶着进行，企图弥补失去的时间。这样干会对你的身体造成破坏，引起头脑的疲乏。这是一种可怕的破坏力量，它将会拖累你，削弱你的活力，使你的头脑与神经同时变得虚弱。

如果你必须在4点钟时向委员会发表一个重要的演讲，你就应该吃一顿轻便的午餐，如果可能的话，还可以小睡一会儿，以恢复精神。休息正是你所需要的，不管是精神上、肉体上还是神经上都是如此。

法拉的行为习惯就经常让她的新朋友大吃一惊，因为她常常很早就向他们道晚安，然后上床睡觉，留下他们同她的丈夫继续谈话。她知道她所从事的艺术工作需要有充足的睡眠。

诺蒂卡夫人在她当上了歌剧第一女主角后就表示，必须放弃自己所喜爱的一切：社交生活、朋友、诱人的美食。

当你要发表一篇重要的演讲时，注意，切不可吃得太饱。你演讲第一顿的饮食要像一位圣徒那般少。周日下午5点，亨利·比彻经常只吃一些饼干，喝点牛奶，除此之外不会再吃任何东西。

摩贝尔夫人说："要是我准备在晚上演唱，我就不吃午餐，只在下午5点的晚餐进分量很少的食物，包括一块鸡或鱼肉，或是甜面包、一个苹果和一杯水。每一次当我从歌剧院或音乐会回到家中时，总是发现自己饿得都支持不住了！"

摩贝尔夫人和比彻的做法真是太明智了。我起初也不理解这样做的意义，后来，当我成为一名职业演讲家之后，每当我在吃完一顿丰盛的大餐后要发表两个小时的演讲时，我才明白个中的道理。经验告诉我，在喝完饭前酒及汤之后，接着就是牛排、炸薯片、沙拉、蔬菜和甜点，带着这样的负重感再到台上站上1个小时,到那时我不但不能发挥我身体的最佳状况,而且也不能使我的演讲尽情发挥。本来应该流淌在我脑中的血液,现在全都集中到了胃部去同牛排及炸薯片战斗去了。著名音乐家帕德列夫斯基说得对!他说,他若在演奏会之前随心所欲地大吃一顿,那么他身上的兽性将会占据最上风,甚至还会渗进他的指尖,而使他的演奏遭到破坏及变得呆板。

2. 不要忽略衣着与态度

有一次,一位担任大学校长的心理学家向一大群人发出问卷,向他们询问,衣服对他们产生什么影响。结果,被询问者几乎一致表示,当他们穿戴整齐、全身上下一尘不染时,他们能清楚地知道自己穿得很整齐,而且也可以感觉得到,这表明衣服会对他们产生某种影响。这种影响虽然很难解释,但十分明确,十分真实。得体的衣服会使他们增加信心,使他们的自信心大增并提高他们的自尊心。他们发现,当他们的外表显得很自信时,他们的思想也比较容易顺畅,他们的表达也更容易取得成功。这就是衣装对穿着者本人所产生的影响。

演讲者的衣着会对听众产生什么影响呢?我注意到,如果演讲者是位不修边幅的男士,穿着宽宽松松的裤子、变形的外衣和鞋子,自来水笔和铅笔露在胸前口袋外面,一张报纸、一只烟斗或一罐烟草把西装的外侧塞得凸了出来;如果演讲者是一位女士,带着一个样子丑陋的大手提包,衬裙还露在外面,听众对这样的一位演讲者根本就没有信心,就如同演讲者对自己的外表也没有信心一般。看了他或她那个蓬乱样,听众岂不是也认为,这位演讲者的头脑一定也是乱七八糟的,就如同他那蓬乱的头发、未经擦拭的皮鞋,或是胀得鼓鼓的手提包一样。

当罗伯特·李将军代表他的军队前往阿波麦托克斯镇表示投降时,他穿着一套整整齐齐的制服,腰边还系了一柄很珍贵的长剑。与他形成鲜明对照的是,格兰特却未穿外套,也未佩剑,只穿着士兵的衬衫和长裤。格兰特后来在他的回忆录中写道:"相较之下,我一定是个十分怪异的对象,而对方则是一名衣着漂亮的男士，身高6英尺，服饰整齐。"未能在这个历史性场合穿上合适得体的服饰，这也成为格兰特将军一生中最大的遗憾之一。

美国农业部曾在其实验农场上养了几百箱的蜜蜂。每一个蜂巢都被装上一面很大的放大镜，只要按下按钮，蜂巢内部就会被电灯照得通明。这样，在任何时候，不论是白天或夜晚，这些蜜蜂的一举一动都能被很细密地观察到。演讲者的情况也与此类似。他也像被安置在放大镜下，被聚光灯所照射，所有的眼睛都在看着他。在众目睽睽之下，他个人外表上哪怕是最微小的不协调之处，也立刻会像科罗拉多的帕克山峰那般醒目。

几年以前，我曾替《美国杂志》撰写过一篇关于纽约一位银行家的生平故事。我请他的一位朋友说明他成功的原因。他说，这位银行家成功的最重要因素，在于他那迷人的微笑。乍听之下，这种说法可能显得有点儿夸张，但我相信这是千真万确的。其他的人——可能有几十个甚至几百个，可能拥有更丰富的经验，而且也具备更为优越的财经判断力，但这位银行家却不同，他拥有他们所没有的一种额外资产：最随和的个性。在这种个性中，他那温暖、受人欢迎的微笑，则是其中最大的特色之一。这种微笑能使他立即赢取别人的信任，使他立刻获得别人的好感。只要是与他有过一面之交的人，都愿意看到他获得成功，而且都十分乐意对他表示支持。

中国有个成语叫"和气生财"。在观众面前展露笑容，岂不是与在柜台后面的笑容一样受人欢迎吗？谈到这儿，想起了一件事，有位学生参加了由布鲁克林商会主办的演讲训练班。当他出现在观众面前时，全身都散发出一股气息，仿佛在向台下的人表明他很高兴能来到这儿，他很喜欢他即将进行的演讲。他总是面带微笑，而且显得十分乐意地面对着他的听众。他的这种情绪很快感染了台下的每一位听众，人们立即觉得他十分亲切，而他也大受欢迎。

与之形成鲜明对照的是，我却经常看到演讲者以一种冷漠、造作的姿态走上讲台，以一种很不情愿的神态来发表这次演讲。等到演讲完了，好像完成一个苦差事似的,谢天谢地的。我们这些当观众的,也会很快被他的这种情绪所感染,会十分沉重地听完他的演讲。

奥佛·斯特里特教授在《有影响力的人类行为》一书中写道:

喜欢产生喜欢。如果我们对我们的听众有兴趣,听众也会对我们产生兴趣。如果我们不喜欢台下的听众,他们不管在外表或内心,也会对我们表示厌恶。如果我们表现得很胆怯而且慌乱,他们也会对我们缺乏信心。如果我们表现得很无赖,而且大吹其牛,听众们也会表现出自我保护性的自大。经常的,我们甚至尚未开口说话,听众就已评定我们的好或坏了。因此,我有充分的理由指出,我们必须事先确信我们的态度一定会引起听众的热烈反应。

3. 把听众聚集在一起

身为一名演讲者,我经常会在下午对稀稀落落分坐在大厅内的一小群听众发表演讲,或是在晚间对拥挤在一个狭小空间内的一大群人发表演讲。在不同时间,听众对演讲者的反应是不一样的,晚上听众们听了会开心地哈哈大笑的同一个话题,到了下午却只能使听众们的脸上露出浅浅的微笑;晚上的听众会对每一段落都报以热烈的鼓掌,但下午的听众们却毫无反应。

这是为什么呢?其中一个原因是,下午的听众大多是年老的妇人或小孩子。他们当然比不上晚上那些精力充沛且比较有辨识能力的听众那般对讲题有那样热烈的反应。但这只是一部分的原因而已。

更真实的原因是,当听众分散开来时,他们不易受到相互感染。世界上再也没有比那种场地里空空的听众与听众之间空了很多椅子更能浇灭听众的热情了。

亨利·比彻在耶鲁大学发表有关讲道的演讲时说:

"人们经常问我:'你是不是认为,对一大群人发表演讲,要比向一小群人演讲更有意思?'我的回答是否定的。我可以向12个人发表精彩演讲,同样,我也可以向1 000个人发表同样精彩的演讲,对于前一个群体只要这

12个人能够围坐在我的身边，紧紧地靠在一起，并且彼此可以碰到对方的身体。同样，对于后一种情形，如果1 000个人分散而坐，每两个人还相隔4英尺之远，那也像在一间空无一人的房子里一般糟糕……把你的听众紧紧聚集在一起吧，你只要花一半的精神，就能令他们大为感动。"

当一个人置身于一大群听众之间时，他很容易有一种失去自我的感觉，因为他成了这些听众中的一分子，这当然比他单独一个人时更容易受到影响，他会不由自主地随大众的气氛时而开怀大笑时而热烈鼓掌。但如果他只是听你演讲的五六个听众中的一个，虽然你对他说的仍然是同一内容，由于气氛太冷清，他会显得无动于衷。

当人们成为一个整体时，你很容易使他们发生反应，相反，如果你要使一个独处的人有所反应，就比较困难了。例如，当男兵们前往战场时，他们一定会采取世界上最不顾一切后果的行动：他们希望大家聚成一团。在第一次世界大战期间，大家都知道德国士兵们上战场时，彼此要紧握住同伴们的手不放。

群众！群众！群众！他们是一种很奇特的现象。所有规模庞大的运动及社会改革，都是经由群众的呼应而推展开来的。关于这个题材，我的书里有一本极为有趣的著作作了极为精彩的论述，这本书就是由艾佛特·狄恩·马丁所写的《群众行为》。

如果我们要向一小群人发表演讲，就应该去找一个小房间。把听众塞进一个狭小的空间，好过让他们分散在宽广的大厅里。

如果你的听众坐得很分散，就请他们移到前排来，坐在靠近你的位子上。你一定要坚持让他们移过来后才展开你的演讲。

除非听众相当多，而且确实需要演讲者站到讲台上去，否则不要这样做。你可以下台去和他们站在同一高度，站在他们身边，这样可以不拘形式，同听众们亲切地打成一片，这能使你的演讲和日常谈话一样。

4. 注意演讲场所的环境

保持空气的新鲜。在演讲过程中，氧气的供应是极为重要的基本要素。不管是如何动人的演讲，也不论是音乐厅中如何美丽的女高音，都无法使置身于恶劣空气中的听众保持清醒。因此，当我置身于一个空气不怎么清新的环境中发表演讲时，在开始演讲之前，我总是要请听众们站起来先休息两分钟，同时把窗户全部打开。

过去14年来，詹姆斯·庞德少校曾担任过亨利·比彻的经理，为此他不得不一直穿梭于美国及加拿大各地。当时，这位著名的布鲁克林传道师广受人们的欢迎。庞德经常在信徒来临之前，先去察看比彻将要前往传道的地点，并且认真地检查灯光、座位、温度及通风情况。庞德是位喜欢大吼大叫的退伍陆军军官，他很喜欢运用权威。因此，如果一处传道场所太热，空气不流通，而他又打不开窗子，他会拿起书本对着窗户丢过去，一下子把窗户的玻璃砸得粉碎。他深信："对于一位传道者来说，仅次于上帝恩典的最佳事物就是氧气。"

灯光是影响演讲成功与否的另一要素。除非你是在一群人面前表演招灵术，否则，应尽可能让房间里的光线保持充足。要在一个像热水瓶内部那样半明不亮的房间里激发起听众的热烈情绪，就如同想要驯服野鹌鹑那般困难。

如果你看过名制片家彼拉斯科有关舞台制作的著作，你将会发现，一般演讲者对于适中灯光的重要性的观点可以说是一丝一毫也没有。

让灯光照在你的脸上，人们希望看清楚你的面容。在你五官上所产生的那种微妙变化，是自我表现的一部分，而且是最为真实的一部分。有时候，这种外观表现更甚于你的言语表达。如果你站在灯光的正下方，你的脸孔上可能会有阴影；如果你站在灯光的正前方，你的脸上一定也会有阴影。因此，在你站起来演讲之前，先选定一个光线最佳的地点，这岂不是一种很聪明的行动吗？

千万不要躲在桌子后面。听众希望看到演讲者的全部面貌。你是否发现，有的人为了打量你，他们甚至会从座位上探出头来，以把演讲者的整个人看清楚。

一些好意的演讲组织者一定会替你预备一张桌子，一个水壶和一个杯子。实际上，如果你的喉咙很干，可以考虑含一点盐在口里，或尝一点柠檬，它们会使你的唾液再度流出来。

你不能要水壶或杯子。你也不能将一般讲台上放置的那些毫无用处且又难看的废物堆在你的讲台上。

你是否打量过，位于百老汇大道上的各种品牌的汽车展示厅都布置得十分漂亮、整洁、干净，让人赏心悦目。法国巴黎那些名牌香水及珠宝店的办公室也布置得既高雅又豪华。这是为什么？因为这些产品都极为高级。当顾客看到这些展示室布置得如此美丽之后，将会对这些产品更加肃然起敬，更有信心，也将更为羡慕。

同样的理由，一名演讲者也应该拥有为他设置的令人赏心悦目的背景。在我的意念中，理想的布置应该是完全没有家具的，在演讲者的后面不应有任何吸引听众注意力的东西，在他的两边也不能有任何东西。也就是说，除了一幅深蓝色的天鹅绒幕布之外，什么东西也不要。

但是，看一看，一般演讲者的背后通常都有些什么东西呢？地图、图表及桌子，也许还有很多积满灰尘的椅子相互叠在一起。这会造成什么结果呢？只会是一种粗俗、凌乱及不调和的气氛。因此，你一定要把没用的东西全部清除掉。

亨利·比彻说："演讲中最重要的东西，就是人。"

因此，你一定要让演讲者在整个会场突显出来，要像少女峰白雪覆盖的峰顶与瑞士的蔚蓝天空相互辉映那般突出。

有一次我在加拿大安大略省的兰登市，正好碰上加国总理在当地演讲。在他演讲时，却有一名工友拿着一根长木棒从这个窗户走到另一个窗户，他在——调整窗子的开合。结果发生了什么事呢？听众几乎一致地暂时忘记了台上的演讲者，转而去看那位工友，仿佛他正在表演什么魔术似的。

不管是听众或观众，他们都无法抵抗——或者应该说他们不愿意抗拒，向移动物体望去的诱惑。演讲者只要能够记住这一真理，那么，他就能使自己免于一些困扰及不必要的烦恼了。

第一，他应该克制自己，不要把弄自己的手指、拨动衣服或是做些能减少别人对他的注意力的一些紧张的小动作。我记得，有一次有位很有名的纽约演讲家在演讲时，用手玩弄着讲台上的桌布，结果听众们全都专心地望着他的手，足足有半小时之久。

第二，如果可能的话，演讲组织者应该把听众的座位做适当的安排，使他们不会看到迟到的听众进来，如此可以防止他们分散注意力。

第三，演讲者不应该安排贵宾坐在讲台上。几年以前，雷蒙·罗宾斯在布鲁克林发表一系列的演讲。他邀请我和另外多位贵宾一起坐在讲台上。我予以了拒绝。理由是，这样做对演讲者并不好。第一天晚上，我注意到很多位贵宾移动身子，以及把一条大腿放到另一条大腿上，然后又放下来，等等。每一次，他们之中只要有任何一个人稍微移动一下，听众就会把眼光从演讲者身上移到这位宾客身上。第二天，我把这种情形告诉了罗宾斯先生，请他注意。于是，在以后的几个晚上，他很聪明地单独一个人站在讲台上。

比拉斯克不允许舞台上放置红色的鲜花，因为它们会吸引听众太多的注意力。演讲者怎么可能允许在他演讲时有一个动个不停的人面对观众坐着呢！他不应该这样做。只要他稍微聪明一点，就不应该这样做。

5.保持良好的姿态

演讲者在演讲之前，不要坐着面对听众，你应以崭新的姿态到达会场，这岂不是比听众在你还没有演讲之前就看到你的尊容更好一点吗？

但是，如果我们必须先坐下来，也要十分注意我们的坐姿。你一定看过别人四处张望找空位子的情形吧，那是否很像一头猎犬在找一处可以让它躺下来过夜的地方？他们先是到处张望着，当他们真的找到一张椅子时，就加快脚步跑上前去，然后就像放置一个大沙袋一样把自己的身体猛地放在了椅子上。

懂得如何坐的艺术的人就不这样，他一般先用脚背碰一下椅子，并使自己在内心的完全控制下，让整个身子从头部到臀部都保持轻松的直立姿势，然后缓缓坐下去。

我们在前面说过，不要拨弄你的衣服或首饰，因为这样做会分散听众对你的注意力。不仅如此，这样做还会给人一种懦弱而缺乏自我控制的印象。任何不能增加你的演讲分量的动作都会减少听众对你的注意力。在演讲会场，是没有任何动作不会吸引听众注意力的。因此，当你站立时，必须保持静止的状态控制好你的身体，这样就会使你在听众面前产生一种能控制心理的、泰然自若的感觉。

当你准备站起来向听众发表演讲时，急急忙忙地开口是业余演讲家的通病。你应先深深吸一口气，对着你的听众望大约1分钟的时间，如果听众席上还有嘈杂声或骚动，停下来，等到一切平静为止。

挺起你的胸膛，这种姿势有助于你自信的表达，让听众从你这儿感受到一种力量。当然这种行为也不是说当你站在听众面前的霎时就能笔直的站立的，你必须每天都这样练习，只有这样，当你站在听众面前时，你才会很自然地挺起胸膛。

卢瑟·克里克在他的《有效率的生活》一书中说："在每10个人当中，我们也找不出1个能使自己保持最佳姿态的人……你一定要使颈部紧紧贴住衣领。"他建议人们每天从事下述这种练习：缓慢地吸气，但要尽量用力。与此同时，把颈部紧紧贴住衣领。即使这一套动作很夸张，也对你有益而无害。这样做的目的是为了使介于两肩之中的背部能够挺直，同时也会使胸部加厚。

你的双手应该如何摆放呢？忘掉它们吧。如果能够将它们很自然地下垂于身体两侧，那就最理想了。如果你感到它们就像一大串香蕉似的，千万不要以为没有人会去注意它们，或是没有人对它们感兴趣。

最好是让它们轻松地下垂于你身体的两侧，这样才不会引起人们的注意。即使是最吹毛求疵的人也无法批评你的这种姿势。当然，如果需要，你还可以自然地打出各种强调性的手势。

但是，假如你很紧张，而且你发现，把它们放在你背后，或是插入口袋中，或是放在讲桌上，能够使你减少紧张的情绪，你该怎么办呢？运用你的常识去判断。我曾经聆听过我们这一时代许多著名演讲家发表的演讲。他们之中的许多人在演讲时，会偶尔把手插入口袋中。布莱恩曾这样，德普也曾这样做过，罗斯福总统也会这样做。即使像英国政治家狄斯累利这样注重仪态的绅士，有时候也会向这种诱惑投降。但是，天并不会塌下来，而且根据气象预报，如果我的记忆正确的话，明天早上，太阳仍会准时升起。如果一个人准备演讲的内容是有价值的，而且他也能很有说服力地说出来，那么，他究竟如何处理他的双手或双脚，当然是小事一桩。只要他的头脑充实，心中热情澎湃，则这些次要的细节大都是可以自行解决的。毕竟，发表演讲最重要的部分是内容，而不是手或脚的姿势问题。

这会很自然地引领我们去注意到经常被滥用的姿势问题。我所上的第一堂演讲课，是由中西部一所学院的院长亲自讲授的。在我的记忆中，这一堂课谈到的主题就是姿势问题。遗憾的是，对我来说，这堂课不仅毫无用处，而且认为其观念错误，绝对有害。他教导我说，我应该让我的手臂松弛地下垂于我的身体两侧，手掌心向后，手指半弯曲，拇指与我的大腿接触。他还训练我要以优雅的曲线举起我的手臂，手腕以古典方式转一圈，然后先把食指伸开，接着是中指、小指。等到这堂具有美学及装饰性的训导进行完毕后，还要求我的手臂再循着同样优雅但不自然的曲线放下来，还要再度贴住大腿外侧。整个表演极其呆板，而且十分造作，完全不合情理，也非常不真实。十分可笑的是，在他内心深处还觉得他所教的这一套是别处学不到的。

然而，他没有教我应创造出一套独特的动作；也没有鼓励我培养起做出手势的感觉；没有要求我在这样做的过程中注入生命的活力，使它显得自然；也没有要求我放松心情，学会自动自发，突破我保守的外壳，像一个正常人一样谈话及行动。整个表演令人感到十分遗憾，就像一架打字机一样，也像去年已筑的鸟巢般毫无生气，更像电视闹剧那般荒唐不堪。

如此荒谬的言谈居然到了20世纪还能听到教授，这实在令人难以置信。就在几年以前，我的书架上还曾摆放过一本有关演讲姿势的书——整本书的内容都在企图使人成为机械。它居然告诉读者，在讲到这个句子时该做出什么手势，讲到那个句子时又该做出什么手势，哪种情形要用一只手，哪种情形要用双手，哪种情形要把手举高，哪一种要举到中等高度，哪一种要放低，如何把这根手指弯起来，以及怎样弯起那根手指。有一次我看到有20个同学站在一班同学的面前，同时念着从这本书中摘录出来的相同句子，并在完全相同的句子上做出完全相同的手势，这一场景使人感到非常荒谬可笑、造作、浪费时间、机械化且有害于健康。这种机械化的演讲观念已使许多人对演讲教学产生了极为恶劣的印象。马萨诸塞州一所规模很大的学院的院长最近说，他的学校不开班教授演讲，因为他一直未看到任何一种实用而且能教学生合情合理发表演讲的教学方法。我百分之百同意这位院长的看法。

有关演讲姿势的所有著作，9／10都是废纸一堆，而且它们不只是浪费了好纸张及好油墨，因为让学生从这些书上学来的任何姿势，很可能都是一大误导。你要想学会有用的姿势，只能自己去揣摩，从自己的内心，从自己的思想，从你自己对这方面的兴趣中去培养。唯一有价值的手势就是你天生就会的那一种。一盎司的本能比一吨的规则更有价值。

手势与晚宴服这种可以随意穿上或脱下的东西完全不同。后者只是一个人内在本能的一种外在表现，如同亲吻、腹痛、大笑及晕船一般。

而一个人的手势，就如同他的牙刷，应该是专属于他个人使用的东西。而且，诚如人人特点各异一般，只要他们顺其自然，每个人的手势也应该都各不相同。

不应该把两个特点各异的人训练成手势完全相同的人。你们可以想象，如果个子修长、动作笨拙、思想缓慢的林肯，和说话很快、个性急躁而且温文尔雅的道格拉斯使用完全相同的手势，那将是多么荒谬无比！

据曾经与林肯共同执行法律业务并且替他撰写传记的贺恩登说：

林肯用手做手势的次数，不如他用脑袋做姿势那般多。他经常使用脑部，也就是在加强部分，他会用力甩动头部。当他企图强调他的某种说法时，这种动作尤其有意义。有时候这个动作会猛然顿住，仿佛将火花飞溅到易燃物上一样。他从来不像其他的演讲者那般猛挥手势，好像要把空气及空间切成碎片一般。他从来不采取具有舞台效果的行动……随着演讲过程的进行，他的动作会愈来愈自由而且安然自在，最后达到优美的程度。他拥有完全的自然感，强烈的特点，因此他也就显得富有尊严且十分高贵。他看不起虚荣、炫耀、造作与虚伪……当他把见解散播于听众的脑海中时，他右手的瘦长手指则蕴含着一个极有意义而又特加强调的世界。有的时候，为了表示喜悦与欢乐，他会高举双手，大约成五十度的角度，手掌向上，仿佛渴望拥抱他所喜爱的那种精神。如果他所要表现的是厌恶的情绪，例如，谴责奴隶制度时，他会高举双臂，握紧双拳，在空中挥舞，表现出真正的憎恶感。这是他最有效果的手势之一，表现了他的一种最生动的坚定决心，显示他决心把他痛恨的东西接下来，丢在灰尘中予以践踏。他总是站得中规中矩，两脚的脚指头踏在同一条线上；也就是说，他绝不会把某只脚放在另一脚之前。他绝不会扶住或靠在任何东西上支撑身体。在整个演讲过程中，他只对他的姿势与态度做少许的变化。他绝不会狂喊乱叫，也不会在讲台上来回走动。为了使他的双臂能够轻松一点，他有时会用左手抓住外衣的衣领，拇指向上，剩下的右手可自由地做出各种手势。

著名雕塑家圣高登斯曾把他的这种姿态雕成一座雕像，矗立在芝加哥的林肯公园。

罗斯福则比林肯更有活力、更激昂、更积极。他的脸孔因为充满各种表情而显得生气蓬勃。他握紧拳头，整个身体成为他表达感情的工具。政治家布莱思在演讲时经常伸出一只手，手掌张开。格雷斯通经常用手掌拍击桌子，或是用脚踩地板，发出很大的声响。罗斯伯利习惯高举右臂，然后以无尽的力量猛然往下一甩。当然，这种力量不是每个人身上都具备的，只有演讲者的思想与信念具有相当的力量才行，只有这样才能使演讲者的姿势强而有力，显得自然。

自然而充满活力，它们是行动的至善表现。英国政治家伯克的手势非常的笨拙，且极不自然。英国名演讲家庇特，用手在空中乱舞，"像个笨拙的小丑"。亨利·凯尔文爵士跛着脚，行动怪异。麦考雷爵士在讲台上的行为，也令人不敢恭维。葛拉登也是一样。巴尼尔也一样。已故的库松爵士在剑桥大学说："答案显然在于：伟大的演讲家有他们自己独特的手势。虽然伟大的演讲家一定要有漂亮的外形及优雅的姿态，但如果演讲者不巧生得很丑，行动又笨拙，那也没有太大的关系。"

许多年以前，我听过著名的吉普西·史密斯的传道。他的演讲曾使好几千人信了耶稣，我对他的精彩演讲极为佩服。他也使用手势——而且用得相当多，但不致令人觉得有任何不自然的地方，这才是最理想的方式。只要你能练习及运用这些原则，你将发现，你自己也是以这样的方式来做出你的手势的。我无法替你举出任何运用姿势的法则，因为一切决定于演讲者的气质，决定于他准备的情形，他的热诚，他的个性，演讲者的主题、听众，以及会场的情况。

不过，我这儿仍有有限的几条建议，可能对你也有点用处。不要重复使用一种手势，否则会令人产生枯燥、单调的感觉；不要使用肘部做短而急速的动作；由肩部发出的动作在讲台上看来要好得多；手势不要结束得太快；如果你用食指强调你的想法，一定要在整个句子中维持那个手势。一般人都会忽略这一点。这是很普通但也是很严重的错误。这种错误会削弱你所强调的内容，而相形之下，一些不重要的事情反而会变得仿佛很重要，而使真正的要点却显得不那么重要了。

当你在听众面前进行演讲时，只做出那些自然发出的手势。当你在练习时，如果必要的话，应强迫你自己做出手势。因为在台下，当你强迫自己这样做时，会显得十分清醒而刺激，不久，你的手势将会自然而然地流露出来。

把书本合上。你无法从书本上学会手势的。当你演讲时，你自己的冲动和欲望才是最值得你信任的，比任何教授所能告诉你的任何指示都更有价值。

如果你忘记我们对手势所做的一切说明，而你又将上台演讲，请记住一点：如果一个人如此专心于思考他所要说的内容，并如此急于把他的意见表达出来，以至于他忘掉了自己的存在，谈话及举止皆出于自然，那么他的手势及表达方式将不会受人批评。如果你对此有所怀疑，你可以走向某人，一拳将他打倒。你将会发现，当那人站起来之后，他将会向你说出一段几乎无懈可击的完美谈话。

以下三句话是对演讲时台风的最好说明：

a. 装满桶子。

b. 敲掉塞子。

c. 让自然跳跃。

第六章

有效说话的挑战

介绍演讲者、颁奖与领奖

当你应邀当众讲话时,你可以推介另一个人为自己做一个开场白,以对当天的演讲作一个说明,或者说些轻松的话以活跃气氛。也许你是某个民间组织的节目主持人,或是一个妇女俱乐部的议员,你将面对介绍一下本次会议的主讲人的任务,或是你期盼着要在当地的俱乐部上发表演讲,或是在自己的销售小组、工会聚会或政治组织里谈论自己的看法。本章主要是协助你如何准备介绍辞,同时也就颁奖辞和领奖辞的表达提供一些有用的建议。

约翰·马森·布朗是一名作家兼演讲家。他活泼生动的演讲在全国各地赢得了无数听众。一天晚上,他在同即将把他介绍给听众的那个人讲话。

"别担心要说什么,"那个人对布朗说,"放轻松点,我才不相信演讲还要准备呢!哼,准备有啥用,他会破坏整件事的美感,也坏了兴头。在这种场合,我只是等着站起来时的灵感来找我。我这样做还从来就没有过闪失呢!"

这些殷殷切切的话不禁使布朗期待着他会对自己作一番好的介绍,以有利于演讲的气氛,但是岂料,这个人站起来之后的讲话却完全出乎意料,据布朗在他的一本书里的回忆:

"各位先生,请注意一下好吗?今晚有个坏消息告诉你们,我们本想请艾萨克·F·马克松先生为各位演讲,遗憾的是,他不能来,他病了。(鼓掌)接着我们又想请参议员柏莱特基来为你们讲话……可是他却太忙了。(鼓掌)最后我们想请堪萨斯城的洛伊德·葛罗根博士前来对各位讲话,也不成。所以我们只好由约翰·马森·布朗来替代。(鸦雀无声)"

布朗先生回想起这场几近陷入灾祸的演讲时,只说了这样一句:"我的这位朋友，那位大灵感家，总算说对了我的名字。"

你当然看得出，那个如此确信自己的灵感可以应付一切的人，就算他原本有意这样做，也不会比他现在搞得更糟了。他的介绍有违他对他要介绍的演讲人的职责，也有愧于他对听众要尽的职责。其实他要承担的职责并不多，却很重要。使人惊讶的是，许多节目主持人都不明白这一点。

介绍辞具有与交际介绍一样的作用。它使演讲人和听众相会在一起，为他们酿造友好的气氛，并在他们之间建立起兴趣的桥梁。也许有人说，作为介绍人，"你不必说什么话，你只需介绍演讲人即可。"如果这样认为，你可就把事情看得太简单了。没有哪一种因素会比介绍辞对演讲造成更大人为地破坏了。一些人的介绍辞之所以会对演讲造成如此大的伤害，可能就是因为许多准备作介绍辞的主持人太看轻了它的功效的缘故。

"介绍辞"，从其词义来讲，它是由两个拉丁文词素，即"intro"（至内部），与"duce"（引领）所构成的。其意为，引导我们深入进题目的内部，使我们想要听听有关它的讨论。同时，它也应该引领我们前去见识演讲者的内在事实，去见识能显示他足够胜任探讨这一特别题目的事实。换言之，介绍辞应能把题目"推销"给听众，亦应将演讲人"推销"给听众，而且应尽可能在最短时间内把这些事情做完、做好。

这就是介绍辞所应该达到的效果。可是所有人都做到了吗？没有，十之八九没有做到——我要特别强调这个"没有"。多数介绍辞都十分拙劣，它既软弱又空乏，简直让人不可原谅。若是你在做演讲人的介绍者时，明白自己任务的重大，并能以正确的方式去做，他一定很快就会成为大家争相邀请的典礼嘉宾或主持人了。

以下是一些建议，可帮你准备一套组织完备的介绍辞。

1. 认真准备自己要说的话

介绍辞虽然简短，一般都不超过1分钟，但必须认真准备。首先，要搜集材料，主要包括三个方面：演讲的题目，被介绍人讲这个题目的资质，以及被介绍人的名字。有时也会出现第四项，即为什么会选这样一个演讲的题目，也就是说，这个题目如何会引起听众特别的兴趣。

作为介绍者，你一定要确知正确的讲题，并透彻了解演讲者将如何对演讲的题目进行发挥。最尴尬的事情莫过于演讲者会对你的介绍提出异议，并宣称你介绍的其中某个部分，与他所持的立场不符。为了避免这种情形，你最好在介绍完演讲人的题目后，不对其内容胡乱臆测。但是作为介绍人，你的责任却不仅是要正确地介绍讲题，并且还要指出它是为听众所确切关心的，所以倘若可能，你应设法直接从演讲人那里取得第一手的资料，以掌握他要演讲的确切内容。假使须仰仗第三者，比如说节目主持人，则应设法从他那里获得书面资料，并于会议前向演讲人查证。

不过，或许大部分的准备都被用于获取演讲人的资格资料方面。在某些情况下，如若你的演讲人闻名全国或名噪一方，你便可以从《世界名人录》或类似书籍中获知准确资料。如若他是一个地方性的人物，则可求助于他所在的公共关系或人事部门。你也可以去拜访他的亲密朋友或家人，以核实资料。最主要的，就是要把对方的传记资料搞准确。当你认真作这些准备时，那些接近演讲者的人会乐于提供材料的。

当然叙述太多也令人厌烦。如果你指出某人是博士了，还要提及他的学士、硕士学位，就是多余。同样的，最好是指出对方最高和最近的职务，而不要牵扯出一大堆他大学毕业后所曾担任过的职位。最紧要的是，对对方事业中较次要的成就可以略过，但你切不可忽略其最杰出的成就。

举例说，我听过一位知名的演讲家——他应该还可以更知名的，是如何介绍爱尔兰诗人W·B·耶兹的。在这个会议上耶兹是要朗诵自己的诗。就在此3年前，耶兹曾获得诺贝尔文学奖，这是颁发给文人的最高荣誉。我相信听众中知道该奖及其重要性的人不及1／10。无论如何，在他朗诵之前这两件事情都值得一提。就算别的什么都不说，这两件事则一定要说。但是主持人是怎么做的呢？他完全忽略了这些事，反而离题地去谈论什么神话和希腊的诗歌。

另外，最重要的是，要确定演讲人的名字，并即刻使自己熟悉其准确的发音。约翰·马森·布朗说，有的介绍人曾将他介绍为约翰·布朗·马森，甚至约翰·史密斯·马森呢！加拿大著名幽默家史蒂芬·李科克在他那篇轻快的散文《今晚我们相聚》中谈及人家对他的介绍辞：

我们大家都以无比兴奋的心情期待着李洛德先生的光临。我们已通过他的著作与之相识，并且似乎成了老朋友。当我告诉李洛德先生，他的大名在本城早已家喻户晓的话，我这样说并不夸张。本人感到非常非常的荣幸，能向各位介绍——李洛德先生。

搜寻资料的主要目的是为了使介绍更为明确，因为介绍辞必须明确才能达到目的——以提高听众的注意力并从内心接纳演讲人的演讲。那些准备不足的主持人，常常会吐出像以下这样含混而令人昏昏欲睡的话来：

我们的演讲人闻名遐迩，被一致认为是所演讲的题目的权威。我们非常想聆听他对此领域的高见，因为他来自一个——一个遥远的地方。本人感到极大地荣幸，向各位介绍他，现在且让我们看看——噢，在这里——空白先生。

稍稍花点时间准备，我们便可避免对演讲者和听众造成如此恶劣的印象。

2. "题目—重要性—演讲者"公式

对大部分的介绍辞而言，题目——重要性——演讲者这个公式是个近便的指引，可帮助你组织所搜集的研究资料：

题目。宣布演讲者的正确讲题，然后展开介绍。

重要性。在这个阶段里，要在题目和听众的特殊兴趣之间架起一座桥梁。

演讲者。到此时要列出演讲者的杰出资历，尤其是与他的题目有关的。然后明确而清楚地宣布他的姓名。

上面这一公式有许多可供你施展想象力之处，但要注意的是，介绍辞切莫被削剪得枯燥无味。举一例，以说明一个高明的介绍人，他既能依照该公式而行，却又不露出公式的痕迹。此介绍辞是纽约市一位编辑荷姆·桑提供

的,这篇介绍辞被用于向一群新闻记者介绍纽约电话公司的主管乔治·韦伯姆:

我们演讲人的题目是《电话如何为你服务》。

对我而言,这个世界有很多令我感到神秘的东西,如爱情啦,还有,比如赌马人的执著啦,而其中之一,则是打电话时所发生的神妙事情。

你的电话号码怎会接错?为何有时你从纽约打电话至芝加哥,反比从家里打至山那头的另一城镇来得快?我们的演讲人不仅知道这些问题的答案,而且还知道其他一切有关电话问题的答案。20年来他的工作一直是:将有关电话的各种详细资料整理分类,使这一事业为外人所明了。他是一位电话公司的主管,因勤奋工作而获此职衔。

现在他要告诉我们,他的公司为我们服务的方法。如果各位对今日的电话服务感情深浓,请视他为施恩的圣者。倘若各位最近深为电话所扰,请让他做答辩的发言人。

各位先生,各位女士,今天给各位演讲的,就是纽约电话公司的副总裁,乔治·韦伯姆先生。

请看,这位主持人的介绍是多么灵巧地使听众想起了电话。他先是提出问题,以激起听众的好奇,然后指出演讲者可以回答这些问题,以及听众可能提出的问题。

我不相信这番介绍辞曾预先写下并在台下背诵过,因为就算是写在纸上,读起来仍会如会话般明畅自然。

介绍辞不宜事前记诵。一次,克妮莉亚·斯金纳让一位晚会主席介绍她时,这位主席一时忘了背好的词儿。她只得深深吸了一口气,然后说:"由于伯德上将索价过高,我们今晚请来的是,克妮莉亚·斯金纳。"

介绍辞应真诚自然,仿佛就在临场脱口而出一样,切莫僵硬严肃。

上面所引韦伯姆先生的介绍辞中,我们就找不到任何一句陈词滥调,诸如,"它给了我莫大快乐","向各位介绍他是我的一大荣幸",等等。宣布演讲人的最佳方法就是直呼他的名字,或者在说完"自我介绍"后再说出他的姓名。

有些主持人的毛病是说得太长,搞得听众烦躁不安。有些人则纵情于雄辩的幻想中,想使演讲人和听众深深记住自己的重要性。还有些人的错误,则是喜欢扯些笑话,有时品位也并不怎么高,或者追求"幽默",高捧或贬抑演讲人的职业。若是有心使自己的介绍发挥效力,以上这些错误皆应避免。

这里另举一例,它完全遵从"题目——重要性——演讲者"的公式,而且在介绍时,自己的个性也隐隐欲出。请诸位特别留意艾格·L·斯纳迪如何将该公式的三个阶段融合起来,介绍著名的科学教育家兼编辑杰罗德·温德先生的:

我们演讲人的题目是:《今日的科学》,这是一个非常严肃的命题。它使我想起了一则故事。这个故事讲述的是,一名精神错乱的病人幻想自己体内有只猫。心理医师由于提不出反证,只得假装在为他施行手术。等他从麻醉剂中醒转过来时,医师给他看了一只黑猫,并告诉他说他的毛病已经治好了。岂料他却回答说:"对不起,医生,那一直吵着我的猫是灰色的呀!"

当今的科学状况也是这样,你去抓一只叫做U-235的猫,结果抓来一群小猫,叫做什么什么或别的什么什么的。这些元素,像芝加哥的今天,都一一给击败了。古时的一位炼金家,他可以被称为第一位核子科学家,在临终时就苦苦哀求上帝能再宽限1天,让他可以发现宇宙的秘密后再死也不迟。而当今的科学家,却制造了宇宙从来让人梦想不及的秘密。

我们今天的演讲人,了解当今科学的实况与将来可能的发展,他曾是芝加哥大学的化学教授,宾夕法尼亚州立学院院长,俄亥俄州、哥伦比亚的巴德尔工业研究所所长。他曾以科学家身份任职政府部门,还曾是一位编辑和作家。他出生于爱荷华州的达文波特,在哈佛大学获得学位。他在军工厂中完成训练,并曾经游历欧洲各地。

我们的演讲人还是好几门科学的教科书的作者和编辑。他最著名的一本书是《明日世界的科学》,是在他担任纽约"世界博览会"科学部主任时出版的。他是《时代》《生活》《财富》及《时局》等杂志的科学顾问,因而他对科学新闻的诠释广为大众所阅读。我们的演讲者所著的《原子时代》于1945年问世,正是在原子弹投掷于广岛10天之后。他常常挂在嘴边的一句话是"最好的终必来到",确实如此。我要骄傲地向各位介绍,想必各位亦乐于听到,《科学画报》的总编辑,杰罗德·温德博士的高见。

几年前,在介绍中对演讲人大肆吹捧一番还一度成为讲坛时尚。主持会议的主席不断地在演讲人身上堆金砌玉,可怜的演讲人常被这样浓烈的谄媚气味所冲垮。

密苏里州堪萨斯城的汤姆·柯林斯是一名广受欢迎的幽默家,有一次,他对《主持人手册》的作者荷伯·普罗西奥说:"一个演讲人若想诙谐幽默一番,却先对听众拍胸说,他们很快就会乐不可支,并在走道上滚来滚去,那他就完蛋了。同样,当主持人开始咿咿唔唔说什么威尔·罗杰斯时,你就不如切腕回家吧,因为你也已经完蛋了。"

当然,从另一方面来说,也不可赞誉不及。史蒂芬·李科克回忆起某位主持人是如此这般结束他的介绍辞的:

这是今年冬天一系列演讲中的第一讲。上一系列各位都晓得,并不成功。事实上,我们是靠赤字撑到年底的。所以今年我们开发了一批新的演讲人,他们的要价不太高。下面容我介绍李科克先生。

对此,李科克淡淡地说:

试想一想,当你只得缩头缩脑地爬出来面对听众时,加上你身上被贴上"低廉人才"的标签,此时,你心里是一种什么样的感觉?

3. 要充满热诚

介绍演讲人时,态度和讲辞同样重要。你应该尽量友善,不必说自己多高兴,只要在介绍时表现出真心的愉快即可。若能逐步酝酿,可以在介绍辞快达到高潮时宣布演讲人的名字。这时听众的期待之情正在随之增高,他们一定会报以热烈的掌声。听众的这种友好表示,也有助于刺激演讲人全力以赴。

宣布演讲者的姓名时，最好记住以下这几个字："稍停""分隔"和"力量"。

"稍停"的意思是，说出名字之前略为停顿、静默一下，这样可以使听众的期待达到极限；"分隔"的意思是，在名字和姓氏之间应稍停一下以示分开，使听众对演讲人的姓名有清楚的印象；"力量"的意思是，名字应念得强劲有力。

还有一事要提出警示：当你在宣布演讲者的名字时，切勿转身向他，而应展目望向听众，至最后一个音节说出为止，然后才转向演讲人。我曾目睹无数的主持人，介绍辞说得令人击节赞赏，却在结束时功亏一篑，因为他们这时转向了演讲者，显得他只是在向他一人宣布他的名字，留给听众一片茫然。

4. 要真心诚意

此外，务必要真诚，不可流于贬抑的评论或鄙俗的幽默。不认真的介绍常会被某些听众所误解。要真心诚意，因为你当时所处的社交氛围，需要高度的技巧和策略。你可能与演讲人甚为相熟，但听众却不，你的一些言语虽然没有恶意，却可能招致误解。

5. 认真准备颁奖辞

"我们已经证实，人类心灵最深挚的渴望是要求认可——要求荣誉。"

这是作家玛娇莉·威尔森的一句话，它实实在在地表达了整个宇宙的感觉。我们都期望一生都与人和睦相处，我们都想受人称赞，得到别人的推介，哪怕仅仅一个字——更甭说在正式场合接受人家颁奖，就能使精神神奇地亢奋起来。

网球明星爱尔蒂·吉柏森，就把这份"人类心灵的渴望"极其恰当地用在自传的书里。她称它为"我要做重要人物"。

我们在准备颁奖辞时，是要对接受者重新确认，他真的是一位"重要人物"。他的努力已经成功，他应该得到这份荣誉，我们聚在一起就为了给他这份光荣。我们的颁奖辞应简洁，但却应经过仔细思考，对经常接受荣誉的人而言，这或许意义不大，可是对那些没有这么幸运的人来说，它却可能使他终生难忘。

因而，我们在介绍此类荣誉时，应慎重地选字用词。这里有一套经久不衰的公式：

a. 说明为何颁奖：或是因为长期的忠诚服务，或因赢得竞赛，或因某一重要成就，只说明这个即可。

b. 叙说得奖人的生活言行，这是听众最感兴趣的事。

c. 叙说得奖人是多么值得领奖，以及众人对他的感情是多么热烈。

d. 恭贺得奖人，并转达大家对他前途的衷心祝福。

这场小演讲中最为重要的东西莫过于要真诚，恐怕不待明说，人人都了解这一点。所以，你若被挑选出来发布颁奖辞，你实际上也就像那位接受者一般，获得一份尊贵的荣耀了，因为你的朋友和同事们知道，能把这份需要心思与头脑的任务托付给你，这是大家对你莫大的信任，相信你必不会去犯某些演讲家所犯的那种爱夸大其词的过错。

切记：这样的一个时刻，最容易犯的错误就是去言过其实地夸大某人的优点。如若确值得颁奖，就应实说，但不宜添油加醋说些溢美之词。瞎捧力吹会叫接受者难过，更说服不了心底雪亮的听众。

我们亦应避免夸大奖品本身的重要性，不要强调它的实际价值，而应强调赠奖人的友善心境。

6. 在答辞中表达真诚的感情

答辞应较颁奖辞更短，它不应是我们所曾记诵过的东西，不过心理还是应先有所准备，这样会有好处。假使事前预知自己要受奖，那么听了人家的颁奖辞，应不至于茫然无措，无以作答。

只是含糊地说些"感谢各位""一生中最大的日子"，以及"我曾经历的最美好的事情"等，并不能算顶好。这里，也如颁奖辞一样，难免夸张之

嫌。"最大的日子"以及"最美好的事情",涵盖太广。以较中庸温和的语调来表达自己真心的感激会较好。下面给你一些建议:

a. 向听众真心诚意地说"谢谢各位"。

b. 将功劳归于曾协助过你的人,你的同事、你的雇主、朋友或家人。

c. 叙说奖品或奖状对你的意义。若是包起来的,打开它、展示它。告诉听众奖品多么有用、多美丽,以及你将如何使用它。

d. 再度真诚地表示感激,然后便结束。

本节中,我们讨论了三种特殊形态的演讲,在你的工作中,或在你加入某一组织或俱乐部时,都有可能被邀请做其中任何一种演讲。

我力劝你在发表这些演讲时,仔细遵循这些建议去做,这样你便会在正确的时刻说正确的话,并为此而感到满心的舒适与快慰。

卡耐基语言的突破与沟通的艺术

组织好较长的演讲

凡是有理智的人绝不会在没有计划的时候便开始建造房屋，同理，一个人为什么在对自己所要达成的目标是什么都尚无明确概念的情况下，便信口雌黄地发表演讲呢？

演讲是一段有目的的旅程，你必须事先绘好你的行程图表。一个人如果随便从某处开始，他通常也不会走多远便在某处止步了。

我真希望把拿破仑的一句话漆成一英尺高的火红色大字，悬挂在地球上所有给学生开有讲话课的课堂的门口。这句话就是：

战争的艺术是一门科学，未经谋划与思考，休想成功！

他讲的这个道理同样适用于演讲。所有的演讲者是否明白这一点——或者，就算明白，是否经常会去行动呢？未必！许多演讲者在做计划与安排时所花费的时间，不会多于烹煮一碗爱尔兰炖菜的时间。

初学演讲的生手更是很少在事前做计划。事前的计划需要花费时间，需要认真的思考，更需要坚强的意志力。用脑思考是一个痛苦的过程。发明大王爱迪生就曾把雷诺德爵士的一段名言抄了下来，钉在他工厂的墙上：

成功之道，唯有用心思考，别无捷径。

但是，没有经验的生手经常乞求一时的灵感，结果发现自己经常："误入歧途，路上充满陷阱与诱惑。"

已故的诺斯克里夫爵士，从一个周薪微薄的小职员，经过刻苦努力终于成为大英帝国最富有以及最有影响力的报纸老板。他说，法国哲学家帕斯卡说过的一句话对他的成功最有帮助，这句话就是："预先计划就能领先。"

当你在计划进行演讲的时候，这句话也是可以放在你桌上的极佳的座右铭。对于演讲如何开始，一定要事先计划好，因为这时听众的脑海里还是一片空白，能够记住你所说的每一个字。对于最后要让听众对你留下什么样的印象，也要预先计划好，因为在它之后就再也没有任何事情来反对他了。

如何安排一套意念最好、最有效的演讲方式？在没有加以研究之前，谁也说不上来。它永远是一个新问题，是每个演讲人应一再自问自答的问题。我们无法对此提出一成不变的规则。不过，我们仍可指出，进行较长的演讲有三个阶段甚为重要：引起注意、正文的行文和结论。这三个阶段均各有其历久弥新的方法，可以作为参考与发挥。

1. 用开场白引发听者兴趣

我曾请教前西北大学校长林·哈罗德·胡，咨询他在漫长的演讲生涯中最重要的一件事是什么？他沉思了片刻，然后回答说："想出一段能够吸引人注意的开场白，能够立即抓住听众的注意力。"对于演讲的开场白和结束语，他都要事先进行周密的计划。约翰·布莱特也是如此。格雷斯通也这么行事。韦伯斯特是如此。林肯更是如此。几乎每一位具有常识及经验的演讲者都会这么做。

当威尔逊总统就向德国的潜艇战发出最后通牒这一重大问题向美国国会发表演讲时，他只用了短短二十几个字便明示了他的主题，并立即把听众的注意力吸引到了这个问题上：在我们的外交关系中已经出现了一种特别紧迫的情况，使我有职责对各位坦白相告。

史兹·韦伯向纽约费城协会发表演讲时，他在讲到第二句时便立即点到了他这次演讲的核心问题：在今日美国人的脑海中，最重要的问题是，目前的经济衰退有什么意义？前途又将如何？就我个人而言，我是一名乐观主义者……

美国全国收银机公司的销售经理，也以相同的方式向他手下的销售人员发表过一番演讲。他的引言只有三个句子,而且一听就懂。它们全部都充满活力与推动力:能够争取到订单的诸位,都是使我们的工厂烟囱不断冒烟的大功臣。在今年夏天已经过去的两个月中,我们的烟囱所冒出的黑烟还不够多,因此还无法把大片天空染黑。现在,酷热的日子已经过去,生意复苏的季节已经来临,我们要向各位提出一项简短而迫切的要求:我们需要更多的黑烟。

如何使听众从演讲人一开始说话就能"全心交付"于你,这是所有说服性演讲取得成功的重要因素。这儿有些方法,只要善加运用,即可使开场白非常吸引人。

A. 以事件和实例展开演讲

要想让一般的听众长时间地忍受那些抽象式的声明,是一件很困难且相当费力之事。相反,如果你通过举例说明则很容易让听众听得下去,这比前者容易得多。既然如此,为什么不在开头时就举个例子呢?遗憾的是,我很难说服演讲者这样去做,我知道。而且我还曾经尝试过。他们总是觉得,他们必须先发表一些一般性的声明。事实上并不见得必须如此。你可以一开头就举出一个例子,引起听众的兴趣,然后再对此展开你的评论。

罗威尔·托马斯是一位举世闻名的新闻分析家、演讲家及电影制片人,在讲坛上讨论"阿拉伯的劳伦斯"时,他是这样开始的:

一天,我在耶路撒冷的基督街上踱着步,忽然遇见了一名男子,他身着华丽的东方君主袍服,身侧挂着一把黄金弯刀,这种刀只为先知穆罕默德的传人所佩挂的……

他便这样启程了——以自己的经验作为故事启程,这便具有吸引人们注意力之处。这种开场方式多半十分灵光,担保不会使你失败。而且这种方式内含着行动,它会将你往前推进。我们之所以紧紧相随,是由于我们已经融入某种情境当中,并已成为其中的一部分。我们渴望知道将会发生什么事。

除了利用故事以外，我真不知道还有别的展开演讲的方法有如此强的驱动力。

有一个主题是我讲过多次的，在作这一演讲时，我所用的开场白是这样的：

就在我大学刚毕业之后的一天晚上，我在南达科他州的费农镇的一条街上走着，突然见一个人站在一个箱子上头对着人群讲话。我很好奇，所以也加入看热闹的人群中。"你可觉察到，"这个人说，"你从未见过一个秃头的印第安人？或从未见过秃顶的女人，是不是？现在我来告诉你为什么……"

你发现这里没有停顿，没有把情况"温热"起来的片言只语。因此，你只要直接朝着事件推进，便可轻易抓住听众的心。

演讲者以自己的经验故事开始，必会立于不败之地，因为它无须搜肠刮肚，也不需利用意念之法。你叙述的是自己的经验，是你部分生命的再造，是你自身经脉的一部分。结果，你那自信闲适的神态即能助你与听众建立起友好的关系。

B. 制造悬念

这儿是威尔·希利先生在宾州费城的一家运动俱乐部展开演讲的方法：

82年前，大约也是在这个季节，伦敦出版了一本小书，它讲述的是一段故事，它注定了要名垂青史。许多人称它为"举世最伟大的一本小书"。当它刚一问世即引起轰动，朋友们在斯特里街或波莫尔街遇上时，总会彼此问道，"你读过它了吗？"回答竟如此惊人的一致："是的，上帝保佑它，我读过了。"

就在它上市的第一天就卖出了1 000本。两星期之内需求量便达到15万本。自那以后，它又曾经无数次地再版，并且翻译成全球各国文字。数年前，I. P. 摩根以极高的价格购得该书的原稿。它现在正与许多无价珍宝一起安憩于他那庄严伟岸的艺术馆中。这本举世闻名的书究竟是什么呢？

听至此，难道你还不感兴趣吗？你难道不是急于知道更多的东西？演讲者是不是有力地抓住了听众的注意力？你是否觉得这段开场白已捕捉住了你的注意力，并随着情节的进展提高了你的兴趣？为什么？因为它激起了你的好奇,它以制造悬念的气氛掌握住了你。

好奇!谁能避免得了它?

尽管你没有亲临现场,但当你读到此时,说不定你也在感到好奇呢。你会问作者是谁?上面所提的是什么书?为了满足你的好奇心,就让我告诉你答案吧:此书的作者是查尔斯·狄更斯,书名是《圣诞欢歌》。

我曾在树林中发现鸟儿在我身边飞了将近一小时,它们纯粹是因为好奇而在不断地观察我呢。我知道一位猎人,他曾在阿尔卑斯高山上用一条床单将自己围住,然后在地上爬行。他用这种方法引起羚羊对他的好奇心,从而把这些羚羊吸引到他身边来。小狗很好奇,小猫也是一样,包括著名的灵长类在内的所有动物都是如此。

因此,你的第一个句子就要引起听众的好奇心,然后他们就会对你产生兴趣并加以注意。

我本人在讲述劳伦斯上校在阿拉伯的冒险事迹时,就是以这种方式作的开场白:

"1871年春天,一名注定要成为闻名全球医生的青年威廉·奥斯勒,拾到了一本书,他读了其中的21个字,结果对他的将来产生了深远的影响。"

这21个字都是些什么字?这些字又如何影响到他的将来呢?这些都是听众希望得到回答的。

C. 陈述一件惊人的事实

克里夫·R·亚当斯曾任宾州州立大学婚姻顾问处处长。他在《读者文摘》发表过一篇题为《如何挑选配偶》的文章。在这篇文章里,他以一些惊人的事实展开叙述,这些事实会使读者屏息静气,这些事实当然立刻引起了你的注意:

今天我们的青年从婚姻当中获得快乐的机会真是微乎其微。我们离婚率的高涨令人触目惊心。1940年时,5~6桩婚姻中有一桩会触礁,到了1946年,我们预计将上升至4∶1。如果这种状况继续下去,到20世纪50年代就将是2∶1了。

一家重要期刊的创始人迈克鲁说:"一篇好的杂志文章,就是一连串的惊吓。"

这些文章把我们从白日梦中惊醒。它们要提请我们注意,并且也抓住了我们的注意力。下面就是一些例子。

一则是,巴尔的摩的布兰丁在一篇题为"广播的奇妙"的演讲。他一开头就说:"各位可知道,一只苍蝇在纽约一个玻璃窗上行走的细微声音,可以通过无线电传播到中非,而且还能使它扩大成像尼亚加拉大瀑布般惊人的声响?"

纽约哈里·琼斯公司总裁哈里·琼斯先生在一篇"犯罪情势"的演讲中,以下面几句话作为开场白:美国最高法院前任首席法官塔夫脱曾经宣称:"我们对刑法的管理,是对文明的一种耻辱。"

他这样说,有两个高明之处:这不仅是一段令人感到震惊的开场白,更是从一位司法权威那儿引用过来的一段惊人声明。

费城乐观者俱乐部的前任会长保罗·吉本斯,他在演讲"罪恶"这个题目时,说出了如下一段令人瞠目结舌的声明:

美国人是人类文明中最严重的犯罪民族。这种说法固然令人震惊,但同样令人震惊的是,这却是事实。俄亥俄州克里夫兰的谋杀犯人数是伦敦的6倍。按照人口比例来算,它的抢劫犯人数是伦敦的170倍。每年在克里夫兰被歹徒抢劫,或企图抢劫而遭到攻击的人数,比英格兰、苏格兰和威尔士等地被抢的人数总和还多。每年在圣路易斯市遭人谋杀的人数,多过英格兰与威尔士。纽约市的谋杀案件数多过法国全国,也超过德国、意大利或英国。这里面有一项令人感到悲哀的事实:罪犯并未受到惩罚。如果你谋杀了一个人,你因此而被处死的可能性却不到1%。在座的各位都是追求和平的善良公民,但你们死于癌症的机会,却是你枪杀了一个人而被绞死的机会的10倍。

这段开场白是成功的,因为吉本斯的言语之间流露出无比的力量与热诚。他的讲辞充满了活力,具有生命力。不过,我也听过其他学生在演讲犯罪问题时,以相似的例子来作为开场白,但他们的开场白却显得很平淡。为什么?空言空语,只不过是一些空言空语罢了。他们的结构技巧无懈可击,但他们的精神却等于零。他们的态度破坏及削弱了他们所说的一切。

这里另有几个例子,也是以"惊人的事件"开头的:

比如:战争部预测,原子战争的头一夜,会有2 000万美国人遇害。

比如:数年前斯格利·霍华的报纸花费17.6万美元做过一项调查,以期发现顾客们对零售商店的什么地方不喜欢。这是迄今对零售问题所做的最昂贵、最科学化,也是最彻底的调查。调查的问卷送往16个不同城市的45 047个家庭里。问题之一是:"你不喜欢本镇商店的什么地方?"这个问题的所有答案中,几乎有2/5是相同的:无礼的店员!

演讲一开始便有惊人之语,其所以能建立与听众的沟通,是由于它产生了思想震撼。这是一种"震撼技巧",利用出人意料的方式以收到让听众注意演讲题材的效果。

在华府,我们班上有名学生,便使用了这种引发好奇的方法。她的芳名叫美格·希尔。以下是她的开场白:

有整整10年的时间我曾经是一名囚犯。不是在寻常的监狱里,而是以忧虑自己的低劣为狱墙,以惧怕批评为狱篱的监狱中。

你难道不想多知道一些这个真实的故事吗?

惊人的开头有个危险应该避开,那就是过分戏剧化,过分地耍噱头。我还记得有个家伙以对着空中射击一枪来展开演讲。他本想以此来吸引人们的注意,可结果却把听众的耳膜震破了。

开场白应平易近人,就如同与人促膝而谈一样。有个方法很有效,通过它可以知道你的开场白是否真的如平日谈话一般,那就是在餐桌上试讲。如果你开讲的方式不够平易,上不了餐桌,那么,恐怕对听众就不够亲切。

可是常见的是，应该获取听众兴趣的开头却往往是演讲中最枯燥的部分。譬如说，我最近听到一个演讲人这样开始："要信赖上帝，并且相信你自己的能力……"这样的开头说教意味太重，多像是白水煮的白菜呀！可是再听听他的第二句话，它就渐渐变得有意思了，其中有股让心脏悸动的力量："1918年我母亲新寡，有三个孩子要养育，却身无分文……"为什么那个演讲人不第一句话就叙说寡母领着3个嗷嗷待哺的幼儿奋斗求生的事情？

如想引起听众的兴趣，切勿以絮言开始，应从一开始便跃入故事的核心。

弗兰克·贝特加就是这么做的。他是《我如何在销售行业中奋起成功》一书的作者，他也是一名悬念大师，能够在第一句话里便制造悬念。我之所以知道他，是因为在美国工商会的赞助下，他和我曾在全美各地做巡回演讲，讲述有关销售的诀窍。他演讲十分"热心"，开头的方式更是高妙无比，总让我由衷地敬佩。一不讲道，二不训话，三不说教，四无概括的言论，他一开口即跃入题目的核心。请听他在谈"热心"时是如何开始的："在我开始成为职业棒球选手后不久，我遭遇到一生中最令我震惊的一件事情。"

这样的开始会对听众产生什么效果？我晓得，因为我在场，我亲眼见到了他们的反应——他立马就引起了大家的注意，人人都急着想听听，他为何会震惊，以及他怎么办。

听众尤其喜欢听演讲者叙述自己生活经验中的故事。鲁塞·康威尔发表他那篇著名的演讲《钻石就在你家后院》多达6 000多次，收入数达百万美元之多。他那篇最著名的演讲是如何开头的呢？且听：

1870年，我们前往底格里斯河游历。我们在巴格达雇佣了一名向导，请他引导我们参观波斯波里斯、尼尼维及巴比伦等古迹。

这就是他的开场白——一段故事。这是最能吸引读者注意力的方式。这种开场白几乎万无一失，很少失败。它促使你同他一起向前迈进，我们作为听众则紧随其后,想要知道即将发生什么事情。

在某一期的《星期六晚邮刊》中,有两篇作品是以故事作为开头,兹摘录如下:

一把左轮手枪发出的尖锐枪声,划破了死寂。

在七月的第一个星期,丹佛市的山景旅馆发生了一件事。就这件事的本身来说,只是小事一桩,但从它可能造成的后果来看,事情可不算大小。这件事引起旅馆经理格贝尔的强烈好奇,因此他把此事告诉了山景旅馆的老板史蒂夫·法拉雷。几天后,法拉雷先生前往他属下的几家旅馆进行视察时,又把这件事告诉另外6家旅馆的人员。

请注意,这两段开场白都有行动。它们一开始就产生了效果,引起你的好奇心。你希望念下去;你想要知道更多的内容;你想要发掘出这两篇作品究竟想说些什么。

只要能运用这种说故事的技巧来引起听众的好奇心,即使是缺乏经验的生手,也能成功地制造出一个很好的开场白。

2. 要求听众举手作答

请听众举手回答问题,也是一个绝佳的方法,可以引发他们的兴趣和注意。举例来说,在谈"如何避免疲劳"时,我就曾以这个问题来开头:"让我们来举手瞧瞧,各位当中有多少人,在觉得自己该疲倦前就早早先疲倦了?"

记住这一点:在准备请听众举手时,应先给听众一点警示,告诉他们你要这么做。不要劈头就说:"这里有多少人相信所得税应该降低的?让我们举手瞧瞧。"应该这样说:"我要请各位举手回答一个对各位而言十分重要的问题。问题是这样的:'各位有多少人相信货品赠券对消费者有好处?'"以使听众在作答时有一定的准备。

恰当地运用请听众举手的技巧,可获得极宝贵的反应,这就是所谓的"听众参与"。当你使用它时,你的演讲就已经不是单方面的事情了,听众早已投身参与其中了。当你问道:"各位当中有多少人,在觉得自己该疲倦前就早早先疲倦了?"时,人人就都开始想这个他所喜爱的题目了:他自己,他的痛楚,他的疲倦。他举起手来,可能还四下张望看看还有谁也一样举手的。他已忘记自己是在听演讲,他笑了,他对邻座的朋友点头了,冰冷的气氛也就打破了。而你作为演讲人,便顿时轻松起来,听众亦然。

答应听众要告诉他们如何获得他们想要的——还有一个几乎不败的方法,可使听众密切注意你的演讲,那就是告诉听众,如果他们依你的建议而行,即可获得他们想要的。以下是一些例子:

我要告诉各位如何防止疲倦——我要告诉各位,如何使自己每天多增加1个钟头保持清醒的时间。

我要告诉各位如何在实质上多增加收入。

如果各位听我讲10分钟,我答应一定告诉各位一个包管让你更受欢迎的方法。

这种答应担保式的开场白必定会引起听讲人的注意,因为它直接触及听众的自我关切。演讲人常常忽略自己的题目与听众的重要兴趣之间存在的相互联系,他们不注重去打开通往听众的注意之门,却是说些无趣的开场白,追溯题材的由来,啰啰唆唆地猛讲题目的背景,这就将注意之门严严关闭了。

我记得几年前听过一个演讲,题目本身对听众颇为重要:定期健康检查的必要性。可是,演讲人是如何开始的呢?他是否以巧妙的开场白来增加自己题材的自然和吸引力了呢?没有。他一开始就无盐无味地背上一段延年益寿研究所的历史,一下子就使听众对他和他的题目兴味索然了。若依着"答应"的技巧来建构开场白,效果便会大大增强。请看下例:

根据统计数字,你可知道你可以活多久吗?据保险公司的统计,你的平均寿命大概是目前年龄与80岁之间的2/3。例如,如果你今年是35岁,你目前年龄与80岁之间的差距是45岁,那么,你大概可以活上这个数目的2/3,也就是说,你最少还可活30岁……这样子够了吗?不,不,我们都热切期盼能多活几年。然而,这些统计数字是根据几百万份记录而得出的。那么,你我是否能够突破这项限制呢?可以的,只要有正确的预防,我们就可以办得到。但第一步就是要进行一次彻底的健康检查。……"

然后,如果我们再详细解释进行定期性健康检查的必要,听众可能就会对为了提供这项服务而成立的公司感兴趣了。但是,如果一开始就以一种冷淡的方式谈到这家公司,这是很糟糕的,必败无疑。

再举一个例子:我听过一位学生演讲"保护森林,刻不容缓"。他开头就说:"身为美国人,应为我们国家的资源感到骄傲……"然后,他向我们指出,我们正在大量浪费我国的木材。但是,他这段开场白很糟糕,太普通,太含混了。它没有使他的讲题与我们发生任何密切关系。试着想想,听众当中可能正好有一位商人。我们的森林遭到破坏,可能对他的事业造成重大影响。还有一位是银行家,这件事对他也有影响,因为这件事会影响我们的一般性经济景气……那么,为什么不以这种方式作为开场白:"我今天所要演讲的题目,将会影响到你的事业,博比先生;还有你的未来,绍尔先生。事实上,从某些方面来看,它还会影响到我们所吃的食品的价格,以及我们所付的房租。它影响到我们大家的收入及生活。"

这样子说,是不是过于夸大了保护森林的重要性?不会的,我认为不会。这样做只不过是服从哈伯德先生所指示的:"把事情说得严重一点,说话的方式要能引人注意罢了。"

3. 使用展示物

在这个世界上,要想吸引人们的注意力,最简单的方法也许就是拿起某件东西高举,让人们看看它。即使是土人和傻瓜、摇篮中的婴儿、商店橱窗中的猴子,以及街道上的小狗,都会情不自禁地去注意这种刺激性的举动。有时候也可以运用这种方法,它即便在最严肃的听众面前也能发挥很大的效果。例如，费城的艾利斯先生在一次演讲时，一开始就以拇指和食指捏住一枚硬币，将它高高举起到超过肩膀的高度。在场的每一个人很自然都朝他的这个举动望去。接着，他才问道："有没有人在人行道上捡到像这样的一枚硬币？这枚硬币不是一枚普通的硬币，它上面写道，凡捡到这种硬币的幸运者，将可在各类房地产开发上获得许多减免优待。你只需把这枚硬币交给主办的公司即可……"艾利斯先生接着开始谴责这种荒唐及不道德的行为。

艾利斯先生的开场白还包含了另一个突出的特点。他一开始就提出一个问题，让听众和演讲者一起思考，和他进行合作。注意，《星期六晚邮刊》杂志上的那篇"论歹徒"的文章，在开头的三个句子中，就包含了两个问题："歹徒们真的有组织吗？……他们又是如何组织的呢？"使用疑问号，真是一种打开受众的思想，让他们接受你的观点的一种最简单而又最有效的方法。当其他的方法已被证明毫无效果之后，你随时可以采用这个技巧。

以某位著名人物提出的问题作为开场白——大人物说的话一向能吸引人们的注意力。因此，他们所提出的某个合适的问题，是用来展开演讲的最好方式。下面这一段是讨论"商业成就"的一篇文章的开场白，你是否喜欢？

"这个世界只把财富和荣耀同时奖赏给一种东西"，阿尔伯特·哈伯德说，"那就是进取精神。什么是进取精神呢，我可以告诉各位：那就是在没有人告诉你应该怎样行事的情况下，就能做出最正确的行动。"

作为开场白，这段话包含了几个突出的特点。第一句话就引起了听众的好奇心；它引导我们向前，以诱使我们想要知道更多的内容。如果演讲者在提到"阿尔伯特·哈伯德"这一名字后，技巧性地暂停一下，将会制造出一种悬念的气氛。我们会忍不住问道：这个世界要把财富及荣耀同时奖赏给谁呢？快点说出来。赶快告诉我们。我们也许不同意你的说法，但不管如

卡耐基语言的突破与沟通的艺术

何,还是请你把你的见解告诉我们吧……第二个句子立即把我们引进问题的中心。第三个句子是一个问句,邀请听众们参与讨论,一起思考,并采取一些行动。而听众一向是最喜欢有所行动的。他们喜爱得不得了。第四个句子则说出"进取精神"的定义……在说完这段开场白之后,演讲者接着以一段极有趣的极具人情味的故事来说明这种"进取精神"。就这篇讲稿的结构来说,它无疑可以被评定为一篇杰作。

看来很自然的开场白——你喜欢下面的这段开场白吗?为什么?这是玛莉·理奇蒙向纽约妇女选民联盟的年会发表的演讲,当时美国国会尚未通过禁止早婚的法律:

昨天,火车经过离此地不远的一个城市时,我想起了几年以前在那儿发生的一起婚姻事件。由于目前的许多婚姻也像这个婚姻那般草率与不幸,因此我今天打算先详细叙述这个例子的所有细节。

12月12日那天,那个城市的一名15岁的高中少女,初次遇见了附近一所学院的三年级男生。这位男生刚刚达到法定年龄。12月15日,也就是距他们相遇不过3天,他们领取了结婚证书。他们发誓说那名女孩子已经18岁,因此无需征得父母的同意。这对小情侣取得证书后,离开市政府,立即向一位神父请求证婚(那女孩子是天主教徒),但神父理所当然地拒绝了替他们证婚。后来,通过某种方式,可能是由这位神父透露的,少女的母亲得知了这个企图结婚的消息。但是,在她找回她的女儿之前,这对小情侣已经找到地方上的一名保安官员替他们证了婚。然后,新郎带着他的新娘住在了一家旅馆,在那里住了两天两夜。第三天,新郎弃新娘而去,此后一直未与她团聚。

我个人十分喜欢这段开场白。第一个句子就相当好。它预先暗示了一段令人感兴趣的回忆。我们希望知道这件往事的细节。我们安安心心地坐下来,想要听一段极有趣味的故事。除此之外,这段开场白还显得十分自然。它不像一篇研究报告,也不过于正经严肃,它不会令人觉得演讲者对这件事下了很大的心血。"昨天，火车经过距离此地不远的一个城市时，我想起了几年以前在那儿发生的一次婚姻事件。"听起来自然，不造作，又有人情味。听起来很像某人正在向另一个人叙述一段很有趣的故事，听众就是喜欢这样子。但在这样做时，很容易陷于太过详细的叙述，使听众察觉你下了一番苦心，但效果却适得其反。我们所需要的是，令你看不出艺术痕迹的艺术。

前述所有方法均可视情况而随心运用，或者分开，或者并用。你要了解，如何展开演讲密切关联着听众是否愿意接纳你和你的信息。

4. 避免受到不利的注意

我请你千万、千万要记住，不仅一定要博得听众的注意，而且一定要博得他们有利的注意。请留意我说的是"有利的"注意。有理性的人绝不会一开口就侮辱听众，或说些教人憎恶、讨厌的言语，使得听众不得不群起而反对他，驳斥他的言论。然而，演讲人却常常会以下面两种方式来吸引听众的注意，那是十分不明智的。

A. 不要以所谓的幽默故事开头

为了某些可悲的理由，学习演讲的生手经常觉得他只有表现得很好笑才算是一名演讲者。他的本性本来可能像百科全书那般严肃，缺乏幽默感，然而，当他站起来演讲时，他却幻想着马克·吐温的精神正降临于他的身上。所以，他很可能会以一个幽默的故事开头，特别是在吃过晚餐后的场合。结果会造成什么情况呢？他所讲的故事，他这种临时改变的态度，会造成现场像字典般沉闷的气氛。而且有20∶1的机会会如此，他的笑话很可能不会"生效"。就如哈姆雷特的那句不朽名言所说的，它正好证明了这种笑话是"不新鲜的，老套的，平淡而且是毫无益处的。"

如果一个艺人在一群花钱入场的观众面前像这样失败过几次，他们必将打开汽水，并且大叫："把他轰下台去。"但是，聆听演讲的听众一般都是很有同情心的，因此，纯粹出于慈悲心肠，他们通常会尽量发出笑声，但同时，在他们的内心深处，却在为你这种准幽默演讲的失败深表怜悯。他们自身尽管在坚持听着，但觉得很不舒服。你不是也经常亲眼目睹这种演讲完全失败的惨状吗？

在演讲这个极为困难的领域里，还有什么比引得听众发笑更为困难、更为难得的能力呢？幽默是一种"一触即发"的事，它与一个人的个性和特点有很大关系。

记住，故事本身很少是有任何趣味的，反倒是说故事者的叙述方式会使听众对它产生兴趣。再就是在述说马克·吐温据以成名这一相同故事时，100个人中有99个会失败得极惨。林肯是一个讲故事的高手，他当年在伊利诺伊州第八司法区的酒店里就向人们讲了很多故事，人们为了聆听他的故事甚至要赶上几里远的路程。人们整晚聆听他的故事，丝毫不觉疲倦。据亲眼目睹过现场的一些听众说，他的故事有时候令当地民众兴奋得高声大叫，有的竟情不自禁地从椅子上跳下来。这儿有一个林肯常说的故事，他每次说出之后，总能令听众哈哈大笑。你何不试试看？你可以向你的家人大声朗读这些故事，看看你是否能让他们的脸上浮现出笑容来。但是，为了慎重起见，请你私下试试看，不要在听众面前尝试。

有位迟归的旅行者，走在伊利诺伊草原的泥泞路上，急着赶回家去，却不幸遇上了暴风雨。夜色漆黑如墨，倾盆大雨下得有如天堂的水坝泄洪，雷声怒吼，有如炸弹爆炸。闪电击倒了好几棵大树。雷声震耳欲聋。最后，当这位可怜的旅行者一生中从未听见过的可怕的雷声传来之后，他立即跪倒在地对着上苍祈祷。他此时的祈祷词也同平常大不相同，他喘着气说："哦，上帝，如果对你来说没有什么差别的话，请你多给我一点闪光，少给我一点雷声。"

你也许是一个具有难能可贵的幽默感的幸运儿。如果是这样的话，你一定要全力培养它。不管你到哪儿演讲，必将因此而大受欢迎。但如果你的才能是在其他方面，就不应该故作幽默状。

如果你仔细研究过林肯等人的演讲，你将会意外地发现，他们很少在演讲中加入幽默笑话，尤其是在开场白里。著名演讲家卡特尔坦白地向我表示，他从来不会单纯地为了表示幽默而说出好笑的故事。著名演讲家所说的幽默小故事，一定是有所启示的，而且有其观点。幽默应该只是蛋糕表层的糖霜，只是蛋糕层与层之间的巧克力，而不是蛋糕本身。美国当代最伟大的一位幽默演讲家古里兰有个规矩："绝不在演讲的最初3分钟内说笑话。"既然他已经证实这个规矩十分有效，我想，你我大概也不会反对。

那么，如此一来，开场白一定要十分庄重而且极度严肃吗？并不尽然。如果你有办法的话，可以就地取材说些笑话，博得听众一笑，你可以谈谈与演讲场合有关的事，或是就其他演讲者的观点讲几句话。可以抓一些人们觉得不对劲的地方，予以夸大。这种笑话比一般笑话更有效。

也许，制造欢乐气氛的最简单有效的方法，就是把自己当做笑话的题材。叙述你自己遭遇的一些荒谬而尴尬的情景。这正是幽默的真正本质。

杰克·班尼使用这种技巧已有多年，他是广播上最早"作弄"自己的重要人物之一。杰克·班尼把自己当笑柄，取笑自己的小提琴技艺，自己的小气和自己的年纪。他妙语连珠，亦庄亦谐，使收听率年复一年居高不下。对那些能够竭尽巧思，不骄矜自负，而又能幽默风趣，不讳言自己的缺陷与失败的演讲人，听众自然会把心扉向他打开。相反，那些"打肿脸充胖子"的冒充无所不知的专家模样的演讲者，则只会造成听众的冷漠与排斥。

几乎任何人都可以把不相关的事物牵扯在一起，令听众哈哈大笑，例如，有位报纸的专栏作家说，他最痛恨"小孩子，牛肚和民主党人。"

著名作家吉卜林在向英国一个政治团体发表演讲时，在开场白中说了一个笑话，引起全场听众捧腹大笑。我现在把这段开场白引述如下，大家可以看看他是如何聪明地引人发笑的。他叙述的并不是一些陈旧的逸闻往事，而是他自己的一些经验，并且还开玩笑似地强调了其中的一些不对劲之处：

主席，各位女士先生，我年轻时，曾在印度当记者，专门替一家报社报道犯罪新闻。这是一项很有趣的工作，因为它使我认识了一些骗子、拐骗公款者、谋杀犯以及一些极有进取精神的正人君子。（听众大笑）有时候，我在报道了他们被审的经过后，会去监狱看看这些正在服刑中的老朋友。（听众大笑）我记得有一个人，因为谋杀而被判无期徒刑。他是位聪明、说话温和而又有条理的家伙，他把他自称的"生活的教训"告诉我。他说，"以我本人为例，一个人一旦做了不诚实的事，就难以自拔，一件接一件不诚实的事一直做下去。直到最后，他会发现，他必须把某人除掉，才能使自己恢复正直。（听众大笑）哈，目前的内阁正是这种情况。"（听众大笑及欢呼）。

塔夫脱总统也运用这种方式，在大都会人寿保险公司的年度主管酒会上制造了不少的笑料。最令人叫绝的是，他不但令大家捧腹大笑，也同时将他的听众大大赞扬了一番：

总裁先生及大都会保险公司的各位先生们：

大约9个月前，我回到我的老家度假。我在那儿听了一场由一位先生在会餐后发表的演讲。这位先生说，他对于发表这种演讲感到有点惶恐。于是去向一位朋友请教，因为这位朋友对于在会餐后发表演讲有极为丰富的经验。这位朋友向他建议说，对一个在会餐后发表演讲的演讲者来说，最好的听众就是那些智慧很高、受过良好教育但已经喝得半醉的听众。（笑声与掌声）现在，我所能说的是，我眼前的这批听众，是我所见过的最好的一批听众。这位演讲者所提到的这类听众，就坐在咱们这儿呢！（掌声）我还必须指出，这正是大都会人寿保险公司的精神。（掌声历久不停）

B. 不要以道歉开头

初学演讲者在开场白中常犯的第二个错误就是，他会习惯性地向听众表示抱歉。"我不是一名演讲者……我本来不准备发表演讲……我没有什么可谈的。"

不行！绝对不行！吉卜林所写的一首诗的第一句就是："再继续下去，实无用处。"对于一开头就表示抱歉的演讲者，听众也正是抱着这种心情。

毕竟，如果你事先未做准备，我们之中的某些人很快就会发觉，实在不用你加以提醒。而其他的人可能不会发现，你又何必唤起他们的注意力？为什么要侮辱你的听众？因为你这样说，等于是在向他们暗示，你认为他们不值得你去准备，而且你在火炉边无意中听来的一些资料就足以满足他们。不，不，我们不希望听到你说抱歉。我们齐聚一堂是要听取新的消息及意见，并激起我们的兴趣，你要特别记住后面这一点。

你一来到听众面前，很自然而且无可避免地就引起了我们对你的注意。在接下来的5秒钟内继续维持我们对你的这份注意力并不困难，但要在以后的5分钟内继续维持这份注意力，可就很困难了。你一旦失去了听众对你的这份注意力，要想再争取回来，那更是加倍困难。因此，你在第一个句子中就要说出某些吸引听众兴趣的话。不是第二个句子，更不是第三句。是第一句，第一句！

5. 支持主要意念

在引起听众共鸣的较长演讲中，要点可能会有好几个，但应愈少愈佳，而且对于每一个要点都要有支持的材料。在前面我们曾讨论过一种支持演讲重点的方法，那就是借故事，或出于自己生活的经验来说明，使听众按演讲者的要求去行事。这种类型的例子很受欢迎，因为它正合人们的口味，那就是"人人爱故事"。事件或意外是一般演讲者最常用的例子，但它们却不是用以支持要点的唯一方法。此外，你还可以使用统计数字，如依科学方式归纳的图解、专家的证言、类比、展示或证明，等等，皆能有异曲同工之妙。

A. 使用统计数字

统计数字是用以显示某种情况经过加工概括以后的结果，它们也能给人深刻的印象,并且很有说服力,特别是它有证据的功用,是孤立的事例所不能企及的。沙克预防小儿麻痹疫苗之所以被认为确实有效,是因为它依据的是全国各地的统计数字。当然,也有个别无效者,但那只能作为一种例外,根据这一例外而发的议论,是不能让为人父母者相信沙克疫苗不能保护自己的孩子的。

但是数字因其本身的枯燥,而遭人厌烦,应明智而审慎地使用,在使用时应配合其动态语言,以使其具有鲜活的色彩。

这里有一例可用来说明,把统计数字与我们所熟悉的事物相比较,可以收到加强印象的效果。一位主管认为纽约人太疏懒,他们习惯于不立刻去接听电话,因而造成大量的时间损失。为支持自己的论点,他说:

每100通电话当中,有7通显示,在接听电话的人回答之前,有超过1分钟的耽搁。每天共有280 000分钟损失在这种方式之下。如以6个月的时间为期,纽约的这种对时间的耽搁,便差不多与自哥伦布发现美洲以来已经过去的营业时间相等。

只提出数字、数量本身,是不会留给人们什么印象的,它们必须佐以实例。假使可能,还必须以我们自己的经验来叙说。记得在大坝水库下面的一个大发电房里,我曾听过一个导游的解说。他本可以告诉我们这个房间的平方英尺数字的,但是这与我们下面介绍的他所使用的方法相比,说服力可就要差得多!他告诉我们这个房间的宽广程度,足以容纳1万人在一个规划的球场上观赏足球赛,另外每边还有余地可作为数个网球场之用。

多年前,我在布鲁克林中区青年基督徒协会的演讲班里有个学生,他在某次演讲中提到前一年毁于火灾的房屋数目。他并没有告诉我们有多少间被毁,而是用了一个比喻,如果将这些烧毁的建筑并排放置,由此排成的长龙可由纽约接至芝加哥,而且,如果将在火灾中丧命的人们每半英里放置一个,这条惨愁的长龙便又可从芝加哥排回到布鲁克林。

他所列举的数字,我几乎是入耳便忘,但是过了这么多年,我却依旧心有余悸地仿佛看到了那一长列燃烧中的建筑,一路由曼哈顿岛延伸至伊利诺伊州的库克县。

B. 使用专家的证言

在演讲当中使用专家的证言,也常能有效地支持自己所要发表的观点。不过使用之前,宜先回答下列问题作为检验:

将使用的引述是否正确?

它是否取自该人士的专门知识领域之内?比如在讨论经济学时,却引述的是乔·路易的话,你这样做显然只是在借重他的姓氏,而非他的专才。

引述的对象是否为听众所熟知和尊敬?

该引述是否确系根据第一手资料而出,而不是个人的兴趣或偏见?

好多年前,我在布鲁克林商会的班上有个学员,他在讲到专业化的必要时,以引述安德鲁·卡内基作为开始。他的抉择明智吗?的确,因为他的引述正确,而且他所引述的人够资格谈论有关事业成功之事,所以受到听众的尊敬。他所引述的这段语言,今日仍然值得复述:

我相信在任何一行里,通往出人头地的成功之路,在于使你自己成为那一行里的行家里手。我不相信分散个人才智的策略,而且依我的经验,就算有吧,我也很少碰见有人多方面的分心,而仍能在赚钱方面成为人上之人——在制造业方面我更确定没有。能成功的人都是那些选定一行,便执著坚持的人。

C. 使用类比

类比,根据韦氏字典,是"两样事物之间相似的关系……非存在于事物本身的相像,而在于两种或两种以上的性质、状况或效用的相像。"

使用类比支持一个主要论点是个很好的技巧。以下是一段题目为《需要更大电力》的演讲摘录,由C·吉拉德·戴维森在任职内政部助理秘书时所讲。请留意他如何利用类比来做比较,以支持自己的论点的:

繁荣的经济必须不断向前迈进,不然就会陷于紊乱。好比飞机停憩于地面时，只是一堆无用的螺钉、螺帽的组合。可是它一旦在空中前行时，便会如鱼得水，发挥它有效的功能。为了要在高空停留，它必须继续前进。它若是不前进，就会下沉，因为它是不能后退的。

这里有另一个类比，它恐怕是演讲史上最杰出的类比了。它是林肯在艰难的南北战争期间，回答批评他的人所使用的：

诸位先生，我想让各位来做一番假设。假设你所有的财产都是黄金，而你把它交付给著名的走绳索家伯罗丁手中，让他将之通过绳索带到尼亚加拉瀑布那边去。当他行经在瀑布之上时，你会不会摇动绳索，或不断地对他喊叫："伯罗丁，再俯低些！再走快些！"不会的，我确信你一定不会。相反，你会屏息闭嘴，肃立在一边，直至他安全地走过。现在政府也处于与他们相同的境地。它目前正背负着巨大的重量要越过狂澜汹涌的海洋，数不尽的财宝就握在它的手中。它正竭尽所能地工作。请勿打扰它！只要保持沉着，它便能带你安然度过。

使用展示，可以用展示物，也可以不用展示物。当一家钢铁锅炉公司的主管对他的代销商进行讲解时，他们需要一种方法，以便戏剧性地说明燃料应由火炉底部加入，而不是由顶部加入。于是他们想出了这个简单而又有力的展示方法。演讲人先点上一支蜡烛，然后他说：

请看这火焰烧得多明亮，它蹿得多高！由于所有的燃料实际上都被转化成了热能，使火焰也不冒烟。

蜡烛的燃料是由底下供应，正如钢铁锅炉是从火炉底部添加燃料一样。

假设这支蜡烛是由顶上供应燃料的，火焰就会像手拔的火炉那般。说到这里，演讲人便将蜡烛上下倒置，请注意火焰是如何逐渐灭掉的，闻闻这股烟味，听，它在噼噼啪啪作响。瞧瞧这火焰，由于它的燃烧不充分，变得多红。直到最后，由于来自顶上的燃料不足，使得火焰也熄灭了。

几年前，亨利·罗宾逊为《你的生活》杂志写了一篇有趣的文章："律师如何才能胜诉。"文中描述了一位名叫亚伯·胡莫的人，他是一家保险公司的律师。他在与人进行一场有关伤害诉讼时，就十分有效地运用了戏剧性的展示表演。原告波士特先生主诉的事由是：自己被从电梯通道上摔下，致使肩膀严重受伤，以致无法举起右臂。

胡莫显得极为关切。"波士特先生，"他充满信心地说，"请让陪审团看看你能把手臂举多高。"波士特小心翼翼地把手臂举至耳齐。"现在再让我们看看，在受伤之前，你能把手臂举多高，"胡莫这样怂恿他。"像这样高，"原告说着倏地伸直了手臂，高举过肩。

陪审团对原告先生这番展示到底如何反应，就可想而知了。

在那些希冀听众反应的较长演讲中，有3~4个要点需要注意。它们不到1分钟就能说完，向听众照本宣科地述说将是枯燥乏味的。有什么办法可使这些论点生动活泼起来呢？有的，那就是你所使用的支持材料，它会使你的演讲火花迸射，妙趣横生。借用事件、比较和展示，可使你的主要意念清晰地呈现出来。借用统计数字和证词，可以有力地说明事实，并加强主要论点的重要性。

达到高潮性的结尾

一天,我顺道去访问工业家兼人道主义者乔治·詹森,与他闲聊了几分钟。他当时是安迪科詹森公司总裁。不过使我更感兴趣的是,他是个既能让听众笑,又能让他们哭,并能使听众长久记住他的演讲的演讲家。

他没有私人办公室,只是在他那宽大而忙碌的工厂里有一个属于他的小角落。他的神态更是一如他的那张老木桌一般,诚恳而不虚伪。

"你来得正好,"他站起来向我迎过来说,"我有件特别的差事要做呢!我已草草记下了今晚对工人们讲话的结尾。"

"把脑子里的演讲从头至尾整出个头绪来,真叫人大大舒一口气呢。"我颇有感触地说。

"噢,它们尚未完全在我脑海中成形,"他说,"还只是个笼统的概念,以及我想用来作总结的特殊方式。"

他不是职业演讲家,从未考虑过用什么铿锵的言语或精致的词句。不过,他倒从经验中学到了成功沟通的秘诀之一。他晓得若要讲得好,必须有个好结尾。他了解要给听众留下鲜明的印象,必须使演讲的内容合情合理地推进,一直到得出正确的结论。

你可曾知道,在演讲中,有哪些部分最能显示出你到底是一个缺乏经验的新手,还是一名演讲专家?是一个笨拙的演讲者,还是一个极有技巧的演讲者?我告诉你,那就是开头和结尾。戏院里有一句跟演员有关系的老话,那句话是这样表述的:"从他出场及下台的情形,就可知道他是不是一个好演员。"

开始与结束！对任何一种活动来说，它们都几乎是最不容易娴熟地表现的部分。例如，在一个社交场合，优雅地进入会场，以及优雅地退席，不就是最需要技巧的一种表现吗？在一次正式的会谈中，最困难的工作，不就是一开始就赢得对方的信任，以及成功地结束会谈吗？

结尾是一场演讲中最具战略性的部分。当一个演讲者退席后，他最后所说的几句话，将仍在听众耳边回响，这些话将在听众心目中保持最长久的记忆。不过，一般初学演讲的人，很少会注意到这一点的重要性。他们的结尾经常令人感到失望。

他们最常犯的错误是什么呢？让我们来研究一下，以便找到补救之道。

第一，有些人总在演讲结束时说："关于这个问题，我大概只能说这么多了。因此，我想，我该结束我的演讲了。"这类演讲者常常释放一阵烟雾，心虚地说句"感谢各位"，就想以此来遮掩和结束自己不太令人满意的演讲。事实上，这样草草了事算不得是什么结尾。这绝对是一个错误。这会向听众暴露出你是一个生手。这几乎是不可原谅的。如果你该讲的话都说完了，为什么不就此结束你的演讲，立即坐下来，而不要再说些"我说完了"之类的废话呢！你一定要这样做，这样反倒给听众留下了袅袅余音，他们自然能从你的停顿中判断你已讲完了一切要讲的。

还有一些演讲者，在说完了他应该说的每一句话后，却不知道如何结束。乔斯·比利斯建议人们捉牛时，要抓住尾巴，而不要抓角，因为这样才容易得手。但这儿提到的演讲者却是从正面去抓牛的。他十分希望与这头牛分开，但不管他如何努力，他就是无法与牛分开而逃到篱笆或树上去。因此，他最后只能在原地打转，把自己说过的话说了又说，在听众心目中只能留下一个坏的印象。

如何改进呢？那就是，结尾必须要事先计划好。不是吗？如果你在面对听众之后才试着琢磨你的结束语，那就太晚了，因为此时你正承受着演讲中的重大压力与紧张情绪，而且你的思想又必须专注于你所说的内容，你想想,这种"临时抱佛脚"的做法不是很愚笨的吗?因此,如果你能在事前心平气和而又安静地谋划你的结尾,岂不是聪明得多了?

甚至于像韦伯斯特、布莱特、格雷斯通等一些成就卓著、英语能力又极好而令人敬佩的著名演讲家也都认为,必须把结尾全部写下来,然后把它一字一句地背下来。

初学者如果能模仿他们的做法,必然就不会再感到懊悔。初学者必须十分明确地知道他在结尾时要表现什么。他应该把结尾的一段预先练习几遍,当然他不必每一次都重复使用相同的词句,但要把你的思想明确地用词句表现出来。

如果是即席演讲,你在演讲进行当中必须不断地更改很多材料,必须删减掉某些段落,以便能灵活应对事先未曾预料到的情形,这也有助于你与听众的反应合拍。因此,聪明的做法就是事先准备好两三种结束语。如果其中一种不合适,另一种也许就可用得上。

有些演讲者却永远到达不了结尾。他们在演讲进行中,就开始急言快语,不着边际,仿佛汽油快用完时,引擎就会砰砰作响、频频停火一般。在绝望地往前做了几番冲刺之后,它们就已完全静止下来,抛锚了。当然,他们需要作更充分的准备工作,进行更多的练习,也就是说,要给油箱里注入更多的汽油。

许多新手的演讲往往结束得太过突然。他们的结束方式往往不够平顺,缺乏修饰。确切地说,他们没有结尾,他们在演讲途中突然且急剧地停止了。这种方式会令人感到不愉快,这也显示演讲者是个十足的外行。这就仿佛在一次社交性的谈话中,对方突然停止说话,猛然冲出房间,而未曾向房间里的人有礼貌地道声再见一样。

就是林肯这样杰出的演讲者,在他第一次就职演讲的原稿中也犯了同样的错误。在发表这场演讲的当口,形势非常紧张,冲突与仇恨的乌云正在头上盘旋。几周之后,血腥与毁灭的暴风雨立即在美国各地爆发。林肯本来想以下面这段话作为他向南部人民发表的就职演讲的结束语：

各位心存不满的同胞们，内战这个重大问题将如何解决，就掌握在各位手中，而不是在我手里。政府不会责骂你们。你们各位若不当侵略者，就不会遭遇冲突。你们没有与生俱来的毁灭政府的誓言，但我却有一个最严肃的誓言，要我去维护、保护及为这个政府而战。你们可以避开对这个政府的攻击，但我却不能逃避保护它的责任。和平或是大动干戈？这个庄严的问题掌握在各位身上，而不是在我身上。

他把这份演讲稿拿给国务卿过目。国务卿很正确地指出，这段结尾太过直率，太过鲁莽，太具刺激性。所以，国务卿试着修改这段结尾词，并且写了两个结尾供他选择。林肯接受了其中的一种，并在稍加修改之后，用来代替原来讲稿的最后3句话。这么一来，他的第一次就职演讲就不像原稿那样具有刺激性及鲁莽感觉，而是表达了更强的友善，也展现了他的纯美境界及如诗的辩才：

我痛恨发生冲突。我们不是敌人，而是朋友。我们绝对不要成为敌人。强烈的情感也许会造成紧张情势，但绝对不可破坏我们之间的情感和友谊。记忆中的神秘情绪，从每一个战死疆场及爱国志士的坟墓延伸到这块广袤土地上的每一颗活生生的心及每一个家庭，将会增加合众国的团结之声。到了那时候，我们将会，也必然会，以我们更佳的天性来对待这个国家。

一个生手如何才能找到对演讲结尾部分的正确感觉？要根据机械式的规则吗？

不！不是的。它就跟文化一样，这种东西太微妙了。它必须是属于一种感觉的东西，也就是说，它几乎是一种直觉。除非一个演讲者能够"感觉"得到如何才能表现得和谐而又极为熟练，否则你自己又怎能盼望做到这一点呢？

不过，这种"感觉"是可以培养的，这种经验也是可以总结出来的。你可以去研究一些成名演讲家的方法。下面就是一个例子，这是当年威尔士亲

王在多伦多帝国俱乐部发表演讲的结束语:

　　各位,我很担心。我已经脱离了对自己的克制,我已对我自己谈得太多了。但我想要告诉各位,你们是我在加拿大演讲以来人数最多的一群听众。我必须要说明,我对我自己的地位的感觉,以及我对于这种地位同时而来的责任的看法——我只能向各位保证,将随时恪尽这些重大的责任,并尽量不辜负各位对我的信任。

　　即使是一名"瞎眼"的听众,也会"感觉"到这就是结束语。它不像一条未系好的绳子那般在半空中摆荡;它也不会显得零零散散的未加整修。它已修剪得好好的了,它已经整理妥当,这预示着:应该结束了。

　　在国际联盟第六次大会召开之后的那个星期天,著名的霍斯狄克博士在日内瓦的圣皮耶瑞大教堂发表演讲。他选择的题目是:《拿剑者,终将死于剑下》。下面是他这次演讲词的结尾部分。你会感觉到,他所表现的是如此美丽、高贵而又富有力量:

　　我们不能把耶稣基督与战争混为一谈——这是问题的关键所在。这也是我们今天所面临的挑战,而且应该激发起基督的良心。战争是人类所蒙受的最大及最具破坏性的社会罪恶!这绝对是残忍无比的行为!就其整体方法及效果而言,它代表了耶稣所不曾说过的每一件事,也不曾代表耶稣说过的任何事。它非常明显地否认了关于上帝与人类的每一项基督教义,甚至远超过地球上所有无神论者所能想象的程度。如果能看到基督教会宣称它将为我们这个时代最重大的道德问题负责任,并看到它有如在我们父辈时代所提出的明确的道德标准,以对抗目前我们这一时代的异教邪说,拒绝让良心受制于一些好战的国家,将上帝的国度置于民族主义之上,并呼吁这个世界追求和平,这岂不是极有价值的吗?

　　此时此地,身为一个美国人,置身于这个高耸着自由女神像的屋顶下,我不能代表我的政府发言,但我愿以美国人及基督徒的双重身份,代表我的几百万名同胞发言,祝福你们完成了一项伟大的任务,即让我们信任你们的伟大任务。我们为它祈祷！如果无法完成，我们将深感遗憾。我们已经作了多方面的努力，大家的目的是一致的——即追求一个和平的世界。再也没有比之更好的目标值得我们去奋斗了。舍此目标，人类将面临有史以来最为可怕的灾祸。就如同物理学上的万有引力定律，在道德领域中的上帝法则是没有种族与国家的界限："拿剑者，终必死于剑下。"

但是，如果没有了林肯第二次就职演讲结尾部分的那种庄严的语气以及如钢琴般优美的旋律，那么，我们所选录的演讲结尾就不能算是完整的。牛津大学已故的前任校长库松伯爵就曾经宣称，林肯的这段结束辞"可以名列人类的荣耀及珍藏……是人类雄辩口才最纯净的黄金，不，应该算是近乎神圣的口才"。且听：

我们很高兴地盼望，我们很诚挚地祈祷，这场战争的大灾祸将很快就会成为过去。然而，如果上帝的旨意是要使这场战争持续到将250年来由那些无报酬的奴隶所积聚的财富完全耗尽，持续到受皮鞭鞭打而流出的每一滴血都要用由刀剑砍伤而流出的血来赔偿，那么，我们也必须说出3 000年前相同的那句话："上帝的裁判是真实而公正的。"

不对任何人怀有敌意；对所有人都心存慈悲，坚守正义的阵营，上帝指引我们看见正义，让我们努力完成我们目前正在进行的任务；治疗这个国家的创伤；照顾为国捐躯的战士们，照顾他们的寡妇及孤儿。尽我们的一切责任，以达成在我们之间的一项公正及永久的和平，并推广至全世界。

在我看来，这是由普通人口中所曾发表过的一段最美妙的结尾……各位可同意我的看法？在演讲文学的领域中，除了这篇演讲稿之外，你还能从哪篇讲稿中找到比这更具人性、更充满爱意、更充满同情心的段落？

威廉·巴顿在《亚伯拉罕·林肯的一生》一书中说："盖茨堡演讲已经十分高贵了，但这篇演讲却提升到了更高一层的地位……这是亚伯拉罕最伟大的一篇演讲，它把他的智慧及精神力量发挥到了最高境界。"

"它就像是一首圣诗。"卡尔·舒尔兹写道，"从来没有一位美国总统

卡耐基语言的突破与沟通的艺术

向美国人民说过这样的话。美国也从来没有一位能在内心深处找出这样感人话语的总统。"

但是，你并不会以总统的身份在华府发表演讲，也不会以总理的身份在渥太华或堪培拉发表演讲。也许，你的问题只是，如何在一群社会工作人员面前结束一次简单的谈话。你应该怎么办呢？且让我们稍微研究一番。且让我们看看是否能发掘出一些有用的建议。以下是这些建议：

总结你的观点——即使在只有5分钟的简短谈话中，一般的演讲者也会不知不觉地使谈话范围涵盖得很广泛，以至于在结束时，听众对于他的主要论点究竟是什么仍然感到困惑不已。不过，只有极少数的演讲者会注意到这种情况。

他们有一种错误的想法，认为这些观点在他们自己的脑海中如同水晶般清楚，因此听众也应该对这些观点同样清楚才对。事实并不尽然。演讲者对自己的观点已经思考过相当长的时间了，但他的观点对听众来说，却是全新的。它们就像一串撒向听众的弹珠，有的可能会落在听众身上，但绝大部分则零散地掉在了地上。听众的感觉可能是：记住了一大堆事情，但没有一样能够记得很清楚。

以下是一个很好的例子。演讲者是芝加哥一家铁路公司的交通经理：

各位，简而言之，根据我们在自己后院操作这套信号系统的经验，根据我们在东部、西部、北部使用这套机器的经验，它操作简单，效果极佳，再加上它在1年之内阻止撞车事件发生而节省下的金钱，使我以最急切及最坦白的心情建议：立即在我们的南方分公司采用这套机器吧。

各位看得出他的成功之处吗？你们可以不必听到他演讲的其余部分，就可以看到并感觉到那些内容。他只用了几个句子，就把他整个演讲的重点全部包括进去了。

你不觉得像这样的总结极为有效吗？如果你也有同感，那么，大可不必吝惜运用这项技巧。

1. 请求采取行动

上面引用的那个结尾，就是"请求采取行动"结尾的最佳例子。演讲者希望有所行动：在他所服务的铁路公司的南部支线设置一套信号管制系统。他请求公司决策人员采取这项行动，主要原因在于：这套设备能够替公司省钱，也能防止撞车事件的发生。这不是一种练习性的演讲。这项演讲是向某家铁路公司的董事会发表的，目的是要说服公司答应设置他所要求的这套信号设备。

在获取行动的演讲中，当你说最后几句话时，如果你觉得要求行动的时间已经来到，就要果断地开口要求！要听众去参加捐助、选举、写信、打电话、购买、抵制、从军、调查、赦免无罪或任何你想要他们去做的事。不过，请务必遵从以下原则：

A. 要求他们做明确的事

别说："请帮助红十字会。"这样太过笼统，而是要说："今晚就寄出入会费1美元，给本市史密斯街125号的美国红十字会。"

B. 要求听众做力所能及的反应

别说："让我们投票反对'酒鬼'。"这是办不到的事，眼下我们并未对"酒鬼"进行投票。不过，却可以请求他们参加戒酒会，或捐助某一为禁酒奋斗的组织。

C. 尽量使听众易于根据请求而行动

别说："请写信给你的参议员投票反对这项法案。"99%的听众都不会这么做的，他们并没有这样强烈的兴趣，或者太麻烦，或者他们忘记了。因此要使听众觉得做起来轻松愉快才行。怎么做？自己写封信给参议员，上面写道："我们联名敦请您投票反对第七四三二一号法案。"把信和钢笔在听众之间传递，这样你或许会获得许多人的签名。

2. 简洁而真诚的赞扬

伟大的宾夕法尼亚州应该领先加速新时代的来临。宾州是钢铁的大生产者,是世界上最大铁路公司之母,是美国第三大农业州,也是美国的商业中心之一。她的前途无量,她身为领导者的机会光明无比。

史兹·韦伯就是以上面这几句话结束他对纽约宾州协会的演讲的。他的演讲结束之后,听众感到愉快、高兴,并对前途充满乐观。这是一个令人敬佩的结束方式。但是,为了收到充分的效果,演讲者的态度必须很真诚。不可阿谀奉承,不可夸大。这种方式的结尾,如果不能表现得很真诚,反而将会显得虚伪,而且十分虚伪,就像假的硬币一样,没有一个人会接受它。

3. 幽默的结尾

乔治·可汉说:"当你说再见时,要使他们脸上带着笑容。"如果你有这份能力,也有这种题材,当然很好,但要如何才办得到呢?诚如哈姆雷特所说的:这是一个问题。每个人必须以自己独特的方式来表现。

洛伊德·乔治曾经在美以美教会的聚会上,向教徒们演讲著名传教士卫斯理(美以美教会的创始人)墓园的维护问题。这个题目极为严肃,大家都想不出有什么好笑的。但是,请各位注意,他还是办到了这一点,而且做得十分成功。同时,也请各位注意,他的演讲结束得竟如此平和和漂亮:

我很高兴各位已经开始整修他的墓园。这个墓园应受到尊重。他特别讨厌任何不整洁及不干净的事物。我想,他说过这句话,"不可让人看到一名衣衫褴褛的美以美教徒",由于他,所以你们永远不会看到这样的一名美以美教徒。(笑声)如果任由他的墓园脏乱,那便是对他的极端不敬。各位都记得,有一次他经过德比夏郡某处时,一名女郎奔到门口,向他叫道:"上帝祝福你。卫斯理先生。"他回答说:"小姐,如果你的脸孔和围裙更为干净一点,你的祝福将更有价值。"(笑声)这就是他对不干净的感觉。因此,不要让他的墓园脏乱。万一他偶尔经过,这比任何事情都令他伤心。你们一定要好好照顾这个墓园。这是一个值得纪念的神圣墓园。它是你们的

信仰寄托之所在。（欢呼声）

4. 以一首名人诗句作为结束

在所有的结尾方法中，最能被听众接受的，莫过于幽默或诗句了。事实上，如果你能找到合适的短句或诗句作为你的结尾，那几乎是最理想不过的了。它将产生最合适的风味以及尊严气氛，将可表现出你的独特风格，将可产生美。世界扶轮社社长哈里·劳德爵士在爱丁堡向在当地召开年会的美国扶轮社代表团发表演讲时，就是以这种方式结束了他的演讲：

各位回国之后，你们之中某些人会寄给我一张明信片。如果你不寄给我，我也会寄一张给你。你们一眼就可看出那是我寄去的，因为那上面没有贴邮票。（笑声）但我会在上面写些东西：

春去夏来，秋去冬来，

万物枯荣都有它的道理。

但有一件东西永远如朝露般清新，

那就是我对你永远不变的爱意与感情。

这首短诗很适合哈里·劳德的个性，当然也能配合他演讲时的气势。因此，这段结尾对他来说，是极为合适的。如果某位一向严肃而拘谨的扶轮社社员把它应用在一次严肃演讲的结尾，那不仅显得有点突兀，甚至令人觉得有点荒谬。我教授演讲的时间愈久，愈能清楚地看出，也愈能生动地感觉到：要想举出能够适应所有场合的一般性规则，几乎是不可能办得到的。因为，绝大部分情况都要视演讲的题目、时间、地点及演讲者本身而决定。诚如圣保罗所说的："每个人必须自行努力，以求解救自己。"

在一次欢送纽约市某位专职人员的惜别会上，我以贵宾身份参加。有十几位演讲者分别上台讲话，称颂他们这位即将离开的朋友，祝福他在将来的新工作上获得成功。一共有十几个人上台讲话，但是只有一个人以令人难忘的方式结束了他的演讲。他的结尾也是引用一首短诗。这位演讲者转身面向那位就要离开的贵宾，以充满感情的声音对他叫道：

再见了，祝你好运。

我祝福你事事顺心如意。

我如东方人般地诚心祝福：

愿我的平和安详永远伴着你。

不管你去到何处，不管你走向何方，

愿我的美丽的棕榈茁壮成长。

经过白天的操劳及夜晚的安息。

愿我的爱祝福你。

我如东方人般地诚心祝福：

愿我的平和安详永远伴着你。

布鲁克林IAD汽车公司副总裁亚伯特先生，曾向他公司员工演讲"忠诚与合作"。他以吉卜林的《第二丛林诗章》中的一首音韵悠扬的短诗，作为他这次演讲的结束：

这就是"丛林法律"——如蓝天般古老而正确；遵守这项法律的野狼将会繁衍生子，但破坏它的野狼必将死亡。

如同蔓藤般缠在树干上，这项法律无处不在——因为团结的力量就是野狼，而野狼的力量就是团结。

5. 高潮

高潮是很普遍的结束方法。这通常很难控制，而且，对所有的演讲者以及所有的题目而言，这其实不能算是结尾。但是，如果处理得当，这种方法是相当好的。它逐步向上发展，达到高峰，句子的力量愈来愈强烈。关于这种以高潮作结尾的方法，各位可以在书中那篇以费城为主题的得奖演讲中找到最好的例子。

林肯在一次有关尼亚加拉大瀑布的演讲中，运用了这种方法。请注意，他的每一个比喻都比前一个更为强烈，他把他那个时代拿来分别和哥伦布、基督、摩西、亚当等时代相比较，因而获得一种累积起来的效果：

第六章　有效说话的挑战

　　这使我们回忆起过去。当哥伦布首次发现这个大陆，当基督在十字架上受苦，当摩西领导以色列人通过红海，不，甚至当亚当首次自其造物者手中诞生时；那时候，和现在一样，尼亚加拉瀑布早已在此地怒吼。已经绝种，但他们的骨头塞满印第安土墩的巨人族，当年也曾以他们的眼睛凝视着尼亚加拉瀑布，正如我们今天一般。尼亚加拉瀑布与人类的远祖同期，但比第一位人类更久远。今天它仍和1万年以前一样声势浩大及新鲜。早已死亡，而只有从骨头碎片中才能证明它们曾经生存在这个世界上的史前巨象及乳齿象，也曾经看过尼亚加拉瀑布。在这段漫长无比的时间里，这个瀑布从未静止过一分钟，从未干枯，从未冰冻，从未合眼，从未休息。

　　温代尔·菲利普斯在演讲有关海地共和国国父托山·罗勃邱的事迹时，也运用了相同的方法。他那篇演讲经常被演讲的教科书摘录。我现在将它的结尾引述在下面。它有活力，有生气。虽然在这个事事讲求实际的时代，它已显得有点过于讲求修辞，但这段讲辞仍然令人深感兴趣。这篇演讲稿是在半个世纪以前写好的。"50年后，当事实被人揭露出来时"，如果你能注意到，温代尔·菲利普斯对约翰·布朗和托山·罗勃邱在历史上的重要性作了极为错误的判断，这岂不是极为有趣的事吗？很显然的，猜测历史发展的方向，是和预测明年股票市场或猪油价格一样的困难。且听：

　　我想称他为拿破仑，但拿破仑是以自毁誓言及杀人无数而建立起他的帝国。这个人却从未自毁承诺。"不报复"是他伟大的座右铭，也是他的生活法则。他在法国对他儿子说的最后几句话是："孩子，你终有一天要回到圣多明哥，忘掉法国谋杀了你的父亲。"我想称他为克伦威尔，但克伦威尔只是一名军人，他所创立的国家随着他的死亡一起崩溃。我想称他为华盛顿，但华盛顿这位弗吉尼亚的伟大人物也养奴隶。这个人宁愿冒着丢掉江山的危险，也不允许买卖奴隶的情形出现在他国度内最偏远的村落。

　　你们今晚大概认为我是一个狂人，因为，各位并不是用眼睛在读历史，而是用你们的偏见。但在50年后，当事实被人揭露出来之后，历史的女神将把福西昂归于希腊，布鲁特斯归于罗马，汉普顿归于英格兰，拉法叶归于法国，把华盛顿选作我们早期文明的一朵鲜艳及至高无上的花朵，约翰·布朗则是我们这一时代成熟的果实。然后，她把她的笔浸在阳光中，用鲜蓝色在他们所有人的上面写上这位军人、政治家及烈士的姓名——托山·罗勃邱。

寻找，研究，实验，直到你获得一段好的结尾及一段好的开场白。然后，把它们集中在一起。

不会删减自己的谈话内容以适应这个快速时代气氛的演讲者，将不会受到欢迎，而且，有时候还会受到听众的排斥。

即使是圣徒——塔瑟斯城的扫罗（使徒保罗的门徒），也犯了这种错误。他在传道时滔滔不绝，直到后来，听众中的一名小伙子——一位叫犹太朱斯的年轻人，睡着了，并从窗口掉了出去，把脖子摔断了。即使是那样，扫罗可能仍未停止他的讲道。有谁知道呢？我记得有位演讲者，是位医生，有天晚上在布鲁克林的大学俱乐部演讲。那次的集会时间拖得很长，已有很多人上台说过话了。

轮到他演讲时，已是凌晨一点钟了。他要是为人机智及圆滑一点，或是善解人意一点，他应该上台去说上十几句话，然后让我们回家去。但他这样子做了吗？没有，他没有。他反而展开了一场长达45分钟的长篇演讲，极力反对活体解剖。他还没讲到一半，听众已经开始希望他就像犹太朱斯一样，也从窗口掉出去，并摔断某些部位，任何部位都可以，只要能让他住口就行。

洛里默在担任《星期六晚邮刊》编辑的时候告诉我，他总是在某一系列文章达到最受欢迎的高峰时，就把这一系列的文章停掉。读者们纷纷要求再多刊登一点。

那么，为什么要停掉它们呢？为什么要在那个时候停掉？"因为，"洛里默先生说，"在最受欢迎的高峰过后不久，读者就会获得满足感。"

同样的明智抉择也可以应用在演讲上面，而且更应该这样做。在听众迫切地希望你继续说下去的时候，就赶快停止。

耶稣基督最伟大的演讲——《登山宝训》，只要5分钟就能复述完毕。林肯的《盖茨堡演讲》也只有10个句子而已。《圣经创世纪》中上帝创造世界的整个故事，所需的时间，比你读早报上一篇谋杀案的报道所需的时间还要少……一定要简单明了！简洁！

尼亚沙兰副主教詹森博士写了一本有关非洲原始人的书。为了写这本书，他和他们生活在一起，观察他们，长达49年之久。

他叙述道，如果一名演讲者在村中的某个聚会中说话说得太多了，听众就会要求他住口，而大叫"伊美托夏！…""伊美托夏！"即"够了！…够了！"的意思。

据说，有个部落规定演讲者只能用一只脚站着，当举起来的那一只脚的脚趾头因支持不住而着地时，完了，他就必须结束他的谈话了。

一般听众虽然比较有礼貌，比较会克制自己，但他们讨厌长篇大论演讲的心情却是同样的。因此，要注意听众的反应。我知道你不会视而不见。

要学会从他们的立场来处理演讲。

卡耐基语言的突破与沟通的艺术

善用已经学到的技巧

我在班上上课时，常会欣慰地听到学生们诉说他们如何在日常生活里运用本书中所介绍的技巧。他们坦承，在运用了这些技巧后，都有斩获。推销员说他们的销售额大大增加，经理们表示其业务大有进展，主管们则承认扩大了驾驭能力；所有这一切都源于他们在下指令和解决问题时，利用语言效力的技巧大有长进。

N·理查·狄勒在《今日语言》里写道："说话，说话的形态，说话的次数，以及说话的气氛……是现代社会沟通系统中的生命血脉。"R·弗莱德·康纳德，负责通用汽车公司的《戴尔·卡耐基教程——统驭术》的指导。他也在同一杂志里这样写道："我们之所以兴致勃勃地在通用汽车公司从事语言训练的工作，基本的理由之一是，我们了解每位监管人员或多或少也算得上是个老师。从约试一个可能的员工起，经过初期的训练阶段，再经过正规的工作分派与可能擢升，一位监管人员需要不断地解放、描述、申斥、说明、指示、批评，并与自己部门里的每个人讨论无数的事情。"

当我们沿着口头交谈的梯子往上攀升，而到达几近当众演讲的境地时，如讨论，做决定，解决问题与举行决策会议，我们再度翻阅一下本书中所教导的有效说话技巧，将会十分有效地将之运用于日常的语言活动之中。在众人面前有效演讲的法则，可以直接用于参加会议的场合，它有助于你驾驭会议的过程。

意念的组织表达，正确地选字用词，演讲时的热情和赤诚，都是保证你的意念在最终阶段得到完美解决的要件。所有这些要件均曾在本书中详细讨论过，而今则要留待读者诸君在参加各种会议时善用所学罢了。

也许你正在犹豫到底应该何时开始应用在本书中学到的东西。如果你还没有决定的话，让我用一个词来回答你：即刻。

就算你根本没打算或没有机会在什么时候公开发表演讲，我也确信本书中的原则和技巧一样能应用于你的日常生活。假使把自己每天所说的话拿出来分析，你会惊讶地发现，自己的日常说话与本书里讨论的正式沟通之间，其目的竟非常相似。

在本书的其他章节中，我们要你当众说话时，在四种一般说话目的中总有一种是你内心要记住的。即你究竟是要向他们提供消息，还是欢娱听众，是说服听众赞同你的立场，还是游说他们采取某种行动。在做公开演讲时，我们应尽量使这些目的分明，不论在演讲内容或演讲的态度方面都应如此。

在平日的讲话中，这些目的彼此相互包容，而且一日多变。在某一时刻也许我们还在同朋友纵情闲聊，突然在下一时刻我们却在用三寸不烂之舌竭力推销一种产品，或是在谆谆劝告孩子要把零用钱存入银行里。你若能把本书中讲述的技巧应用于日常会话中，你就能更有效地说明自己的意念，并能技巧高超地成功激励别人，充分达到我们的目的。

1. 在日常谈话中使用特殊的细节

让我从这些技巧中举其中之一来说明吧。你是否还记得我曾建议你在演讲中加入一些细节，以使意念生动如画地活现于眼前？当然，我那时主要考虑的是让你如何在群众面前讲话，实际上，细节在每日谈话里不也一样重要吗？回想一下我们所熟悉的那些真正幽默风趣的大演讲家吧，他们不也具有使用图画语言的高超本领？他们不也是在说话中加入了许多五彩缤纷、富于戏剧性的细节吗？

在开始培养会话技巧之前，你必须先要自信。本书前面所介绍的一切都非常有用，它们能给你安全感，使你勇于与别人相处，并敢于在非正式的社交团体中发表自己的意见。一旦你热衷于表达自己的意念，你就会开始留心周围的一切,检索自己过去的经验,并把它们当成你的话题的资料。经过这一关,奇妙的事情发生了——你的视野开始扩展,你看到自己的生命有了新一层的意义。

家庭主妇们原来聊天的兴趣多少有些局限,那些话题都只是在自己的小天地里还有些兴趣,但是自从她们在小谈话圈子里用上我们所介绍的说话技巧以后,便纷纷兴奋地报告自己的新体验。"我发现自己从此获得了更强的信心,使我有勇气在社交集会里起立发言,"一位名叫哈特的女士在辛辛那提的演讲训练班里就这样对同学说,"而且我开始对时事感兴趣。我不再对那些正规谈话的聚会畏缩胆怯。相反,我已能热切地加入了。不仅如此,我曾经做过的一切,都成为我谈话的好素材。我发现自己已对许多新的活动产生了兴趣。"

哈特女士的感激之辞对于一位教育家而言并不感到受宠若惊。"学习"和"运用所学"的动力一旦受到刺激,它即会开始一连串的行动与交互作用,使得整个个性非常活泼地得到展现,让你取得成就的循环就此产生。诚如哈特女士所言,只要将本书里的一项原则付诸实施,即能给个人带来莫大的充实感。

我们当中不见得都是某一专业的老师,可是我们每一天都会有许多时候要用言语来对别人说明什么。如父母教训子女,如向邻居解释修剪玫瑰的新方法,如与其他观光客就最佳旅游路线交换意见等。所有这些场合都离不开说话,而且需要清晰、连贯的思考,需要强劲有力的表达。前面章节所介绍的有关说话技巧,同样也可应用于这些场合。

2. 在工作中使用有效的说话技巧

沟通的方法也会影响我们的工作,现在我们便来进行这方面的讨论。身为销售员、经理、店员、部门主管、团队领袖、教师、牧师、护士、主管、医生、律师、会计师或工程师,我们都身负某一方面的职责,需要向有关人员解释专业领域里的知识,并对他们给予职业性的指导。我们是否能以清晰、简明的语言来做这些解说，经常是我们的上司用以判断我们能力的尺码。从事"说明"性的演讲练习，可以使我们养成快速思考与敏捷用词的技巧，然而这种技巧却绝不限于正式的演讲，它也可以每天为我们每人所使用。

3. 寻找机会当众说话

在日常用语中使用本书中的法则，常会使你获得意外的大丰收。除此以外，你还应寻找和利用每一个可以当众说话的机会。怎么做才能达到这一目的呢？比如，你可以参加某一个使你有当众说话机会的俱乐部。你不要只做一个不活跃的会员，只做个旁观者。在这个俱乐部里，你要施展浑身解数，协助处理委员会的工作，大多数这样的工作都是要到处求人的。设法当当节目主持人，这可以使你有机会去访问社区里的优秀演讲家，而你自然也就必须担负发表介绍词的任务了。

利用本书中的建议做指南，尽早开始做20~30分钟左右演讲的练习。让俱乐部或组织里的人晓得你在准备对他们演讲。筹募基金的组织会寻找志愿人员替它们做宣传，他们会向你提供一套演讲的秘诀，这对你准备演讲会有极大帮助。许多重要演讲家便是如此这般起家的，其中有些甚至可谓异军突起，成就非凡。且以萨缪尔姆·列文森为例吧，他是一名广播和电视双栖明星，还是一个全国各地的人都想一听为快的演讲者。他过去在纽约任中学教员，平常喜欢就自己最了解的——像自己家庭、亲戚、学生，以及工作当中不寻常的方面，发表简短的谈话。不想这些谈话竟在听众那里产生了热烈的反应，不久，他就被请去对许多团体发表演讲。尽管这些外务大大影响了他的教书工作，但他已是许多广播节目里的特别来宾了。不久，他便把自己的才华完全转向娱乐界了。

4. 必须不断坚持

我们学任何新东西时，像法文、高尔夫球或当众说话，其进步从来就不会是稳步前行的。我们的表现会是波浪式的，它在经过一段高潮后，会突然停止，它有时甚至可能还会滑坡，失去原先已斩获的一些阵地。这种停滞或者衰退的现象，是所有心理学家都甚为了解的。这段时期权且被称之为"学习曲线中的高原地带"。学习有效演讲的学生们，有时也会在这些高原上受阻达数周之久。也许他们辛苦努力了半天，就是无法再往前行。意志薄弱者便会绝望而放弃，有胆识的勇者却会坚持下去。在挺过这一阶段后，他们会忽然发现，几乎是在一夜之间，也不知道是什么原因，奇迹就发生了，他们已经能一跃千里了。他们像飞机一样由高原起飞，陡然升入空中，使自己在演讲中获得了信心。

你也许会像本书中其他地方所说的那样，当最初面临听众时，总会经历一些恐惧，一些震撼，一些精神上的紧张。即使曾做过无数次公开演出的大音乐家，也会有相同的感觉。帕德列夫斯基快要在钢琴面前坐下时，还总是紧张地摸弄着袖口呢。可是等他一开始弹奏，他所有的恐惧就如八月阳光里的雾，瞬间消逝无踪了。

他的经验也可以作为你在经历此情境时的参考。只要你能坚忍不拔，不久你的所有顾虑就会一扫而光。包括这种初期的恐惧，在你说过了开始的几句话以后，就会完全控制住自己，度过这一关以后，你就会自信而欢喜地讲下去。

有一次，一位渴望学习法律的青年写信向林肯求教。林肯回答他说："如果你已下定决心要做律师，事情就已成功了一半有余……要时时记住，你相信自己必定成功的决心，比任何别的事情都重要。"

林肯是明白这一条的，他是过来人。终其一生，他所受过的正规教育，总共不超过1年。书本呢？从未离过身。林肯有一次说，他曾步行到50英里以外的地方去借书。在他的小木屋里，柴火总是燃烧终夜，有时他会就着火光读书。小木屋的木头间有裂缝，林肯往往就朝那儿塞上一本书。等到早晨天亮可以看书了，他就一骨碌自树叶床上爬起，揉着眼睛，拉出书本来开始"狼吞虎咽"。

他会走上二三十里路去听人演讲，回到家以后，就到处练习演讲，在田野里,在树林中,在杂货店聚集的人群前。他还曾加入新沙仑和春田的文学与辩论学会,练习与评论当时的各种题目。他在女性面前很害羞,当他追求玛丽时,总是坐在走廊上,羞涩而沉默,找不着话说,只听着她一个人唱独角戏。然而就是这个人,他在家里穷读不休,到处勤练不辍,最终把自己塑造成了一名演讲者,进而得以与当时最杰出的雄辩家道格拉斯参议员展开世纪辩论,决一雌雄。也就是这个人,他在盖茨堡发表演讲,接着又在第二次总统就职演讲上崇论闳议,冠绝后世。

想想自己身受的种种艰难挫折与令人心酸的奋斗,难怪林肯要说:"如果你已下定决心要做律师,事情已成功一半有余。"

白宫的总统办公室墙上悬挂有一幅上好的林肯画像。"常常当我有事情要决定时,"西奥多·罗斯福说,"比如一些复杂而难以处理的事情,比如一些权益相冲突的事情,我就会抬头看着林肯,假想他处于我的位置,设想他在相同的情况之下会采取什么办法。听来也许荒唐,可是真的,这样似乎就使我的问题容易解决得多了。"

何不试试罗斯福的方法呢?假若你消沉沮丧,准备放弃做个更有效的演讲者,何不问问自己,他在这样的情形下会怎么办?你是知道他会怎么办的。他在竞选参议院席位而败于道格拉斯之后,还殷殷告诫自己的拥护者,不可以"在一次或一百次挫折之后即告放弃"。

5. 想象你将获得的成就

但愿我能教你每天清晨在早餐桌上打开这本书,直到你把威廉·詹姆斯教授的这番话牢记在心:

愿青年人不要为自己教育的结果忧心,不论它的界线何在。只要他在每日的工作时间里,每小时都忠实地忙碌着,就大可把最终的结果留待自己去处理。他可以十足自信地期待着某一个美好的早晨醒来后,发现自己已经是当代有才能的人之一,不论他所选择追求的是什么。

现在,即使有名震一时的詹姆斯教授撑腰,我也要说,只要你不断地、聪明地练习下去，你便可以满怀信心地希望，一个美好的早晨醒来时，你已发现自己是城里或社区里出类拔萃的演讲家之一了。

不管这话听起来多么虚幻，它却是一条真正的通则。例外当然是有的，如果一个人的个性极度自卑，加上没有资料可为谈论，自然不能妄想自己有朝一日会成为当今的丹尼尔·韦伯斯特。但是就一般道理来说，这个断言却是正确的。

且容我举例说明。前新泽西州州长斯多克有一回参加我们在春腾一个班次的结业晚宴。他评论说，当晚他所听到的演讲，好得就同他在华盛顿的参、众两院所听到的演讲一样。这些在春腾的"演讲"者，在数月前还是一些舌头打结、畏惧听众的商人。记住，他们可是新泽西的商人，可不是古代的西塞罗，他们是在美国任何城市中皆可见到的商人。可是他们却在一个美好的早晨醒来后，发现自己已经跻身为城里的大演讲家行列，甚至于还已闻名全国了呢！

我认识数以千计的人们，并曾仔细观察过他们，发现他们曾尽心尽力，一心想要获得自信，想要能够当众说话。那些成功的人当中，只有极少数是真正的天才，而大部分人则都是在自己家乡小镇随处可见的普通商人，只是他们肯于坚持。倒是那些较特殊的人们，则有时会气馁，有时因为过分吝惜于赚钱，结果反倒庸庸碌碌，乏善可陈。虽然是寻常人士，只要有胆量、有目标，走到路的尽头时，往往也爬到了顶端。

这是合乎人性与自然的。君不见在商业和各行各业中，类似的这种事情随时都在发生？老约翰·D. 洛克菲勒曾说，商业成功的第一要诀是耐心与了解，收获终必来到。它同样也是有效说话能够成功的首要条件之一。

几个夏天以前，我在奥地利境内的阿尔卑斯山区里，出发去攀登一处名叫韦尔德·凯瑟的山峰。《贝克旅行指南》里说，攀登该峰甚为困难，业余爬山者应备向导。我和朋友两人未雇向导，而我们也确是业余无疑。因此一位第三者便问我们，我们是否自信能成功？"当然！"我们回答。

"你们怎么会这样以为呢？"他问。

"别人也曾无需向导而成功过。"我说，"因此我晓得这应是入情入理的，同时我从事任何事情时，从不想到失败。"

这是做任何事情都应该抱有的正确心态，从演讲到征服珠穆朗玛峰，无一不是如此。

你成功的程度，大大取决于演讲前你所做的思考。不妨假想自己以全然的自制向别人讲话。

这是你能力之内极易做到的事。相信自己会成功，坚定地相信，这样你就会去做导向成功所必须做的一切。

南北战争期间，海军上将都庞列举了一大串振振有词的理由，说明自己何以未能率领战舰开入查尔斯港。法拉格上将专注地倾听着讲述。"可是还有一个理由你却没有提到。"他说。

"什么理由？"都庞上将问。

回答是："你不相信自己办得到。"

大部分在我们班上受训的学员所获得的最宝贵的东西，是对自己的信心大增，是对自己成功的能力多了一分信任。在各种事业里，还有什么能比成功对一个人更为重要呢！

爱默生如是写道："无热诚即无伟大。"这不只是一句文学修辞，它是通往成功的路径图。

威廉·莱昂·费尔恐怕是有史以来在耶鲁大学教书的教授中，最受爱戴与欢迎的一位了。他在《教书热》一书里陈述说："对我而言，教书实在甚于艺术和其他职业。它是一种狂热。我爱煞教书，就像画家爱画，歌手爱唱，诗人爱写。早晨起床之前，我总是热烈快活地想着我的那一群学生。"

一位老师对自己的职业满怀着热情，对面前的工作满腔兴奋，他能达于成功，又何奇之有？费尔教授之所以能对学生产生巨大影响力，大半由于他在教学里加入了关爱、赤诚与热情。

若将炽热之情加入有效说话的学习中,你会发现沿途障碍全都消失不见。这是一项挑战,要你集中所有心智和力量,放在与自己同类的弟兄有效沟通的目标上。想想那种自恃、自信和闲适的神态都是属于你的,想想那种掌握注意、震动情感与说服群众去行动的胜利感。你会发现,自我表达的能力也能培养其他方面的能力,因为有效说话训练是一条康庄坦途,能增强通往各行各业与各种生活中所必备的自信。

在给教导《戴尔·卡耐基课程》的老师们的教学手册里,我写了这些话:

当学生们发现自己能够掌握听众的注意,受到老师的赞美与全班同学的鼓掌——当他们能够做到这些时,他们便已培养了一种内在的力量感,培养了勇气和沉静,这是他们从未经历过的。结果如何?他们开始去从事并且完便成了许多自己从未梦想可能的事情。他们开始发现自己渴望在众人面前讲话,进而成为商业和各行业与社区活动里的活跃分子,最后更成为领导人物。

清晰、有力、强劲的表达,正是我们社会中统驭术的标记之一。这种表达支配着领导人。无论你在私人访问中还是在公开宣告中,只要你的一切言语倘能善用本书中的技巧,一定能使你在家庭、教会团体、民间组织、公司和政府机关中,踌躇满志,领袖群伦。

第七章
快乐家庭的沟通技巧

切莫喋喋不休。
别尝试改造你的伴侣。
不要批评。
给予真诚的欣赏。
随时注意琐碎细微的小地方。
要有礼貌。
学会如何与你的妻子相处。
学会如何与你的丈夫相处。
阅读一本有关婚姻中性生活方面的好书。

切莫喋喋不休

法国皇帝拿破仑三世,就是拿破仑·庞纳派德的侄儿,他和世界上最美丽的女人依琴尼·迪芭女伯爵坠入情网……接着,他们结婚了。他的那些大臣们纷纷指出,迪芭仅是西班牙一个并不重要的伯爵的女儿。可是拿破仑回答说:"这又有什么关系呢?"

是的,她的优雅、她的青春、她的诱惑、她的美丽,使拿破仑感到幸福。拿破仑向全国宣布说:"我已挑选了一位我所敬爱的女人做我的妻子,我不想娶一个我素不相识的女人。"

拿破仑和他的新夫人,他们具有健康、权力、声望、美貌、爱情——一对美满婚姻所完全具备的条件。婚姻点燃的圣火,从来没有像他们这样光亮,这样炽热。

可是没有多久,这股炽烈、辉煌的光芒渐渐冷却下来了!终于成了一堆尘灰。拿破仑可以使迪芭小姐成为皇后,可是他爱情的力量、国王的权威却无法制止她对他无理地喋喋不休。

迪芭深受嫉妒、疑惧的折磨,使她侮谩他的命令,甚至不许拿破仑有任何秘密。她闯进拿破仑正在处理国家大事的办公室,打断了拿破仑与大臣们之间正在讨论中的重要会议。她不允许他一个人独处,总怕拿破仑会爱上其他女人。

她经常会向她的姐姐抱怨自己的丈夫,诉苦、哭泣、喋喋不休!她会闯进他的书房,暴跳如雷、恶言谩骂,拿破仑拥有许多富丽的宫室,身为一国的元首,却找不到一间小屋子能使他安静一会儿。

依琴尼·迪芭小姐喋喋不休地吵闹，所获得的是些什么？这里就是答案，我现在从莱茵·哈特名著《拿破仑与依琴尼·迪芭，一幕帝国的悲喜剧》一书上，摘录一段如下：

以后，拿破仑时常在晚间，从宫殿一扇小门潜出；用软帽遮住眼，由一个亲信侍从，陪他去与正期待着他的一个美丽女人幽会。他们或者会在巴黎城内漫游，或是观赏平时国王所不易见到的那些夜生活。拿破仑的那类情形，就是依琴尼·迪芭小姐所留下的成绩。事实上，她高居皇后宝座，她的美丽倾国倾城，可是以她皇后之尊，有倾国倾城的美丽，却不能使爱情在吵闹的气氛下存在。依琴尼曾放声哭诉说："我所最怕的事，终于降临到我身上。"

那些可怕的事情为什么会降临到她身上？那是她咎由自取，自己找来的。这个可怜的女人，完全是错在她的嫉妒，和喋喋不休的吵闹。地狱中的魔鬼所发明的种种毁灭爱情的烈火中，吵闹是最可怕的一种，就像被毒蛇咬到，没有任何生还的希望。

托尔斯泰是俄国著名的大文豪，他的夫人也有过这种情况，可惜发现的时候已经太晚了。当她在临死前，向她女儿们忏悔说："你父亲的去世，是我的过错。"她的女儿们没有回答，只是在她身旁痛哭。她们知道母亲说的是实在话，她们的母亲不断地抱怨、长久的批评，在这样的生活环境下父亲才去世的。

照理说，托尔斯泰伯爵和他的夫人生活在优越的环境里，应当十分快乐才对，然而，事实并非这样。托尔斯泰是历史上最著名的小说家之一，他那两部名著《战争与和平》和《安娜·卡列尼娜》，在文学领域中闪耀着不朽的光辉。

托尔斯泰受到很多人的爱戴，他的赞赏者，甚至于终日追随在他身边，将他所说的每一句话都快速地记了下来。他说了这样一句"我想我该去睡了，"即使是这样一句平淡无奇的话，也都给记录下来。苏俄政府曾把他所有写过的字句，都印成书籍，合起来有100卷。除了美好的声誉外，托尔斯泰和他的夫人，有地位、有财产、有孩子。普天下，很难再找到像他们那样美满的姻缘：他们的结合，似乎是太美满、太热烈了，所以他们跪在地上，祷告上帝，希望上帝能够赐给他们永远的快乐。

然而，后来发生的一件事情，使托尔斯泰渐渐地改变了。他变成了另外一个人，他对自己过去的作品，竟感到羞愧。就从那时候开始，他把剩余的生命，贡献于写消弭战争、宣传和平和解除贫困。

他曾经替自己忏悔，在年轻时候，犯过各种不可想象的罪恶和过错……甚至于谋杀……他要真实的遵从耶稣基督的教训。他把所有的田地送给别人，自己过着贫苦的生活。他去田间工作、砍木、堆草，自己做鞋，自己打扫房屋，用木碗盛饭，而且尝试尽量去爱他的仇敌。

托尔斯泰一生的过程该是一幕悲剧，而造成悲剧的原因，是他的婚姻。他妻子爱奢侈、虚荣，可是他却对此轻视、鄙弃。她渴望着显赫、名誉和社会上的赞美。可是，托尔斯泰对这些却不屑一顾。她希望有金钱和财产，而他却认为财富和私产是一种罪恶。

这样经过了好多年，她吵闹、谩骂、哭叫，因为他坚持放弃他所有作品的出版权，不收任何的稿费、版税。可是，她却希望得到从那方面而来的财富。

当他反对她时，她就会像疯了似的哭闹，在地板上打滚……她手里拿了一瓶鸦片烟膏，要吞服自杀，同时还恫吓丈夫，说要跳井。

他们的生活过程中有一件事，我认为是历史上最悲惨的一幕。我已经说过，他们开始的婚姻是非常美满的，可是经过48年后，他已无法忍受再见到自己妻子一次。

一天晚上，这个年迈伤心的妻子跪在丈夫膝前，渴望着爱情，央求他朗诵50年前他为她所写的最美丽的爱情诗章。那些美丽、甜蜜的日子，现在已成了逝去的回忆时，他们俩都激动得痛哭起来……生活的现实和逝去的回忆，那是多么的不同！

最后，当他82岁的时候，托尔斯泰再也忍受不住他家庭折磨的痛苦，就在1910年10月，一个大雪纷飞的夜晚，他脱离他的妻子而逃出家门……逃向酷寒、黑暗而不知去向。

11天后，托尔斯泰患肺炎，倒在一个车站里。他临死前的请求是，不允许他的妻子来看他。

这是托尔斯泰夫人抱怨、吵闹和歇斯底里所付出的代价。

也许很多人认为她在若干地方吵闹，也不能算是过分！是的，我们可承认这样的说法，可是这不是我们所讨论的问题。最重要的是，那种喋喋不休的吵闹，是否对她有某种帮助，还是把事情弄得比以前更糟糕？

"我想我真是精神失常！"托尔斯泰夫人觉悟到说出这句话时，为时已晚。

林肯这样一个伟大的人物，他一生中最大的悲剧也是他的婚姻。请你注意，不是他的被刺，而是他的婚姻。当波司向他放枪时，他并未感觉到自己受了伤，因为他几乎每天都生活在痛苦当中。

哈顿是他的法律同仁，他形容林肯在他23年来所过的日子，都是"处在由于婚姻不幸所造成的痛苦中。"婚姻不幸？因为几乎有1/4世纪的时间，林肯的夫人都在他面前喋喋不休，困疲了林肯的一生。

她无时无刻不抱怨、批评自己的丈夫，她认为她丈夫林肯的一切，没有一件是对的。她抱怨丈夫，脚步中没有一点弹性，动作一点也不斯文，甚至做出丈夫那副模样来嘲笑丈夫，她整天喋喋不休地吵着让他改变走路的姿势。她不爱看他那两只大耳朵和他的头成直角，甚至指丈夫的鼻子也不挺直，又指他嘴唇如何难看，手脚太大，偏偏脑袋又这么小。她还说自己的丈夫跟痨病鬼一个模样。

在很多方面，林肯和他的妻子都是相反的，在教养方面、环境方面、性情上、志趣上。还包括智能和外貌上，他们几乎每天都生活在彼此的敌视、激怒中。

第七章　快乐家庭的沟通技巧

比弗瑞滋是研究林肯传记的一位权威。他这样写着：林肯夫人那尖锐刺耳的声音，隔着一条街都可以听到。她不断地怒吼，凡住在邻近的人们都听得见。她的愤怒，常用言语以外的方法发泄出来，而要形容她那副愤怒的神情，很不容易。

还有一个这样的例子：林肯夫妇结婚后不久，和欧莉夫人住在一起——她是春田镇上一个寡妇，或许为了贴补家里一份收入，不得不让人进来寄住。

有一天早晨，林肯夫妇两人正在吃早餐，林肯不知为什么激起了他妻子的暴怒，林肯夫人在盛怒下，端起一杯热咖啡朝丈夫的脸上泼去。她是当着许多住客的面这样做的。

林肯不说一句话，就忍着气坐在那里。这时，欧莉夫人过来，用一块毛巾把林肯脸上和衣衫上的咖啡拭去。

林肯夫人的嫉妒，几乎达到了使人无法相信的程度，她是那样的凶狠、激烈……只需读几段她当着众人面前所做的可怜丢人的事。就是75年后读到这些事，还会令人吃惊。她最后精神失常了——如果我们厚道地说她一句，那是说她一向就有点神经质。

所有那些吵闹、责骂、喋喋不休，是不是把林肯改变了？从另一方面讲，是的。那确实改变了林肯对她的态度，使他后悔这桩不幸的婚姻，而且使他尽量避免跟她见面。

春田镇有11位律师，他们不能都挤在一个地方糊口谋生。所以他们常骑着马跟着当时担任法庭职务的台维斯法官去其他各地——那样，他们才能在第八司法区里各镇的法庭上找点工作。

其他律师们，谁都希望周末回春田，回去跟家人欢度周末。可是林肯不回春田，他就怕回家，春季3个月，秋季3个月，他宁愿留在他乡也不愿意走近春田。

他每年都是如此。住宿镇上的小旅店不是一件舒服的事！可是林肯愿意单独住在那里，不想回家去听她太太喋喋不休的吵闹。

这就是依琴尼皇后，托尔斯泰夫人和林肯夫人，她们和丈夫争吵不休的结果。她们所获得的，是生命过程中一幕悲剧的收场。她们珍爱的一切，和她们的爱情，就这样亲手毁在自己手里了。

所以，你要保持自己家庭的美满、快乐，第一项规则是：

切莫喋喋不休。

别用言辞改造你的爱人

英国大政治家狄斯瑞利说："我一生或许有过不少错误和愚行，可是我绝对不打算为爱情而结婚。"

是的，他果然没有。他35岁前没有结婚。后来，他向一个有钱的寡妇求婚，是个年纪比他大15岁的寡妇，一个经过50个寒暑、头发灰白的寡妇。

那是爱情？不，不是的。她知道他并不爱她，而是为了金钱而娶她。所以那老寡妇只求了一件事，她请他等1年。她要给自己一个观察他品格的机会。1年终了，她和他结婚了。

这些话听来乏味，平淡无奇，几乎像做一宗买卖，是不是？可是，使人们难以了解的是，狄斯瑞利的这桩婚姻，却被人称颂是最美满的婚姻之一。

狄斯瑞利所选的那个有钱的寡妇，既不年轻，又不漂亮，是个经过半世纪岁月的妇人，当然差得远了。

她的谈话，常会犯了文学上、历史事迹上极大的错误，往往成为人们讥笑的对象。例如有这样一件有趣的事……"她永远弄不清楚，是先有希腊，还是先有罗马。"她对衣饰装扮，更是离奇古怪，完全离了谱。至于对屋子的陈设，也是一窍不通的。可是，她是个天才！

她在对婚姻最重要的事情上，是一位伟大的天才——对待一个男人的艺术。

她从不让自己所想到的跟丈夫的意见对峙、相反。每当一整个下午，狄斯瑞利跟那些敏锐反应的贵夫人们对答谈话而精疲力竭地回到家里时，她立刻使他有个安静的空间休息。在这个愉快日增的家庭里，在相敬如宾的气氛中，他有个静心休息的地方。

狄斯瑞利跟这个比他年长的太太一起时，是他一生最愉快的时候。她是他的贤内助，他的亲信，他的顾问。每天晚上，他从众议院匆匆地回家，他告诉她白天所看到、所听到的新闻。而最重要的，凡是他努力去做的事，她绝不相信他是会失败的。

玛丽安，这个50岁再结婚的寡妇，经过30年的岁月，她认为，她的财产之所以有价值，是因为能使他的生活更安逸些。反过来说，她是他心中的一个女英雄。狄斯瑞利在她去世后，才封授伯爵的。可是当他还是平民时，他请求维多利亚女皇封授玛丽安为贵族。所以在1868年，玛丽安被封为"毕根菲尔特"女子爵。

无论她在众人面前所表现的是如何的愚蠢、笨拙，他从来不批评她，他在她面前从不说出一句责备的话……如果有人嘲笑她时，他立即为她强烈的辩护。

玛丽安并不完美，可是在她后30年的岁月中，她永远不会倦于谈论她的丈夫！她称赞他、钦佩他！结果呢？这是狄斯瑞利自己说的："我们结婚30年，我从没厌倦过她。"

可是，有些人会这样想——玛丽安不知道历史，她一定是愚蠢的。

在狄斯瑞利这方面，他认为玛丽安是他一生中最重要的，那是他毫不隐讳的。结果呢？玛丽安常告诉她的朋友们说："感谢上帝的慈爱，我的一生，是一连串长久的快乐。"

他们俩之间有一句玩笑话。狄斯瑞利曾这样说："你知道，我和你结婚，那仅只是为了你的钱。"玛丽安笑着回答："是的，但如果你再一次向我求婚时，一定是为了爱我，你说对不对？"

狄斯瑞利承认那是对的。

不，玛丽安并不完美的，可是狄斯瑞利够聪明的让她保持原有的她。

贾姆士曾这样说过："跟人们交往，第一件应学的事，就是不干涉人们自己原有那种特殊快乐的方法……"

伍特在他所著一部有关家庭方面的书上这样写道:"婚姻的成功,那不只是寻找一个适当的人,而是自己该如何做一个适当的人。"

所以,你要自己家庭有个美满、快乐的生活,第二项规则是:

别用言辞改造你的爱人。

卡耐基语言的突破与沟通的艺术

不要责备

狄斯瑞利在公众生活中的劲敌是格雷斯束。他们两人，凡遇到国家大事有可争辩的，就会起冲突。可是，他们有一件事却是完全相同的，那是他们私人生活都非常快乐。

格雷斯束夫妇俩共同度过了59年美满的生活。我们很愿意想象到格雷斯束这位英国尊贵的首相，握着他妻子的手在围绕着炉子的地毯上唱着歌的那幕情景。

格雷斯束在公共场合是个令人可怕的劲敌，可是在家里，他绝不批评任何人。每当他早晨下楼吃饭，看到家里还有人睡着尚未起床时，他会运用一种温柔的方法，以替代他原来该有的责备。

他提高了嗓门，唱出一首歌，让屋子里充满着他的歌声……那是告诉还没有起床的家人，英国最忙的人独自一个人在等候他们一起用早餐。格雷斯束有他外交的手腕，可是他体贴别人，竭力避免家庭中的批评。

俄国女皇凯赛琳也曾经这样做过。她统治了世界上一个面积辽阔的帝国，掌握千万民众生杀予夺的大权。在政治上，她是一个残忍的暴君，好大喜功地接连战争。只要她说一句话，敌人就被判处了死刑。可是，如果她的厨师把肉烤焦了，她什么话也不会说，微笑着吃下去。她这个容忍，该是一般男士们所效法的。

桃乐赛·狄克司是美国研究不幸婚姻原因的权威者。她提出这样的见解：50%以上的婚姻都归于失败。为什么许多甜蜜的美梦会在结婚以后全部触礁呢？她知道有一个原因，那就是因为毫无用途的、令人心碎的批评。

如果你要批评你的孩子，你以为我会劝阻你别那么做……不，不是那回事。我只是要这样告诉你,在你批评他们之前,不妨先把那篇《父亲所忘记的》的文章看一下,这篇文章是在一本家庭杂志评论栏上刊登出来的。我们获得原著者的同意,特地转载在这里。

《父亲所忘记的》是一篇短文,却引起了无数读者的共鸣,也成了谁都可以翻印的读物。前些年,那篇文章第一次刊登出来后,就像本文作者雷米特所说的:"在数百种杂志、家庭机关和全国各地的报纸上刊出,同时也译成了很多种的外国文字。我曾答应了数千人,拿这篇文章在学校、教会和讲台上宣读,以及不计其数的空中广播也曾朗读过。

使人感到惊奇的是,大学杂志采用,中学杂志也采用。有时候,一篇短文会有奇异的效果出现,而这一篇就是如此:

我儿,你静静听着:我在你酣睡去的时候这样说,你的小手掌压在你颊下,金色的头发被汗水黏贴在你额头,我悄悄地进来你的房里。那是几分钟前,我在书房看书的时候,突然一股强烈的悔意,激动了我的心,使我失去了抗御,使我感到内疚地来到你床沿。

孩子,这些是我所想到的事——我觉得我对你太苛刻了。你早晨穿衣上学的时候,你用毛巾轻轻擦了下脸,我就责备了你;由于你没有把鞋拭干净,我也责备了你;当我看到你把东西乱丢在地上时,我也大声责备你。

吃早餐的时候,我挑剔你的过错;说你这又不对,那又不是……你把臂肘搁在桌上,你在面包上敷的奶油太多。当你开始去游戏,而我去赶火车的时候,你转过身来,向我挥手说:"爸爸,再见!"我又把眉皱了起来,说:"快回家去!"

午后,这一切的情形又重新开始。我从外面回来,发现你跪在地上玩石子,你袜子上有许多破洞,我看到那些小朋友羞辱你,马上叫你跟我回来。买袜子要花钱,如果你自己花钱买的话,就会特别小心了!孩子,你想想,那种话竟由一个做父亲的口中说了出来!

你还记得吗?后来我在书房看报时,你畏怯地走了进来,眼里含着伤感的神情。当我抬头看到你时,又觉得你来打扰我,而觉得很不耐烦。我恼怒的问你:"你想干什么?"

你没有说什么,突然跑过来,投进我的怀里,用手臂搂住我头颅,吻我……你那小手紧紧地搂着我,那是充满了孺慕的热情。这种孺慕的热情,是上帝栽种在你心里的,像一朵鲜丽的花朵,虽然是被人忽略了,可是不会枯萎。你吻了我后,就离开我,跑上楼去了。

孩子,你走后没有多久,报纸从我的手上滑了下来,突然一种可怕的痛苦和恐惧,袭击到我身上。那是习惯支配了我,整天责骂你,憎厌你,吹毛求疵的挑你的过错。难道这是我对你的一种奖励?孩子,不是爸爸不爱你,不喜欢你,那是我对你期望太高了,我用了我现在自己的年纪来衡量你。

其实,你的品性中有很多优点都是令人喜爱的,你幼小的心灵,就像晨曦中的一线曙光……

这些都由你突然跑进来吻我,说晚安的真情上表现出来。孩子,在这静寂的夜晚,我悄然来到你房里,内疚不安地向你忏悔,这是一个不懂事的父亲,一个可怜的父亲。

如果你没有睡去,我向你说出这些话,在你赤子的心里也不会了解的。可是,明天我必须要做到的是,做一个真正的好父亲。你笑的时候、我也跟着笑,你痛苦的时候,我愿意陪同你一起承受这个痛苦。

当我有时沉不住气要责备你时,我会咬自己的舌头,把这话阻止下来。我会对自己不断地这样说:"是的,他还只是一个幼小的孩子……他还是个小孩子。"

我恐怕自己已把你看做一个成年人了。我现在看到你疲倦地酣睡在小床上,现在我明白过来了,你还是个小孩子。昨天,你还躺在你母亲的怀里,你把头脸依偎在她的肩上。

是的,你还是个眷恋着慈母爱抚的小孩子,我对你的要求,实在太多了……太多了!

所以,如果你要保持自己家庭的美满、快乐,记住第三项规则,那是:不要责备。

给予真诚的赞美

洛杉矶一位"家庭关系研究会"主任鲍宾诺,他作这样的表示:

大多数的男士们,他们寻求太太时,不是去寻找一个有经验、才干的女子,而是在找一个长得漂亮,会奉承他的虚荣心,能满足他优越感的女性。所以就有这样一种情形:当一位职业经理的未婚女性,她被男士邀去一起吃饭时,这位女经理在餐桌上会很自然地搬出她在最高学府所学到的那些渊博学识来。就餐过后,这位女经理会坚持要付账单,结果,她以后就是单独一个人用餐了。

反过来讲,一位没有进过高等学府的女打字员被一位男士邀去吃饭时,她会热情地注视着她的男伴,带着一片仰慕的神情说:"真的,我太喜欢听了……你再说些关于你自己的事……"

结果呢?这位男士会告诉别人说:"她虽然并不十分美丽,可是我从未遇到过比她更会说话的人。"

男士们应该赞赏女人的面部修饰和她们美丽可爱的服装,可是男士们却都忘了。如果他们稍微留意就知道,女人是多么的重视衣着。如果有一对男女在街上遇到了另外一对男女,女士似乎很少注意到对面过来的男士,而她们似乎总是习惯的注意对面那个女子是如何打扮的。

数年前,我祖母以98岁高龄去世,在她去世前没多久,我们拿了一张很久以前她自己的相片给她看。她老花的眼睛看不清楚,而她所提出的唯一问题是:"那时我穿的是什么样的衣服?"

我们不妨想想,一位卧床不起的高龄老太太,她的记忆力甚至已使她无法辨认自己的女儿，可是她还想知道，这张老旧的相片上，她穿的是什么衣服。老祖母问出那问题时，我就在她床边，这使我脑海中留下一个很深很深的印象。

当你们看到这几行字时，男士们，你或许不会记得，5年前你穿的是什么样的外衣，哪一种衬衫……其实，男士们也没有丝毫的意思去记它。可是，对女人来讲，就不一样了！

我曾经节录下来一篇故事，我相信事实上不可能会发生的，然而其中蕴含着一种真理，所以我要把这故事再叙述一遍。

这是一个愚蠢而又可笑的故事：有一名农家女子，在一整天劳累的工作后，当快要吃饭的时候，她在那几个男工面前放下一大堆的草。那些男工问她，她是不是疯了？那女的回答说："哦！我怎么会知道，你们会注意到这些？我替你们做饭，已经做了20多年，那么长久的时间，我从没有听到一句话，使我知道你们吃的不是草。"

沙俄时代的莫斯科和圣彼得堡，养尊处优的那些贵族们，他们很注重礼貌，似乎已成了那些贵族们的一种习惯。当他们吃过一桌适口的饭菜后，一定要请主人把厨师叫来外面餐厅，接受他们的赞美。

为什么不用这种同样的方法在你太太的身上试一试呢？当她把一盘鸡烧得美味可口时，你告诉她，她把这盘菜烧得如何好，使你吃得非常适口！让她知道你懂得欣赏，你并不是在吃草。就像格恩常说的一句话"好好的捧一捧这位小妇人。"

当你这样做时，不要怕让你太太知道，她在你的快乐中占着如何重要的地位。狄斯瑞利是英国一位极富声誉的大政治家，可是，我们已经知道，他绝不认为人们都知道这件事是种耻辱……因为他知道"我得到我太太帮助的地方很多。"

有一天，我翻看杂志时，看到一份有关好莱坞一位著名电影明星埃迪康特的访问记。上面是这样写的：

第七章　快乐家庭的沟通技巧

在全世界所有的人中，我太太对我的帮助最多。当我还是个孩子的时候，她就是我一个青梅竹马的伴侣，她引领我，鼓励我勇往直前。

我们结婚后，她把每一块钱节省下来，投资再投资，替我积累了一笔财产。现在我们有5个可爱的孩子……她永远为我布置了一个可爱、甜蜜的家，我如果有任何的成就，那完全要归功于我的太太。

在好莱坞，婚姻是一件冒险的事。甚至于伦敦的劳滋保险公司也不愿意打这个赌。在少数几对著名的美满婚姻中，巴克斯特夫妇就是其中的一对……巴克斯特夫人过去的名字叫蓓蕾逊，她放弃了极有前途的舞台事业去结婚。可是她的牺牲，并没有损害到他们的快乐。

巴克斯特这样说：她虽然失去了舞台上无数的掌声和赞美。可是现在，我随时随地在她的身旁，她随时可以听到我那出于由衷的赞美。

如果一个做妻子的想要从丈夫身上获得快乐、欢愉，她可以从他的欣赏和热爱中寻找到。如果那种欣赏和热爱是真诚的，那也是他的快乐所在。

你明白了吧！

所以，如果你要保持自己家庭的美满、快乐，一项最重要的规则，就是：

给予真诚的赞美。

随时注意琐碎细微的小事

从古到今，鲜花是代表爱情的语言。其实不需要花多少钱，尤其是在花季的时候，在街口、路口，都可以看到卖花的人。可是，有没有一个做丈夫的经常不忘记带一束鲜花回家给太太？你或许以为它们都是贵如兰花，再不就是你把它们看做了瑶池中的仙草，才不需付出那般的代价，带回去给太太。

为什么一定要等到你太太病到进医院，才捧了一束鲜花去送她？为什么你不在明天下午下班回家的时候，给她带回几朵玫瑰花呢？如果你愿意的话，不妨试一试，看看效果如何！

柯恩是一个百老汇最忙的人，每天习以为常地给他母亲打两次电话，直到她老人家去世。你以为每次柯恩打电话给母亲，是有什么重要新闻要告诉这位老人家？不，不是的。

注意小地方的意思是：对你所敬爱的人，表示你常想念着她，你希望她愉快。而她的欢愉、快乐，也会使你有同样的感受。

女人对生日或是什么纪念日会很重视！这是为什么？那该是女人心理上一个谜！

一般男人都把应该记住的日子忘得干干净净，可是有几个日子是千万不能忘记的，就像19年的那一天，是他妻子的生日……19年的那一天，是他跟妻子结婚的日子。如果不能完全记起来，最重要的，别把自己妻子的生日忘记。

芝加哥一位法官叫塞巴司，曾处理过4 000件起于婚姻争执的案件，同时调解了2 000对夫妇。他曾这样说过：

一桩细微的小事，就会成了婚姻不快乐的根源……就拿一桩很简单的事来说，如果一个做妻子的每天早晨对上班去的丈夫挥挥手，说一声"再见"，就会避免很多触上离婚的暗礁的危险。

勃洛宁和他夫人的生活，恐怕是史册上最可称颂的事。他们永远注意到对方细节的地方，彼此间细微的体谅，使他们的爱情永恒。勃洛宁对他那个有病的太太体贴得无微不至。她太太有一次写信给她的姊妹说："我现在开始有些怀疑，我是不是像天使一样的快乐。"

有若干的男士们对夫妻间每天发生的那些琐碎的小事都太低估了，这样长久下去，会忽略了这些事实的存在，就会有不幸的后果发生。

伦诺是美国处理离婚案件最方便和简单的地方。法院每星期开庭6次，平均每10分钟判决一桩离婚案件。你以为有多少婚姻是真正触上离婚的暗礁，而几乎成为一幕悲剧的？我敢说，那是极少数的。

如果你有这份兴趣，天天坐在伦诺法院里，听那些怨偶们所提出他们离婚的理由，你就会知道爱情是"损于细微的小事"。

现在你把这几句话写下，贴在你帽子里或是镜子上，使你每天可以看到，这几句话是：这条路，我只能经过一次，所以，凡我所能为人做的任何好事，任何一点仁慈，让我现在就做吧！不要迟延，不要忽略，因为我将不会再从这里经过了。

所以，如果你要保持自己家庭美满、快乐，第五项规则是：

随时注意琐碎细微的小事。

夫妻间的礼仪价值百万

丹姆洛契和勃雷的女儿结婚（勃雷是美国一位大演讲家，曾经一度是美国总统候选人），数年前，他们在苏格兰安德鲁·卡内基家里认识后，就一直过着愉快的生活。

他们相处融洽的秘诀是什么？

丹姆洛契夫人这样说："我们选择自己伴侣时，必须审慎小心，其次就是婚后注意彼此的礼貌……年轻的妻子们，不妨就像对待一位客人一样，温婉有礼地对待自己的丈夫。任何丈夫，都怕自己妻子是个骂街的泼妇。"

无礼、粗暴，会摧毁爱情的果实。这情形我相信谁都知道，可是我们对待一位客人，总是比对待自己家里人有礼貌得多，这是很明显的。

我们绝不至于插嘴向一位客人说："老天！你又在说那些陈词滥调的老故事了！"我们绝对不会尚未获得他人的许可就拆阅人家的信件。同时，我们也不会窥探别人的隐私、秘密。可是，我们对最接近、亲密的家人，发现他们一丝的过错时，就会公然斥责、侮辱他们。

现再引用狄克司的话："那是一桩令人惊诧的事，可是完全是事实……对我们说出那些刻薄、侮辱、伤感情的话的人，差不多都是我们自己的家人。"

瑞斯诺说："礼貌是内心的一种特质，它可以教人忽略破旧的园门，而专心注意到园内的好花。"

礼貌在我们婚后的生活中，就像汽车离不开汽油一样。

贺尔姆对家里的人体贴谅解，无微不至。他即使心里有不愉快的事，也一定把自己的忧烦藏起,不从自己脸上显现出来,而让家里的人知道。

贺尔姆能做到这一点。可是一般人又如何呢?一般人在办公室里把一件事处理错误,或是丢失了一桩生意买卖,给老板、经理批评了几句,他就巴不得赶回家,把从办公室里受到的那股"窝囊气",发泄到家人的身上。

荷兰人有一种风俗,人们进屋子前,把鞋子脱在门外面。我们可以向荷兰人学到这样一个习惯,就是回家进门前,把一天所遇到不如意的事都扔到门外,然后再进屋。

贾姆士写过一篇文章,题名为《人类某种的愚蠢》。他这样地写着:"本文现在所要讲的,是人类的盲目愚蠢,当每逢遇到跟我们自己感受不同的动物,或是人们时,使我们感到困扰和烦恼。"

我们都患有盲目的愚蠢!多少的男士们,他们不会跟顾客或是伙伴们厉声的说话,可是会毫不考虑的向他们的太太发威。

如果为了个人幸福着想,他们应该知道,婚姻远比他们的事业更重要。一个获得美满婚姻的人,远比一个孤独的天才更为幸福、快乐。

苏俄小说家托琴尼夫备受人们的敬仰,可是他这样说过:"我宁愿放弃我所怀有的天才和我的著作……假如在某个地方有一个女人,她是关心着我是否可以早点回家吃晚饭。"

获得幸福婚姻的机会究竟有多少呢?狄克斯女士这样表示:她认为是失败的比例数要占多数。可是鲍宾诺的意见并非如此,他说:"一个人在婚姻上成功的机会,比其他任何事业的成功机会来得多……一个开杂货店的男人失败的机会要占70%,可是进入婚姻的男女有70%是成功的。"

关于婚姻的问题,狄克斯女士作下面这样一个结论:

如果与婚姻比较,人的出生只不过是短暂的一幕,至于死亡,那更不是一件重要的事了。女人始终无法了解,为什么男人不把家庭也看做一项事业,使这项业务蒸蒸日上,成为一个甜蜜、美满的家庭。

虽然有若干的男士们认为娶到一个满意的妻子和有一个美满的家庭,

比获得千百万财富还重要。可是在一般男士们中，很少有人会加以思考和真诚的努力，以期获得他们婚姻的成功。他们把一生最重要的事情交付在机会上。他们认为成功或失败，那是要看运气如何！

女人们永远不明白，为什么那些男士们在她们身上不运用一点外交手腕？当然，如果他们对她们，不用欺压的手段，而使用了若干的温柔，对他们来说，那是有益的。

每个男人都知道，他可以差遣他太太做任何一件事，而并非是带有某种目的的……如果说，他知道如何称赞太太几句话，说她是能干的主妇，她会更乐于尽她的本分把这件事做得更十全十美。如果有个做丈夫的，赞美他太太去年做的那套衣服如何的美丽，她绝不会打算今年再订制一套巴黎新式的时装。

每个男人都知道，他们可以把妻子的眼睛吻得闭了起来，直到她盲如蝙蝠；只要在她的唇上热情的一吻，即可使她哑如蚌蛎。

而且每一个做妻子的，都知道她丈夫明白这一切，因为她已经为他预备好了一个完全的图表，要他照着去做。可是，她却又不知道，应该是热爱他，还是应该是讨厌他。因为他宁可跟妻子吵闹后耗费些钱，替她买新衣、新车、珠宝等东西，而不愿意奉承她一点。他不愿意按她所渴望的去满足她，去对待她。

所以，如果要保持你家庭的美满、快乐，第六项规则是：

夫妻间的礼仪价值百万。

学会如何与你的妻子沟通和相处

爱一个女人，绝不仅仅是只有火热的感情就够了，还应该涵盖许多内容，例如理解，殷勤，敏感和尊重。可是那些不懂得如何经营爱情的男人总是喜欢寻找借口，说什么"没有人能真正了解女人"。

假如你真的想了解你的夫人，就是最好由爱她做起，并且让她知道你的爱。否则，婚姻对双方都不是好事。

"男人一旦娶妻生子，就意味着失去了财运和机遇"这是弗兰西斯培根对婚姻的观点。他不赞成男人结婚生子，背负家庭的重担，认为他们那样做就要承担命运之神随时夺走家人生命的危险，是一种很愚蠢的行为。

这表现了培根对已婚者的悲观态度，但是它也从反面暗示了一个道理，那就是男人结婚是需要勇气的。过去的看法认为，单身男子更勇敢无所顾忌，而那些结了婚的男人则显得拘谨呆板，现在看来这个观念需要更正了。

事实上，单身男子和已婚男子相比，更显得拘泥呆板。这一点可以从他们不敢冒险去婚姻登记处，以避免破坏他们拘谨的计划中看的出来。他们谨小慎微，性情捉摸不定，就像未婚女性向你描述的那样：他们更不敢跳入婚姻的海洋，只是在海滩上散步，偶尔用脚试一下海水，一旦遇到大浪涌来时，他们就会立即退到安全的地方去。至于结婚的男人，具备了独行大侠那样的胆量，具有受伤的犀牛那样的勇气和赌徒那样的性情。那些因赌博而破产的人和这种赌徒般的性情相比，只能算小儿科，因为他们把自己的生命，未来和金钱等赌注全部押在一个女人的身上，还保证让这个女人永远快乐。他的对手是命运之神，他把一切都押给了命运之神，然后还冲着命运之神做怪脸。

我们在此并不想批评这些已婚男人，而是向他们提出一些小建议，以增加他们婚后生活的快乐，表达对这些具有冒险精神的男人的敬意。

康奈尔大学文理学院院长列奥多·S.柯瑞尔博士曾经给美好的婚姻设计了一幅蓝图："幸福的婚姻只属于那些心灵成熟，了解自己，善于和他人建立良好的关系，而且任何事情都能为他人的幸福着想的，负有责任感的人。"

柯瑞尔博士还说："一家人是通过内在价值，例如情爱和伴侣等的满足而结合在一起的，这种内在价值是无法强求的。"柯瑞尔院长这里所说的内在价值，是可以通过一些手段加以发展，呵护和加强的。以下是我们搜集到的关于"妻子的情报"可以作为丈夫如何与妻子相处的几点建议。

1. 不断的感谢和赞美她

假如你必须节省开支维持生活的话，你千万不要吝惜给你的妻子"嘴上的蜂蜜"。如果你总是夸奖她，称赞她是多么的贤惠，那么她就会对你抱以忠心，无论你是失业还是又老又胖，她都会坚持留在你的身边，即使一年到头总穿一件旧外套也不会有任何的怨言。可惜的是，在那些聪明的男人中，不了解女性这一特点的人可不在少数。他们认为能娶到她，算是她一辈子的福气。这些男人们一点也不知道，妻子是从不会厌烦丈夫赞美她们的。男人们都很容易获悉自己在各方面的地位如何，例如，工作上出现了失误，会有上司来提醒他；成交了一笔大买卖，会有加薪或红利，或至少是上司当众予以嘉奖。可是成天待在家里的妻子又如何呢？如果丈夫不告诉她的话，她们根本就不知道自己的表现如何。因此，丈夫的赞美就是对她最好的奖赏。

罗伯·N.普拉尔是我的朋友，他是纽约《世界电信报》的专栏作家，也是曾经勇敢地揭露都市腐败现象的《大贿赂》一书的作者。罗伯令人羡慕的地方，就是他拥有一个几乎所有男人都想得到的理想妻子；而他的妻子珍妮也认为，他就是这个世界上最伟大的男人，而且她逢人就夸自己的丈夫。

罗伯有的是让妻子保持良好感受的方法。例如，当出版商将手工精致封面的特别赠本送给罗伯时，罗伯会当场在书上题写赠言："献给珍妮——我亲爱的妻子和我的生命。"这样的赠言显然要比在支票上签名更容易让女人心花怒放，因为这是对她成功料理家务的真诚而由衷地赞美。

2. 对妻子要慷慨体贴

许多男人错误地认为，慷慨大方就是当女人有需要时应该不假思索的帮她付账单，并且经常给她一些零花钱。现在我要告诉你的是，金钱和女人所看重的慷慨大方只是附属关系，他们更在意你这样对她说："好的，亲爱的，接你妈妈过来，和我们共度一段美好的时光吧。"这样表现出来的慷慨大方也许更有效。她们希望丈夫能够在公共场所多关心体贴自己，就像他对一个陌生的漂亮的女孩子的那样，关怀和尊重自己。

就像爱一样，体贴、仁慈和善良，应该先从自己的家人开始。

3. 保持衣着整洁

许多男人认为，只有女人才应该保持迷人的风采和适宜的仪表。例如，女人总会受到这类警告：不要涂冷霜、不能带满头发卷上床睡觉，还有就是不能有体臭、不能手指粗糙、体重超常和懒散成性。女人之所以如此在意年轻和身材苗条，是因为害怕自己一旦失去青春，就会失去自己的丈夫。

但是那些男人又怎么样呢？也许他是个时装模特儿，可是回家里一看，他就像一张没有清理的床。到了周末，他会怡然自得地穿一件衬衫埋头看报纸，穿着奇臭无比的拖鞋到处走动，既不洗澡也不刮脸，还自以为是地认为自己俏得很，他夫人能嫁给自己真是她的福分。

再从妻子的角度来看：她不会在意她丈夫穿的是粗布工作服还是笔挺的西装，而且无论如何她都会爱他。但是，即使丈夫在家闲着没事干的时候，她也愿意看到丈夫洗了澡刮了胡子，穿着和居家生活相协调的衣服。

虽然外表决定不了一个男人的地位，但是它能改变女人眼中的男人形象。下面提供的一份问题清单，是那些企图博得女孩子（包括自己夫人）青睐的男士应该注意的：

及时理发，不要拖延。

不要在大白天留着胡子不刮，除非你陪着孩子到湖边去钓鱼。

一定要保持仪表的整洁，要知道香皂盒除臭剂不是专门为女人生产的。

让你的裤子保持笔挺，只有颓废丧气的男人才会容忍自己的裤子皱巴巴的。

永远保持皮鞋的光亮，袜子要穿挺直了，脸上要常带微笑。

4. 了解妻子的工作

现在，不少女性对挣钱和安排生活都有切身的体验，随着职业女性越来越多，她们在婚前和婚后对工作的压力和要求也都或多或少地有了一定的了解。

因此，男人们必须体谅妻子，要知道她比他更容易受环境的限制，她的日子过得并不轻松，她也要为这个家庭的各种日常需求而操劳。

做丈夫的，至少应该明白每天做那些例行家务是多么的枯燥乏味。此外，妻子还要照顾孩子，如果家中有人病了就更离不开她；有时还要安排全家的娱乐活动。妻子常常是终年劳累过度，而最大的动力和回报，也只不过是家人的幸福和赞美。

妻子需要和外界多多接触，以增加对她的刺激，消除因工作枯燥而产生的无聊乏味。做丈夫的也应该带妻子出去，和别家的主妇进行交流。男人由于工作上的关系，使得他有机会参加各种社交活动，因此他希望通过休闲来获得宁静。这时，就要求丈夫把自己的需求和妻子所需要的富有刺激性的社交活动协调起来，将两者处理得相对平衡。要做好这一点，完全看他如何合理地安排。

5. 支持妻子做她的后盾

我的一个朋友曾向我谈起她经历的一次小小的危机，那是她最亲爱的姑妈第一次到她家时发生的：

我朋友才到她家，她孩子就得了支气管炎，只能躺在床上，结果招待客人的所有计划都泡汤了。

"如果不是汤姆，"她告诉我说，"我真的不知道该怎么办才好。他每天晚上都陪我的葛瑞丝姑妈出去散步，让她感觉过得很愉快。到了周末，他们就一起出去看风景。姑妈玩得高兴，这样也减轻了我的心理压力。虽然汤姆有些缺点，可是如果到了紧急关头，因为有他在身边，我就觉得自己有了依靠。"

当遇到麻烦时，如果我们有一个可以全身心依靠的丈夫，那将比浪漫小说中的英雄救美还要强过百倍。因此，丈夫不仅要在妻子遇到重大危机时能挺身而出，即使是日常小事上也要多多支持和帮助妻子。例如：

参加家长会和妇女俱乐部的各种活动时，妻子需要得到丈夫的支持和鼓励。

参加教堂唱诗班或缝纫班的活动时，妻子也同样会有这样的需求。

教育孩子时，妻子需要丈夫的帮助。

在社交场合，妻子希望丈夫成为她的骄傲；她愿意看到他玩得愉快，而不是洋相百出。

她需要知道，无论出现什么紧急情况，无论发生什么事情，他都能永远的和她在一起，让她的内心有一种安全感。

6. 分享妻子的嗜好

婚姻的成功与否，取决于夫妻双方的"分享"和"合作"。当两人在处理家庭问题时，必须试着把"你"和"我"转变成"我们"。例如，我们去哪里度假？我们的椅套和电视机是否都要换成新的？等等，诸如此类。一旦夫妻双方了解对方在生活中所扮演的角色之后，所有问题都能迎刃而解。

也许男人会认为，买礼物、做家务之类的事情让他们参加的话，会有失男性的尊严。但是，如果他想使家庭常保温馨和睦，就应该先放下股市行情分析，尽量帮妻子做一些家务。既然他希望妻子对他提升为销售经理而高兴，那他为什么不能关注一下妻子今天说的一些家务事，对她在旧货市场捡到的一个大便宜感兴趣呢？

安德烈·莫罗斯是一位善于洞悉人情世故的作家,他在建议男人如何与女人相处时说:"对女人认为重要的东西感兴趣,例如她们的穿着,她们为家庭所做的努力,她们对感情和人物深入细致的分析。当他有空时,不妨陪夫人逛逛街,买些东西,在某些事情上为她出谋划策,对生活的小事感兴趣,多和她交流,例如参加俱乐部,等等。如果她了解音乐、美术,就要设法了解她的嗜好。相信过不了多久,你就会惊奇地发现,你对她的嗜好也有兴趣了。"

7. 向妻子表达你的爱

作家维奇·鲍姆曾说:"得到爱的女人,更容易获得成功。"丈夫一定要保证爱他的妻子,这可不像将结婚戒指戴在她手指上那么简单,而且要做到只要她高兴,他就应该每天都将结婚戒指戴在她的手指上。"男人喜欢感觉到他被爱着,"梅托·德这样写道,"而女人却喜欢男人说他爱她。"

不知为什么,许多丈夫在刚刚度完蜜月之后,就会对向妻子说"我爱你"感到尴尬。其实,你完全可以放松,即使你不必像欧洲的男人那样殷勤,也照样可以感动你的妻子。作为女人,总是有其独特的感知力,能通过无数种无言的暗示来感受到你的爱,例如你能在满屋子的人当中找到她;在电影院里紧握着她的小手,出乎意料的拥抱,温柔体贴,等等。

然而,很多女人却弄不明白,为什么男人在婚前对她追得那么热烈,可是婚后却不愿对她表露他的爱。我办公桌上就放着一封信,它来自安大略多伦多市的一个青年,他名叫杰克·F.坦蒙,他在信中就承认自己犯了这样的错误:

我妻子是自己精心挑选出来的理想而完美的女性。我们结婚后,我一心忙于工作,我们生活的全部事情则由我妻子承担。

然而,这种生活模式显然行不通。我们婚后5年是不幸和失败的。终于有一天,我和妻子吵了一架,我4岁的儿子问我:"爸爸,难道你不喜欢妈妈吗?我相信她是个好妈妈。"

我突然明白，原来自己是个彻头彻尾的笨蛋。我其实真心真意地爱着我孩子的母亲。我既爱她这个人，又爱她为我所做的一切。正是有了她的精心照顾，我们的儿子才长得那么健康可爱，而我却一直没有承担起一个做父亲和丈夫的责任。

我受到惩罚是应该的，但我决定尽力弥补错误。我找到我妻子，希望她能帮助我，使我成为一个称职的丈夫和父亲。

感谢上帝，成功了。现在我们又过起了真正意义上的婚姻生活，这种生活是建立在互敬互爱基础上的。她又为我生了一个女儿，我们的幸福价值千金。

现在，我的孩子再也没有问过我为什么不喜欢他们的妈妈了！

爱一个女人，绝不仅仅是只有火热的感情就足够了，它还应该涵盖许多内容，例如理解、殷勤、敏感和尊重。可是那些不懂得如何经营爱情的男人总是喜欢寻找借口，说什么"没有人能真正了解女人"。他们顽固地认为，男人是直流电，而女人是交流电，双方永远没有沟通的可能，于是他们就可以省掉许多尝试的麻烦。

我们在这里只想敬告这些先生：女人可不是来自太空，也不是用另一种波长做事，她们更不是怪物。女人并不是什么难解之谜，很多男人都已经了解了女人，而且都在他们结婚之后做到这一点的。

假如你真的想了解女人那么就从爱她开始吧，并且要让她知道你的爱。否则，婚姻对你们双方都不是什么好事。

对于美国的女性来说，无论你指责她们有什么缺点，她们都不会介意，但是你不能说她们自大或自满。她们非常希望能改善自我，由此形成了一个涵盖面极广的咨询市场。例如，会有人指导她们如何吸引男人、如何挑选丈夫、结婚以后该做什么、如何养育下一代、如何将家务料理得井井有条，如果她们真的还能腾出10分钟空闲来的话，她们还要咨询在闲暇时该干什么。她们不但要去听演讲，还要订阅各种刊物来为自己的生活提供有意义的指导,参加各种自我完善的课程……此外,90%的广告产品都是针对她们这种人的。

我们再来看看她们的丈夫:这些男人也会积极进修,但通常只是局限于如何多赚一些钱,使自己在工作中超出他人,成为一个优秀人物。至于如何处理与家人的关系,也只希望维持原状。他们很少读书看报,也很少去听演讲,也不关心如何吸引夫人或者维持与她的感情常新。在他们看来,增进夫妻之间的感情是那些小女人的事。至于如何适应对方的个性,这些男人永远只会说:"应该让女人来适应我们。"

男人也许会这样解释说:他们要养家糊口,必须出去赚钱,必须将全部的心思和精力放到改善工作上,而不是如何更好地扮演丈夫这个角色。然而,无论是男人还是女人,婚姻并不能只靠钱来维持。衣食无忧只是男性责任的开端,而不是全部,而且事情也不完全局限于此。

几年前,米尔斯学院院长利恩·怀特写了一本很好的书《教育我们的女儿》,他在这本书中批评了学校教育,认为将女人和男人完全等同起来教育的做法是不对的。他提出,应该在课程中安排一些适合女性实际需要的内容——也就是说,教育不能脱离这个现实,那就是大多数女人总是要成为妻子和母亲的。

他的提议的确收效不错,但这并不能为幸福的婚姻提供一个样板。我们将女儿教育成为一个好妻子和好母亲,却让她们嫁给那些只知道赚钱养家的丈夫和父亲,这又有什么用呢?为什么不将我们的女儿嫁给一个有着丰富经验、知道如何做一个好丈夫和好父亲的男人呢?

法国伟大的小说家巴尔扎克曾这样写道:"大多数已婚男人都会让我想起那些想拉小提琴的大猩猩'。"假如我们将婚姻当成男女双方都需了解的事,那么我们就可以了解婚姻,那些已婚男人就不会再像大猩猩,而是应该像著名小提琴家弗瑞斯·克莱斯勒。

"家"自古以来就一直是人类的基本单位,它不仅能让人保持对未来的希望，维持目前的现实，还能保卫、滋养和教导人类。家，其实就是一座神圣的城堡。

为什么只有男人才能承担起保护家庭的重担呢？虽然女人待在家里的时间比男人多，但这并不等于男人就不需要家。家不仅仅是一个物质概念，它还包括温暖、分享、欢笑、眼泪、幸福和忧伤等诸多精神方面的含义，而且正是这些精神含义为家增添了丰富的意义和价值。显然，只靠女人是无法创造这一切的，它是男女双方共同努力创造的结果。所以，我真诚地告诫男人，要给女人一个机会，好好思考自己该如何扮演"丈夫"和"父亲"这个特殊的双重角色，将自己创造成功事业的才智和精力适当地分给家人一部分。

因此，如果你想要获得幸福的婚姻家庭生活，就请记住第七项法则：

学会如何与你的妻子沟通和相处。

卡耐基语言的突破与沟通的艺术

学会如何与你的丈夫沟通和相处

我最喜欢的一个现代人是奥格登·纳屈尔,他在《献给女婴之父的颂歌》中抒发了一种感慨之情,说是在这个世界的某个角落,有一个男婴正在长大成为娶走他可爱女儿的男人。既然大多数可爱女婴的父亲都与纳屈尔有同样的感想,那我们就不妨勇敢地面对它。但是对于一个女人来说,比一辈子容忍男人的任性更可悲的则是没有男人可以让她去容忍。

为什么我要这么说呢?要知道,这个世界上有一半人是男性,所以如何与男人相处,成为每个女人都要面临的问题。女人一生中要接触无数的男人,例如丈夫、父亲、儿子和女婿,或者老板、客户、朋友、追求者和色情狂,或者医生、律师、军人和职员,或者屠夫、面包师和工人。

既然男人和女人之间存在差异,我们也不得不接受这个事实,那么作为女人,多考虑一下如何与男人相处应该不是一件坏事。

男人希望女人能为他做什么事呢?

当然是舒适!你可能会认为我是从一群喝腻了香槟酒、又老套又落伍的花花公子那儿得来的答案吧?错了,让我来告诉你一个事实吧:

第二次世界大战结束时,那些继续留在军中服役的男人曾接受过一次问卷调查,其中有一个问题时这样问的:"你希望婚姻生活给你带来什么?"几乎所有人都给出了同样的答案——既不是令人心荡神摇的富有女性魅力的女人,也不是刺激,更不是兴奋,而是普通意义的舒适!

这个答案也许会让那些盲目迷信化妆品和香水广告的小姐们失望透顶。但是,既然男人只需要舒适,为什么不给他们舒适呢?显然,对男人来说,一盎司的舒适比一磅的性感更加值钱。不过，男人理想中的舒适究竟是什么呢？是某个让他所有的感官都能放松的女人，还是一个知书达理的贤惠女子，或者是像玛丽莲·梦露那样的性感尤物呢？

一些参加了某项课程的女性，根据她们与男人在一起的经历，经过讨论之后，总结出以下几条行之有效的规则，这些规则完全可以作为女人如何与男人相处的有效法则。

1. 要有一个好性情

家庭问题专家陶乐丝·迪克斯曾说过："男人选择女人的第一个要求，就是女人要有一个好性情。"任何女人如何想和男人愉快地相处的话，那么无论这个男人是她的丈夫、老板、水电工，还是她只有3个月大的儿子，她都应该多注意自己的性情，而不必刻意注重自己的过失，因为男人们情愿在愉快的气氛中吃罐装的青豆，也不会乐意面对一个满脸愁容、唠叨不休的女人吃牛排。

一个单身汉曾经这样坦率地说，如果他有机会在一个快乐、温柔、性情温和的女人和一个愁苦、愚钝、性情暴躁的女人之间进行选择的话，他将会选择前者！

我雇用过一个速记打字的女职员，如果仅从职业技能来看，她不能算合格——她的拼写很差，打字的速度又慢，而且经常会出错误。但是她却能一直保住她的工作，甚至干到结婚和退休，这完全得益于她那快乐如天使般的性情。

她不害怕别人的牢骚、抱怨和批评，就像是办公室里的阳光一样令人感到温暖。只要有她在，即使她不做任何事情，你也会觉得应该给她付薪水。我不知道她做饭的手艺是否比速记打字的能力强，但是我经常见到她和她丈夫在一起；而且每当他看着她时，脸上总是光彩四溢——显然，他并不在意她能不能做一手好饭菜。

2. 做个好伴侣

美国高尔夫球公开赛冠军杰克·弗里克曾为《世界电报》撰写文章，介绍了他如何克服不利局面，获得依阿华州达文波特两个市立高尔夫球场特许经营权的经过。

当时，摆在杰克面前的是一项艰巨的任务，他既要保住特许经营权，又不能放松比赛训练。幸运的是，他娶了芝加哥的丽·伯恩斯泰做妻子，她给他带来了好运气。丽成了杰克的事业帮手，这使得他可以专心练习球技。

后来，也就是1952年，杰克一家开始奔赴全国各地。丽负责照顾13个月大的儿子克瑞罗，而杰克则参加巡回公开赛。杰克说："我从来都不让丽跟我进赛场。你们没有见过邮差带着妻子去送信的吧？"

这个妻子虽然没有积极参与杰克·弗里克挚爱的球赛事业，但是她总是留在他附近，使他没有了后顾之忧。像丽这样的女人，才是男人真正的好伴侣。

弗洛伦斯·梅纳德住在纽约州北部的一个小镇，她是一个普通的家庭主妇。在过去16年的婚姻生活中，她只会做一些家务，所以总觉得自己的生活似乎缺少了什么东西。后来，她终于知道那是伴侣的亲情。然而，梅纳德夫妇的共同兴趣和爱好实在是太少了，梅纳德夫人开始采取行动，以改变这种状况。

"我丈夫的一项主要爱好就是职业曲棍球，"梅纳德夫人说，"所以，我首先要培养自己这方面的兴趣。当我对曲棍球的知识十分精通之后，我对这项运动也产生了很浓的兴趣。我和我丈夫怀着同样的热情去观看曲棍球比赛，还记下了电视转播曲棍球比赛的时间。从此，我不仅喜欢上了这项令人感兴趣的运动，而且还发现，自己有事情可做了。我从中所得到的，不仅仅是陪丈夫欣赏这项运动的乐趣，而且还包括充实的生活——我再也不会一个人无聊地坐在家里无事可做了……除了曲棍球之外，我现在又找到了一些新的兴趣，我又可以和我丈夫一同分享更多的乐趣了。"

3. 善于倾听

几乎所有男人都认为女人的话太多，意思是指女人抢走了他们说话的机会。

许多女人错误地认为，听男人说话就是默不作声地坐在那里，耐心地听男人说个没完。其实，听人说话也要表现出积极的态度，如果你是一个善于倾听的人，就会在适当的时刻加入到谈话当中去。

　　倾听别人谈话，首先要集中精力。眼睛不能飘移不定，或神色紧张、坐立不安。如果你真的能集中思想，或许还能学到许多东西。

　　倾听别人谈话的时候，表情要尽量放松，而且要随着对方所讲的内容有所变化。一个面无表情的听众，是最让说话的人觉得扫兴的。对于舞台导演来说，最苦难的工作就是训练演员如何表演好倾听其他演员说话的形象。如果你想成为一个令人满意的听众，就努力训练自己吧。

　　成功的倾听还需要集中心思和积极配合。以前曾有人戏称，一个女孩子如果想赢得男人的欢心，只需要在他介绍自己某次成功的生意时，目光专注地看着他，并适时地插上一句"你真是太棒了！天啊，你简直是个天才！"之类的话就足够了。越笨拙，他就越喜欢她。不过，现在这种情况有了些许变化：许多女孩子也能在生活中取得成功，她们觉得很难完成从精明的女强人向愚蠢的小女孩角色的转变；而男人们也比以前精明多了，他们能分辨得出谁是真正懂得倾听的女孩，谁又是故意装傻吹捧奉承他的女孩。因此请记住：当一个男人真正需要一个女孩听他说话，而你又想赢得这个男人的心，并希望影响他时，就不要再玩"假装倾听"那一套老把戏。

　　这时，最好的沟通办法就是不时地问他一个问题，以表明你正在听他说话，而且想知道一些更详细的情况；有时候，你还可以偶尔提出你的不同见解。如果你支持他的说法，并且在某方面颇有经验的话，就不妨在他停下来的间隙提出来，但是注意一定要简洁，然后再将主导谈话的权利交给他。

　　像这样的倾听，就不是单调的独白，而是一种积极的双向沟通。然而，大多数人都不是理想的听众，因为他们不了解沟通的规则。不过这些都是能通过练习加以改进的。

　　女人一旦掌握了倾听的艺术，就会与男人相处得更加愉快，进而与其他人相处得更融洽,而这也将会促进女人的成熟——这正是获得成熟的途径之一。

4. 学会适应男人

也许我们似曾见过这种场面:

"今晚我们请吉米和玛贝尔来家里吧,我们有很长时间没见到吉米了。"身为一家之主的丈夫说。

"好的,"妻子回答说,"但是,最好也请海伦和汤姆来,因为最近我们已经去他们家做过两次客了。"

然后——

"噢,天啊——海伦的妹妹在她那儿住,我们还得再找一个男宾来陪她。你去熟食店多买些啤酒和乳酪脆饼。我负责打电话,然后化妆换衣服,再收拾收拾房间。我换衣服的时候,你最好用吸尘器清理一下地毯。"

这时,丈夫真希望当初自己没开口。他原本只想安静地陪一两个朋友聊聊天,没想到却招来了一屋子的客人。

不知为何,女人一般都不会因为一时的兴起而去做某件事情,除非是为了给自己买一顶帽子——这一点是男人无论如何都弄不明白的。他不明白的事情还有,例如女人去看一场戏为什么要花几个星期的时间做准备,或者当他临时提议去乡下过周末时,女人为什么会说没有合适的衣服,等到下个周末再说,以及好让她有机会通知送奶工人……

不错,男人的一时兴起有时的确会让那些喜欢按计划办事的女人厌烦,但偶尔作出"好的,我们……"而不是"好的,但是……"的回答也不会有任何损失。我就认识一个非常快乐的妻子,她嫁给了一个喜欢度短假的丈夫。丈夫经常是在看过一份旅游广告之后,就给妻子打电话说:"收拾好行李,亲爱的!明天早上我们去洛杉矶。"这时,早已习惯的夫人会很快收拾好放了泳装的手提箱,请邻居帮忙照顾她的小鹦鹉,然后将所有的约会推掉,等着第二天早上上船。她还会说:"这没什么大不了的。任何一个女人，只要稍加训练，都可以做到的。"

我年轻的时候流行的风气是这样的：如果女孩子直到最后时刻才有男孩子来约她，就会被认为是很不招男孩子喜欢的女孩。也许成为一个难约的女孩可以给她留下一个好名声，但作为女孩子，她同时也失掉了许多乐趣。不过，如果那个男孩子约过别的女孩子之后再来约请你的话，你该怎么办呢？这就给了你一个极好的机会，你可以向男孩子证明他的第二次选择才是最佳的。要学会适应男人的心情，这是女人赢得男人青睐的最好办法。

当男人突然产生一个想法时，他喜欢立即付诸实施！假如女人不能适应男人的这种冲动，无疑会令他们感到气愤。只有很早就学会适应男人情绪的女孩，才能在与男人相处的道路上迈出成功的一步。

5. 能干但不失女性魅力

有一次上课时，一位女学员对我说，她因为太能干而失去了一个出色的男人。

这个女孩在公司担任主管，总是负责制订计划，发号施令，一切都是尽职尽责。但是在社交场合，她可没有这么一帆风顺。

"我经常是"她说："当我男朋友还没有打开雨伞时，我就叫好了出租车；我总是要比他早一步按下电梯按钮；共进晚餐时，我会推荐他点肝脏和熏肉，以预防他的高血压；他从没有机会帮我拉开椅子或者为我脱下外套、替我穿上鞋子。因为我是如此能干，总是抢先做好了一切。我不只是能干——而是太能干了，所以我失去了他，这一切都是我造成的。"

现在出来工作的女孩子实在是太可怜了。她们为了嫁给一个自己喜欢的丈夫，除了要追求成功和独立之外，还要时时刻刻提醒自己做一个富有女人味的女孩。可是现在的男人已经被宠坏了，他们想娶的女人不仅要具备女性的魅力，还要足够聪明，如果可能的话，最好还能帮助他增加家庭收入。

让你中意的男人看上你，并让他觉得你就是其理想中的女孩，这并没有什么困难的。你可以这么做：工作时充分展现你的才能，争取老板的赏识；

下班之后，则要让那个与你约会的男人觉得你是女人，而不是一台高效运转的机器。

和前面提到的那个女孩一样，海伦也是从一个逃之夭夭的男士那里学到这点的。

多年以前，海伦结识了一个年轻男子，他会经常陪伴她。至少有一段时间，海伦对她所在地方的政治产生了浓厚的兴趣，经常在休息时间参与这项活动。在不用帮人竞选或去参加集会时，海伦和男友谈论的全是政治类的话题，如某某法官说过什么话，或行政管理上存在什么问题，等等。

最后，男友忍无可忍，大声对海伦说："你原来是个女孩子，可是现在你却成了一份活的竞选宣传单。如果我需要政治或哲学方面说教的话，我会给国会议员写信的。而我现在需要的，是能够给我的夜晚增添愉快气氛的好女人。"后来，男友终于离开了海伦，娶了一个美丽动人的金发女郎，她既能把家料理得有条不紊，还会做一个玲珑可爱的小女人。

6. 做真正的自己

最让男人感到滑稽可笑的，就是见到一个老女人穿着少妇紧绷绷的服饰，还戴着一头假发，蹬一双3英寸高的高跟鞋，戴着连傻子都骗不过的假乳在大街上横冲直撞了。在所有让人感到悲哀的事情中，拒绝接受成熟的女人可能是最可悲的。她会固执地认为，女人的魅力全在于年龄，只要肯努力，没有人会知道她已经过了39岁。如果看到这样的女人妩媚做作，用她那早已失去性感和魅力的身体向男人大献殷勤时会令人恶心。

除此之外，还有一些看起来文静典雅的女孩子，会突发奇想地以为，通过超常规的怪诞举动可以显示自己不拘小节的魅力；其实，恰好相反，男人可没有她想象的那么笨，他们清楚得很，知道如何去判断一个女孩子。

还有许多表面上很聪明的女人，她们也都不成熟地认为，女人可以通过"偶尔改变性格"把男人弄得神魂颠倒。然而，本质才是最好的东西，既然上帝赐予我们现在的性格，又有什么不好的，为什么要掩饰呢？

我们要做的就是剥去伪装，让它重见天日。我们可以发挥自己的特性，克服自己不能吸引人的缺点，就可以达到最佳的自我状态。只要努力，任何人都可以做到这一点，无论男人还是女人。

7. 乐于做女人

提出"两性之间的战争将一直存在"这个危言耸听的论点的人，一定是个争强好胜的人。我一直弄不明白，为什么男女之间的性别差异会成为他们彼此斗争的原因？在我看来，还有许多其他的事更值得去斗争呢。

无论如何，视所有男性为敌人的女人，一定是受到了自然和人类的欺骗和利用，因此她们很少有机会得到男人的青睐，对此她会说："反正我恨男人。"

想和男人建立和谐关系的女人，首先必须乐于接受当一个母亲的角色，承认母亲在人类社会担任的是一个特殊的角色，同时了解女性的基本作用。而那些拒绝接受母亲角色的女人，并不仅仅限于所谓的未出嫁的"老姑娘"，还包括一些已婚女性，她们总是抱怨"身为女人就低人一等"、"自然在创造男人和女人时实在太偏心"，等等，这正好为"两性战争"提供了证据。

一个人能否坦然接受自己的性别角色，和结不结婚并没有多大关系，它是态度端正、感情成熟的自然结果。如果不能接受这种基本思想，男人和女人在一起时就不会得到幸福，结果就可能出现男人和女人之间的战争。

如何与男人相处，很难总结出一套精确的公式，因为人与人之间的性格总是存在各种差异。这里提出来的意见，至少可以指导你加深对男人的了解。

在我们理想的美好世界中，男人和女人将不会像天生就作对的敌人，而是携手并进、在友谊和爱情中共同工作、共同游乐、爱到永远的一对。因此，如果你想要获得幸福的婚姻家庭生活，就请记住第八项法则：

学会如何与你的丈夫沟通和相处。

不要做一个"婚姻的文盲"

社会卫生机构的总秘书——台维斯博士,有一次劝导1 000位女士,坦白地回答一些有关她们切身的问题。获得了令人惊诧的结果,可以说几乎是使人难以置信的,就是很多美国成年人的性生活都不快乐。

台维斯得到这1 000位妇女的答案后,郑重地发表了她的见解,指出美国离婚案件主要的原因,就是生理上配合的错误。

汉弥顿博士的研究,也证明确实存在这样的事实。他费了4年的时间,从100个男人和100个女人结婚后的性生活中,找到了一个明确的答案。

汉弥顿大约提出的有400个问题,分别问各个男女,关于他们婚后的性生活;同时,也详细讨论他们所提出的各项问题。这项研究工作被认为在社会学上极为重要,所以引起各慈善家的注意,他们纷纷出款资助。

如果你想知道这项实验的结果是怎样的,你不妨看看汉弥顿和麦克哥所著的《婚姻的症结是什么》一书。

婚姻的症结是什么?汉弥顿博士说:

大多数婚后的冲突,并非由于性的配合错误——那只是武断、疏忽的精神病理学家的意见。也就是说,如果夫妇之间性生活十分美满,其他许多小的冲突,亦自然地消失了。

鲍宾诺博士是洛杉矶家庭关系研究所主任,他曾研究过数千人的婚姻情况,也是美国一位研究家庭生活的权威者。依鲍宾诺博士见解,婚姻的失败通常由于四种原因而引起的。他把这四种情形列举出来:

a. 性的不和谐。

b. 关于消遣的意见不相同。

c. 受到经济的威胁。

d. 身心和情绪的不稳定、异常。

以上四点，是依其重要性，而先后分别举出的，而"性"居第一位，使人感到奇怪的是，"经济困难"只居了第三位。

所有研究离婚原因的专家们都认为，"性"的配合是十分重要的。例如，一位家事法庭法官霍夫曼宣称："所有离婚案件中，十件中有九件是由于性生活发生问题。"

一位著名的心理学家威森说："性是人人所公认在我们生活中一个最重要的问题，男女间幸福的破裂，大多数也是由性的问题上而起的。"

有若干来我讲习班演讲的医生，他们也谈到过这个问题……那么，在各科学突飞猛进的20世纪，仍会因忽略了自然的"性本能"，而使人们幸福的婚姻破裂，岂不可怜！

白特菲尔德牧师做了18年的传教工作后，突然放弃了这项工作，去担任纽约市家庭指导服务处的主任，后来他和普通年轻人一样结了婚。他曾这样说：

早年我做牧师的时候，我从经验中发现，那些来教堂结婚的男女们，虽然有长久相爱，想要结成婚姻的愿望，可是有许多对结婚方面该知道的却是一无所知。

他又说：

我们把婚姻中相互调适的大问题交付给机会这两个字。结果，离婚的比例竟达到16%这个惊人的数目。这样的结合不是真正的结婚，那只是尚未离婚而已，也就是让自己去受罪。幸福的结合，他们的婚姻并不听凭于机会，他们替自己细心谨慎的选择、计划，就像一位建造房子的建筑师一样。

白特菲尔德为了协助这项计划的进行，许多年来，坚持凡请他证婚的那些男女们，必须坦白地跟他讨论他们未来的计划。由这项讨论所获得的结果，他得到了一个结论，那是急于结合的男女，他们都是"婚姻的文盲"。

白特菲尔德牧师说："性只是婚后生活中一项满足、愉快的事。可是，必须要把这件事调和的很适宜，不然，其他什么事也不用谈了。"

可是，又如何使它适宜呢？

我们还是用白特菲尔德的话来解释："感情的缄默，必须代以客观的讨论能力和结婚生活的超然态度。要获得这种能力最有效的办法，就是根据一部学理精确、旨趣高尚的书……除了我自己所著的那部《结婚和性的调和》一书外，我身边也常备有这样的几本书。

数年前，哥伦比亚大学和美国社会卫生协会联合聘请有名的学者，来讨论大学生的性生活和婚姻的问题。在那次研究会中，鲍宾诺博士说：离婚的比例数在逐渐地减少，减少的原因，那是一般人现在阅读了许多有关性生活和结婚那方面的良好书籍。

这使我深深地感觉到，在谈"如何使你家庭更幸福、美满"这一篇里，我必须介绍几部有价值的、良好的有关"性"方面的书，那才能使这一篇更为完美。对求取性生活知识的态度，那是要严肃的，就像我们阅读一部世界文学名著一样。你有这种态度，怀有这样的心情，才会有你应有的收获。

在我所有这类书中，有3部我认为值得一般人所阅读的，那是哈顿所著的《结婚的性技术》，爱克纳的《结婚的性生活》和拉德的《结婚的性因素》。

我们从书本上去学得这类知识，为什么不可以呢？

所以，如果要使你家庭更幸福、美满，那第九项规则是：

不要做一个"婚姻的文盲"。